高中数学教学育人价值探究

孙丙虎　著

吉林大学出版社

·长春·

图书在版编目（CIP）数据

高中数学教学育人价值探究 / 孙丙虎著 .-- 长春：
吉林大学出版社，2021.9
　ISBN 978-7-5692-9017-2

　Ⅰ.①高… Ⅱ.①孙… Ⅲ.①中学数学课－教学研究
－高中 Ⅳ.① G633.602

中国版本图书馆 CIP 数据核字 (2021) 第 202671 号

书　　名：高中数学教学育人价值探究

GAOZHONG SHUXUE JIAOXUE YUREN JIAZHI TANJIU

作　　者：孙丙虎　著
策划编辑：朱　进
责任编辑：单海霞
责任校对：刘守秀
装帧设计：王　强
出版发行：吉林大学出版社
社　　址：长春市人民大街 4059 号
邮政编码：130021
发行电话：0431-89580028/29/21
网　　址：http://www.jlup.com.cn
电子邮箱：jdcbs@jlu.edu.cn
印　　刷：北京兴星伟业印刷有限公司
开　　本：787mm×1092mm　　1/16
印　　张：16.5
字　　数：270 千字
版　　次：2021 年 9 月第 1 版
印　　次：2021 年 9 月第 1 次
书　　号：ISBN 978-7-5692-9017-2
定　　价：68.00 元

前　言

　　数学教育承载着落实立德树人根本任务、发展素质教育的功能。学生在成长过程中,数学学习占据了大量的时间和精力,数学核心素养是新时代公民必备品格和关键能力,数学教师在学生心中的地位举足轻重。

　　根据教育部制定的《普通高中数学课程标准(2017年版2020年修订)》,本书以一个担任班主任18年的高中数学教师的视角,以数学复习课为例,研究高中数学教学育人价值,培养整体结构认知能力,提升整体综合思维能力,培养自主学习能力等。把数学、教学、育人和研究结合起来,全面阐释了在管理育人、教学育人、研究育人、评价育人等几方面所做的思考和实践。数学不但有利于形成人的理性思维、科学精神和促进智力发展,还在学生形成正确人生观、价值观、世界观等方面发挥独特作用。

　　课程改革,重在课堂,数学教学,韵味无穷。高中数学高度抽象,逻辑性强,数学建模广,学生困难彷徨。我践行"数学快乐,快乐数学"理念,使学生思维养成时时处在浮想联翩,思潮如涌的状态,对教学内容乐此不疲地探究,把学生领进数学的智慧王国,流连忘返。坚持教学反思,充分挖掘数学育人元素,提升自己专业素养,做到既教书又育人,做人做事做学问在课堂上达成了空前统一。数学冰冷的美丽,经过师生火热的思考焕发出独特的魅力,我也年年被评为最受学生欢迎的教师。本书通过对数学教学育人价值的探究,提倡逆向教学设计,并给出几个典型教学设计案例。

　　爱的教育,重在关系,班级管理,激情四射。十八年来,努力做有温度、有激情、爱学生的精神导师。坚持值日班长制,成长日记制,综合评价制,开展感动人物评选、百日聚餐等系列活动。一模考前,每个学生发下一把开心果,提出开心高考;二模考前,每人发一个咸鸭蛋,提出咸蛋超人;高考前亲手给每人带一个红手链,胸前别一枚精致的笑脸意在微笑无敌。近几年,到兄弟学校作教育教学报告十余场。正是这一个个细节,点滴的付出,智慧的创新成就了一次次辉煌。在教育教学过程中,育人先育心,本书对带班育人实践进行了简单总结。

听说读写,重在反思,教学研究,锐意进取。作为齐鲁名师建设工程人选,赴新加坡南洋理工大学国立教育学院攻读教育管理硕士;作为水城名师,积极参加聊城教育领军人才高级研修班,2016 在齐鲁师范学院,2017 在江南大学,2018 在鲁东大学,2019 在聊城大学;作为孙丙虎水城名师领航工作室主持人,2020 年到济南、上海、南通,2021 年到潍坊、深圳、成都等地学习交流。深入进行课题研究,论文升华教学感悟,本书整理了在新加坡读硕士期间的毕业论文以及平时发表的一些文章。

心有猛虎,细嗅蔷薇,我将不断更新教育教学理念,教书育人,快乐数学,与学生一起激情成长。通过撰写此书,把自己的思考和做法介绍给读者,真心希望能对教师专业化发展有所帮助。

本书系山东省"第四期齐鲁名师建设工程项目"培养的阶段成果,也是省教育厅资助部分名师培养人选赴新加坡南洋理工大学国立教育学院攻读教育管理硕士项目的成果之一。

由于水平有限,书中难免有疏漏和不足,敬请读者批评指正。

孙丙虎

2021 年 5 月

目　录

第一章　育人育心，以人为本

第一节　求真务实 提升行商 全面发展——班级公约及其解读

聊城第一中学李荣军校长提出"珍爱生命，科学发展"的办学理念，指导着我们的教育教学，包括班级管理工作。作为让这些理念落地生根的班主任，我和学生们一起讨论，从实际出发，从长远着想，从高端定位，不断总结提炼，没有像原来一样简单的班级约定一二三，而是形成了一段"佳话"。

安全第一十一班，修身立德重泰山。所遇之门轻轻关，进出教室不经然。老师您好挂嘴边，逢年过节常思念。为人处世学会缓，违纪内疚要道歉。智慧课堂多发言，神圣自习不侵犯。座位前后轮流转，值日班长全都干。严肃大声勤锻炼，成长日记不间断。三高一特定实现，四有新人大发展。行商提升来改善，青春梦想一中圆。

安全第一十一班：珍爱生命，保证安全是一切之前提。就像身体是革命的本钱。大到世界，国家，小到班级和个人，安全都是第一位的，没有安全，一切无从谈起。当今世界并不太平，安全是宝贵的资源和财富，我们国家安全，才有一个安心工作学习的环境。感谢人民军队背后的伟大贡献，感谢党的正确领导，感谢国家的富强给予我们安全感。

作为班级，我们每个同学的身体安全、心理安全和财产安全首先应该得到保障，才能挖掘潜力，发展特长，实现全面发展。

十一班是我们的班号，是旗帜，要像爱护自己的眼睛一样爱护集体的荣誉。只要提到十一班，就一激灵，就像提到自己的姓名一样。要以集体的高度要求自己，约束自己的言行，这样就形成了一个催人奋进的班级气场，蒸蒸日上的班级形象，奋勇前进的班级风貌，成为实现全体同学的远大理想和宏伟抱负的孵化器、助推器。

修身立德重泰山：落实我们的校训，修身立德。加强锻炼，修养体健之德；明礼有礼，修养行为之德；正心诚意，修养情真之德。成才先成人，德行天下，高级人才的竞争根本上是德行的竞争。我们提倡每天跑步3000米，日省吾身，不断修炼，心有大爱，追求大道，一言一行、举手投足都彰显一中风采，代表班级形象。

所遇之门轻轻关：门就是保护我们的安全的屏障，我们要珍惜，要保护。无论在教室，还是在家里，在社会上各个场所，只要是遇到的门，都要轻轻地开关。特别是有风的时候，更是要小心，不要让门上的玻璃摔碎。做一个心中有门的人，很多时候推不开门是因为上面写着一个大大的"拉"字，我们习惯了有事就向外推，就常常吃闭门羹，所以推拉之间有学问，我们要多学会向自己身上拉，多以负责任的态度面对事情。

进出教室不经然：教室是公共场所，是学习场所，哪怕只有一个学习的，我们也要给他让路。特别是自习，任何人不要讲话，不要说事，维护自习的完整性、持续性。学习的思维活动就是天籁，思考真的很美好，我们不能打断。当我们出入教室的时候尽可能要保持安静，推拉桌椅不要制造异声响动。要像猫爪子上有肉垫一样，走路轻轻地来，悄悄地出，不轻易打断别人的思维，班级形成宁静温馨的学习氛围。

老师您好挂嘴边：人的一生最亲近的人就是父母，老师，朋友，同事。老师是没有血缘关系，却真心实意想让学生好的人，是凭良心干活的人。见了老师大声说"老师好"，这是情感交流，这是老师的职业成就感，在这个互动中实现互相的鼓励，共同享受美好幸福的校园生活。就是不认识的，只要知道是老师，也要大声地喊出老师好，训练自己的心态，促进良好人际交流。就比如，过春节时，早上遇到人，无论认识与否，说一声"过年好"，自己心情也愉快一整天。同学们要在这种礼貌中，更好地发展自己，平衡自己。

逢年过节常思念：亲其师，信其道。一个自己心服口服的良师，是一生的宝贵财富，这是自己的贵人，时间久了，就是自己的亲人，逢年过节思念老师，回想老师的教诲，就能更好地把教育落实到自己身上，做个对社会有用的人。如果很遗憾，求学期间不能理解老师的良苦用心，能在日后的学习工作中多体会，利用重要的节假日，想一想老师的教育，可能就一下子理解了，就真正地实现了自我教育。这就是说思念的不单是老师，还有老师的教育，相伴着，感恩着，成长着，幸福着。

为人处世学会缓：我们已经是准成年人了，遇到不同的事情，不同的人，不同的思想，甚至是自己认为不公平的现象，不要急于表达自己的不满，先静一静，缓一缓，想一想，留一个空间，再处理就会更好，减少点遗憾。另外，对身边的小事，不要斤斤计较，要看得开，看得远，可以和一些比较大气的人交朋友，用眼看，用心记，看到别人要帮助时，该出手就出手，不要犹豫。学海无涯，人生很长，同学咱不急，缓是一种艺术，让我们慢慢来。

违纪内疚要道歉：家有家法，校有校规，班有班纪。一旦违纪，就不是偶然，要好好地反思自己的错误，特别是在自己的名字之前是一个班级，是一个大家庭，要向全体同学和老师道歉。不要完全的个人主义，自由主义，不要因为自己的错误而给全体同学带来荣誉损失，要让人们因为自己的存在而更加幸福。惩罚措施以心罚为主，以自己深刻认识并带来内疚感、责任感、上进心为主要目的，育人要育心，心通了，思想认识到位了，就一定会改正。年轻，犯错误都是美丽的，不怕犯错，敢于面对，勇于改正，这是宝贵的财富，是难得的德育资源，感谢错误，砥砺前行。

智慧课堂多发言：课堂是学习的主阵地，必须牢牢抓住。课上听课要眼耳手脑口并用，集中精力，积极思考，启迪智慧，激发智慧，收获智慧，用智慧丰富自己，武装自己，强大自己，标志就是人人实现自我公开能力的提升，仔细观察思考后，大胆表达自己的观点，阐述自己的认识，实现师生碰撞，生生碰撞，思想碰撞，智慧碰撞，高效率的学习。

神圣自习不侵犯：就像前面说的进出教室不经然，自习课和上课一样重要。这时候，学生们是纯粹的学习的主人，老师们和同学们谁都不说一句话，不传递任何信息，完全独立，思维高速地运转，巩固练习提高预习拓展，有条不紊地进行自己的学习计划。静得掉根针都能听到，真的是非常美好。

座位前后轮流转：很多班级为了座位而大费脑筋，很多家长也经常提出给孩子安排好的座位。为了解决这个难题，我们实行小组制轮流推磨。全班六个人一组，共十个组，在教室按顺序排开，两周推动一次，分组是班级运转的主要管理手段，按照均衡的标准平均分组，方便评价，分而治之，良性发展。对于确实有看不见黑板的鼓励上课主动坐到最前面听课，这需要强烈的求知欲，积极上进的学习力。

值日班长全都干：班级运转模式有班委会和全员值日班长两套体系。为了更好地锻炼学生的综合素质，要求每个同学都当一天值日班长，所在小组是值周小组，小组里再设一个值日组长，这样一天的卫生，三操，纪律，学习，住宿等都有专门管理的班委会，又有一天操心的值日班长，以及小组的值日组长。比如作业收发，都有督促的，比如朗读都有带头的，比如课前热身都有提醒的。值日班长一天从早操到晚上熄灯关窗锁门，很好地体验了管理的辛苦，操心的不易，换位思考，站在班级的角度做事情，对于提升自我大有帮助。

严肃大声勤锻炼：在讲台上讲话，或者公开的发言，大家要注意三条，严肃大声看眼睛。公开场合表明观点，是很严肃的事情，不要太随意，幽默可以，但不能太搞笑。说话的目的是让别人听清楚思想观点，所以一定要自信，大声地表达，高效地传递自己的能量。眼睛是心灵的窗户，为了尊重别人，大胆看着大家，要与听众有一个眼神的交流和反馈，全身心投入。并且多次锻炼，抓住一切登台亮相的机会，让自己台风好，心理素质高，个人气质突出。

成长日记不间断：为了及时把握学生思想动态，为了引领学生过有规律的学习生活，要求学生天天写成长日记，内容是今天的计划落实与学习生活心得体会，感悟总结以及明天的计划。先是值日班长收起来，与值周小组一起批阅，放到办公桌上，老师再进行第二次批阅，及时地解惑、交流、陪伴。对于值日班长，要求每天写出班级日志，发生的新闻。班级同学、老师发生的趣事轶事，课堂上的思维启迪，一天的表现情况等都可以详细记录，大胆评论。到学年结束的时候统一印刷出来，成为永恒的纪念。必要的时候可以专门打印成电子稿，出本书也是可以的。给青春一个美好的回忆。

三高一特定实现：我们师生不断地努力，按照国家栋梁、社会精英的标准严格要求自己，心存梦想，志向高远，相信李校长提出来的高境界做人，高质量生活，高水平学习，有一技之长的三高一特的目标一定会实现。

四有新人大发展：非常欣赏李校长对一中学子成长为四有新人的新定

位，有君子风度，有领袖气质，有科学精神，有工匠才干。一中学子不但高考成绩优异，而且无论从事什么行业都要做君子，做大写的人，做最优秀的人，成为专家，行家，赢家。

行商提升来改善：感情不用泛滥，行动才能改善。智商 IQ 是一种以思维想象力为核心的理性能力，情商 EQ 是以自我管理和自我激励能力为核心的情感能力，行商（action quotient）AQ 是以人的创新力为核心的行动能力。智商、情商是人的潜在能力，行商是人的显能，是智商、情商在实践上的运用。智商、情商、行商是立体综合评价人的能力的三个主要维度。智商、情商、行商相互协同，共同激活人的创造性，塑造人的能力与素质。我们是一个大家庭，班级管理事务繁杂，不可能面面俱到，但是只要我们上下一心，增强执行力，提高行商，就能不断凝心聚力，克服各种困难，创造性地开展好自己的工作和学习，取得新的辉煌。

青春梦想一中圆：有梦想谁都了不起，有青春不奋斗，要青春干什么。一中就是远大理想确立的地方，美好人生启航的地方，筑梦追梦圆梦的地方。感谢一中，感谢十一班，让我们有了归属，让我们有了安全，让我们有了成长。一起加油！

为了更好地理解，我们把每句话的第一个字（或者谐音）提出来，就是：安修所进，楼（老）房（逢）巍（为）巍（违），智神坐（座）直（值），严惩（成）三四，A（action）Q（青）。

解释：我们要安全地修建一个"场所"，让自己的心灵进入，因为世界并不太平。可喜的是，当前我们聊城一中新老校区建设和发展都是热火朝天，巍巍楼房，拔地而起，日新月异，充满生机。作为智慧的神灵，我们坐直其中，打坐修炼，内心不断强大。同学们的一些错误再一再二不再三，规则会严惩三四。我们求真务实，立即行动，唯有行商改善，方能青春梦圆，全面发展。

第二节 创建一个学生眼中伟大的班级——关于育人的认识和实践

引言：学生眼中的班级

刘运东说，三年时间即将走完，我们伟大的高三十班一定会笑到最后，而我也必将取得胜利。

郭迎说，现在，我最爱我伟大的高三十班。这个班有很多经典的话，我最喜欢的一句话就是"我们班成绩现在虽然不是最好的，但我们绝对是斗志最昂扬的"。

张祥瑞说，我们是伟大的高三十班，带着梦想，我们将继续飞翔！

张秀萍说，我们伟大的高三十班，正在走向属于我们自己的辉煌，而我也即将抵达梦想中的大学。

李恒森说，我们都认为高三十班是一个伟大的班级，永远把十班的利益放在个人利益之前。

张令朋说，我们坚信伟大的高三十班会最终成为顽强拼搏、后来居上的代名词。

孟一凡说，现在我感到我与自己的梦想是如此接近，我相信自己会在6月的决战中胜利，我相信伟大的高三十班会创造奇迹。

徐则萌说，在此，我祝愿伟大的十班蒸蒸日上，永葆昂扬斗志，成为最伟大的班级。

李春阳说，我们每个人心中都注入了一股"伟大高三十班"的理想，我们因为十班而伟大，十班也因我们而伟大。我爱伟大的高三十班，我要成为伟大的高三十班的功臣。

修东良说，虽然现在成绩不怎样，但同学们的士气高涨，都在为伟大的十班，为伟大的自己不懈奋斗。

　　孙雪媛说，我们伟大的高三十班正一步步走向成功，这期间的故事恐怕三天三夜也讲不完。但所有的镜头都装在了我们心里。等我的高三生活结束了，我再出一本厚书给大家讲吧！相信每个人都很期待。

　　袁秋双说，我奋斗过我无悔！愿伟大的高三十班永存，高三十班万岁，万岁，万万岁！

　　周鹏说，曾因为一些小事情与孙老师理论很久，但现在想想真是很没价值，十班都被他改造得伟大了，我有什么理由不认为他伟大呢？

　　辛鹏说，我们高三十班是一个伟大的集体，在这个集体里，每个人都是斗志最昂扬的，精神最饱满的，我深深爱着我的老师和同学。

一、我们究竟为谁而工作

　　无意间在书架上翻出了大学里学习的心理学课本，再次读起来受益匪浅，特别是美国心理学家马斯洛提出的人的"需要的五个层次"：①基本的需要：对于食物和衣物的需要，以抵御饥饿和寒冷。②安全的需要：对居住在一个可以感到安全的地方的需要。③社交的需要：与他人分享兴趣、爱好和交友的需要。④获得尊重的需要：要求别人赞扬和认可的需要。⑤充分发挥自身潜能、自我实现的需要。

　　我想前三个需要，我们大多都能获得满足；后两个需要满足与否，就涉及我们为谁而工作的问题。也许这样的命题已经属于老生常谈，谁不为自己工作呢？也许我们再探究这个命题并不能引起更多人的注意和深思！但是，我还要说，我们究竟为谁而工作呢？

　　一群孩子在一位老人家门前嬉闹，叫声连天。几天过去，老人难以忍受。于是，他出来给了每个孩子25美分，对他们说："你们让这儿变得很热闹，我觉得自己年轻了不少，这点钱表示谢意。"孩子们很高兴，第二天仍然来了，一如既往地嬉闹。老人再出来，给了每个孩子15美分。他解释说，自己没有收入，只能少给一些。15美分也还可以吧，孩子仍然兴高采烈地走了。第三天，老人只给了每个孩子5美分。孩子们勃然大怒，"一天才5美分，知不知道我们多辛苦！"他们向老人发誓，他们再也不会为他玩了！

　　老人很聪明地将孩子们的内部动机"为自己快乐而玩"变成了外部动

机"为得到美分而玩",通过操纵着美分这个外部因素,操纵了孩子们的行为。我们是什么感觉?这里的老人,像不像是我们的领导?而美分,像不像是我们的工资、奖金等各种各样的外部奖励?

人的动机分两种:内部动机和外部动机。如果按照内部动机去行动,我们就是自己的主人。如果驱使我们的是外部动机,我们就会被外部因素所左右,成为它的奴隶。

大部分人每天都在茫然中过着上班、下班、领工资的日子。并且经常听到很多这样那样的抱怨,资源太少,待遇不公,付出太多,收获太少,领导不好等等,抱怨社会不公,生活黑暗,看不到阳光与希望,抱怨一番之后,仍旧茫然上班,下班,等待下一个月薪水的到来。从不思索工作的意义:我为谁工作,每天只是被动地应付,机械地完成任务,而不会投入自己全部的热情和智慧。

如果将外部评价当作参考坐标,我们的情绪就很容易出现波动。因为,外部因素我们控制不了,它很容易偏离我们的内部期望,会让我们牢骚满腹。进而让我们痛苦莫名,为了减少痛苦,我们就只好降低内部期望,最常见的方法就是减少工作的努力程度。

外部评价体系的来源在于家庭,父母都喜欢使用口头奖惩、物质奖惩等控制孩子,而不去理会孩子自己的动机。久而久之,孩子就忘记了自己的初始动机,做什么都很在乎外部的评价。

上学时,忘记了学习的原动机——好奇心和学习的快乐;工作后,又忘记了工作的原动机——成长的快乐,价值的实现。领导的评价和收入的起伏成了工作的最大快乐和痛苦的源头。

我们完全可以打破外部评价系统,从现在开始培育自己的内部评价体系,让学习和工作变成"为自己而玩",甚至有时不为任何人,就为自己的存在而工作,让工作成为我们获得尊重、自我价值实现的良好平台。我们激情满怀、意气风发、跃跃欲试。工作已经成为我们的一种需要,劳动成为一种渴望。不是为了工资,不是为了奖金,就仅仅是为了满足自己的一种需要,我要上班,我们要上班。没有丝毫抱怨,相信,我们努力工作,工作也会带给我们足够的尊严,实现自我的满足。我们不仅会真正体味到工作的乐趣、生命的乐趣,而且会体味到我们是社会需要的人,是"伟大"的人民教师。爱自己的工作,享受自己的劳动吧,只有这样,教师的劳动才有可能超拔苦难。

二、教师的劳动如何超拔苦难

1. 从"假期综合症"说起

一家报纸对"假期综合症"做了一次调查，结果显示，在患有"假期综合症"的人群中，教师居于首位。这个结论我是信服的，我也是一个"假期综合症"患者。临近开学，心情焦虑，心脏发慌，莫名烦躁，无着无落，总嫌假期过得太快，开学开得太早，甚至有时失眠，郁闷之极。跟同事一聊，发现跟我一样症状的人大有人在。为什么教师害怕上班？曾几何时，学校变成了令人生畏的地方？教师的劳动为何变成了一种苦难？

2. 看一看教师的压力

我们曾做过一份教师职业压力与职业倦怠的调查表，我们必须承认当前的教育大环境给教师带来了极大的挑战和压力。一方面是课时、批阅等工作量的压力，班主任的压力就更大了。另一方面是帮助学生对付各种各样的考试，实际上考试不仅考学生，更是在考教师，这是大家心知肚明的。每年考试完毕，学生成绩好的教师长出一口气，总算对得起学生和家长，自己的面子也保住了，又熬过了一年；学生成绩不好的教师，不用自己谴责自己，来自学校、家长和社会的压力足以令我们抬不起头来。另外，我们自己也面临一系列考试，职称晋升就包括继续教育、论文、支教等，任何一个通不过都没有资格申报职称。还有基于各种培训的考试，也有的要求教师和学生一起参加考试，做同一份试卷，比一比谁考得更好，这种现象的利弊还没有结论，但从这种现象中也可以看出教师的处境。

3. 教师的劳动特点

教师的劳动首先是紧张的精神劳动，这就决定了这种劳动是一种智能的创造。因此，苏霍姆林斯基认为，世界上没有任何一种极为艰巨、极为繁重的精神劳动能与教师的劳动相比。而且，在这个复杂的创造性的精神劳动中，还伴随着并不轻松的体力劳动。

4. 教师如何超拔这种苦难

曾有班主任这样描述过教师工作：我们经常从电视或文学作品中看到有这样一些人，他（她）们已经结了婚，可婚后的生活却陷入危机。想爱吧，却失去当初的激情；想离吧，却实在有点舍不得。于是，整天沉浸在苦恼、抱怨、痛苦之中。那么,我们的生活中,有没有这样的人? 大家对这样的人有什么看法或建议? 我们和学生,到底是一种什么关系? 无论是先结婚后恋爱,还是先恋爱后结婚,但既然已经结了婚,那么就只有两种选择。

一是赶紧离,越早越好,免得自己受煎熬,况且现在社会提倡每个人要找到自己最合适的位置;

二是好好爱,越深越好,情人眼里出西施,即使对方是个丑八怪,可你偏爱那个憨傻样,爱就爱他个死去活来。我想我们大多都是选择了好好爱的。

教育家苏霍姆林斯基说,爱学生,爱自己的劳动是超拔苦难的根本要素。苏霍姆林斯基的一生真正做到了把心献给孩子们,献给了他所热爱的教师职业。他无法想象某个学生在某个时候会使他讨厌,以致不再爱这个孩子。他认为这是不可能的,因为他觉得对学生身上的人性的认识是无穷无尽的,不管什么样的孩子,他的身上总有教师所不了解的东西。因此,永远地去爱孩子,永远不对某个孩子产生绝望,应该成为教师的信念。否则,教师的劳动就会成为苦难。是啊,只有热爱学生,热爱自己的劳动,才能常年保持精力充沛、头脑清晰、感情敏锐、激情投入,也只有这样,才能得到学生的认可,永远受学生欢迎。

让我们再看美国心理学家海姆·G·吉诺特的一段话,我总结出一个可怕的结论,我在课堂上起决定性的作用……作为一个教师,我拥有让一个孩子的生活痛苦或幸福的权力。我可以是一个实施惩罚的刑具,也可以是给予鼓励的益友,我可以伤害一个心灵,也可以治愈一个灵魂,学生心理危机的增加或减缓,孩子长大后是仁慈还是残忍,都是我的言行所致。

我们没有理由不爱学生。只有通过爱,我们的劳动才不再是苦难,而是天底下最伟大的劳动,最幸福的劳动。除了爱,教育科学研究 也是一条摆脱苦难的幸福之路 。如果我们想使工作给自己带来快乐,使每天的上课不致变成单调乏味的苦差,那就开始教育科学研究的幸福之路吧。这里主要是及时反思,坚持教育日记,积累典型案例等。我们相信,教师在工作中取得的成就与对学生的爱是完全成正比的,而且优秀教师都养成了反思的习惯,都能独立地进行教育教学的研究,并把自己研究的设想与成果付诸实践。而这,将帮助我们超拔苦难。

三、以人为本，师生成长

学生姬祥发给我的一封邮件，希望对我们有所启发，认识有局限性，偏激的地方，请大家理解，我没做任何的改动。

1.关于师生关系的若干看法

自上高中以来，对众老师的教学愈感失望。

所谓教育，就是教书育人，在教书方面，几乎每位老师都做得不错。毕竟任教于该市最好的高中，也是当年屈指可数的大学生。老师们的任务似乎完成得很好——把最丰富的知识教给了我们。但同时也把最模糊的印象留给了我们，以至于让我们想到高中毕业以后，是否有勇气，有兴致敲开谁家的门说，老师，我们来找你玩了。

老师们的一生，或许就安定地在这所学校任教，一年，又一年，直到老了，该退休了。老师要接触很多届学生，而我们一生只上一次高中。等我们以后回顾高中生活时，定会想到我们的班主任，想到一些教过我们的老师。

有人说得好，教育就是把你面前的男孩和女孩，变成将来的男人和女人。归根到底还是以人为本。多数的老师，真的无法做到以人为本。高考在先，知识为上，育人其次。每年如此。文科生升学率不高，原因之一在于老师和学生缺乏交流。其实以人为本的教育和高考紧密相关，而不是相互排斥的。你曾经说过一句话"我无法成为一个数学家，但可以成为一个教育家"。

为什么选择了教数学？或许学生时代，数学是你的骄傲，是你愿意付出一切精力来钻研的美妙学科。并且在上大学时，更加深入地研究了它，了解了许多深奥的数学问题。数学是美丽的，是讲逻辑的，是符合客观规律的，它可以让你成为一个聪明的、理性的人。解决数学问题可以让你最大限度地集中精力，想钻进去看个究竟，问题一旦解决，那难以言表的自豪感，足够可以成为自己继续努力的理由与动力。

所以在课堂上，多灌输一些关于数学学科本身的东西，让学生认识到它的魅力。让同学们分享你对数学的感受，让学生受到感染，一定会有用的。一个优秀的数学老师可以让对数学头痛的学生产生想学数学的兴趣，并在这种兴趣中逐渐提高成绩，可能无法名列前茅，但比以前进步显著。

兴趣真的是个奇妙的东西。我愿意花一节课的时间完成一篇英语作文——先打草稿,再给草稿润色,然后工工整整地誊写到卷子上,接着通读一两遍,看看有什么笔下误,最后小心地夹在课本里,等着明天老师给打个高分,几乎是最高分。却不愿意(现在愿意)在中午饭后挤出 10 分钟来解道数学题。这不讲原则的行为仅仅是因为我对英语感兴趣。我有一个朋友(女生),愿意把自己的一生奉献给国家的数学事业(或物理事业)。对数学十分感兴趣,高一的时候就自学排列组合和微积分,陶醉于其中。但"痛恨"英语——不感兴趣啊。

我为什么对英语感兴趣,而不是数学呢?这又回到以人为本的教育上来。

小学毕业,除了会拼写 26 个英文字母,其他一概不懂。而很多人在小学、幼儿园,甚至母亲肚子里(胎教)就开始接触英语了。我的英语启蒙老师对我很好,手把手教我,为我的英语学习打下了坚实的基础。从此英语学习"一路顺风",直到现在高考了,也一直在进步。

而数学呢?上小学的时候,很少考试,只有期中和期末。期中考试的数学题是分 ABC 卷的,难度递减。我有能力考 A 卷,小学生是怕老师的,我要鼓起多大的勇气,才敢推开老师办公室的门,用发颤的声音说老师我想考 A 卷呢?老师每次都说你还是好好考 B 卷吧。从小学到高中,数学很少能让我觉得快乐,我真的无法喜欢它,尽管它很美丽。

仿佛天下所有的老师都是这样的,如果这个学生基础不错,上课认真听讲,下课刻苦努力,考试成绩也不错,那么这个学生就太让老师放心了,我不用管了。这也有一定的道理,毕竟还有很多学生需要老师的帮助。但是老师也许很难想象到,那名列前茅的几个同学,是多么地想和老师谈一谈,问问老师自己还有什么需要改进的地方,怎么做得更好等等。学校重视对后三十名同学的关注,但前三十名同学同样也需要关注,不是额外的学习上的帮助,而是需要老师举手之劳的几句鼓励,这就够了。

如果学生在态度上对某学科不重视,不肯接纳,那么老师的一切近乎强迫的知识灌输无异于做无用功。所以兴趣的培养很重要,所有的老师都知道这一点,但几乎没有人愿意为此付出行动。

我们又何曾不想成为奥赛班、实验班的学生。听孙莹老师讲课,感受王丽萍老师和学生的亲近——一个管所有女生叫妮儿,所有男生叫小儿,把学生当自己孩子看待的老师，能不受到学生的欢迎吗？

我们是无知的，无知是相对的，无知又是永恒的。在我们无知的时候，老师应当用知识接纳无知，用知识让我们走出无知。而我们就像老师显微镜下被放大了许多倍的微生物，被人看得透彻，然后被扔到一边。老师忙，老师没有时间，老师家里有孩子有老人，老师得上课备课改作业，能做好本职工作就不错了。教师真的就是个为了"挣口饭吃"而存在的职业吗？

教育绝不是班主任一个人的事，在班主任身边应当有一群人，愿意为学生的发展作出自己应有的贡献。老师想成为一个教育家，这不太容易，因为你身边没有一群像你一样想成为一个教育家的人，没有造就教育家的氛围。你是自己一个人在奋斗。

不要等学生去找老师，学生很少能够主动去找老师。这个学生没考好，在自习课上难过得掉眼泪，也绝不会去找老师。不管老师怎么鼓动，也不去找老师。没有什么为什么。

我们完全可以说判断一个老师教育水平的高低是抛却课本学案知识的讲解而剩下的部分。又有多少老师敢于接受这样的挑战呢？

所有的老师，都应当用他们的行动来让同学们感觉到，老师，是天底下最不怕累，最不怕被打扰的人，是你学生时代坚强的依靠和后盾，是你长大以后，最常惦念的人。

但愿这不是痴心妄想。这是期中考试前就写好的，有些偏见在里面，一直没有给老师看。只是我的一些看法，并没有强烈的敌对情绪。这只是无声的呐喊。人际关系问题不是我可以参透的，好好努力学习就是了。

老师你做得还是不错的，不管在教学方面还是其他方面，很负责，肯为学生做事情，这就很难得。

关于具体的对班主任的评价，我到时候会给你写个邮件，请允许学生斗胆评价吧。

学生　姬祥

读后相信大家都会有自己的一些感悟。

2.教育教学策略必须变革

学生的话虽然有极端的一面，但确实是当前的现实。我们的教育教学策略必须变革。师生关系作为学校环境中最重要的人际关系，贯穿整个教育教学过程,和谐的师生关系会对学生产生"随风潜入夜,润物细无声"的教育效果,能充分挖掘并发展师生独特的禀赋与潜能。这一关系处理得好坏直接关系到教师与学生的心理健康和全面发展。而和谐师生关系的建立关键是老师作出转变。

无论是课堂教学还是班级管理,教师都要由"权威"向"非权威"转变;由"指导者"向"促进者"转变;由"导师"向"学友"转变;由"灵魂工程师"向"精神教练"转变;由"信息源"向"信息平台"转变;由"一桶水"向"自来水"转变;由"挑战者"向"应战者"转变;由"蜡烛"向"果树"转变;由"统治者"向"平等的首席"转变;由"园丁"向"人生的引路人"转变。

教育的核心是培养和谐的人,我们每个人都是独立的个体,每个人都要在教育中获得和谐的发展,包括我们教师。这其中最重要的是教师要与学生一起快乐成长,教师自身的健康发展至关重要。要勇于做学生的精神领袖!

3. 学生在发展报告中写的自我经历与体会

高一下学期我们面临着文理分科,在老师的指导下,我选择了文科。学期开学时,我又结识了许多新同学、新老师。伟大的九班正式建立,班主任是一位身材并不魁伟的男老师,人称之为"数学王子""天才班主任",班主任是高三下来的老师,有丰富的教学经验,高二以来一直受同学们爱戴。有许多同学都羡慕我们九班,我们师生平等,班主任特别民主。在老师的带领下,我们每天都写成长日记,每天由班主任老师批阅,及时解决问题,我们也有班级日记,同学们轮流记录班级的喜怒哀乐,它是我们成长的见证,是我们一生的财富。班主任激情而幽默,时不时开点小玩笑,让枯燥的学习变得不再乏味,教室里有紧张的学习氛围,但也不失欢声笑语,整个教室都非常和谐。九班是伟大的,在"数学王子"的带领下,我们必将创造新的辉煌,让我们用行动来感天动地,梦圆高三,梦圆7月,创造奇迹。(薛军燕)

不知是为了弥补高一的遗憾还是怎样,高二我阴差阳错地再次进入了九班,可此九班非彼九班!这是一个可以用"生龙活虎"来形容的班级,我们的班主任也在践行着"虎"人风范。回想起来,这是自己最快乐也是收获最多的一年。这个充满激情的老班真是带给了我们很多东西。说实话,从最初对他的讨厌再到喜欢再到尊敬,是对他逐步了解之后的结果!这种感情也一直

延续至今。（蒋程冉）

　　班主任是教数学的，个子不高，却精神抖擞，信心满满，充满爆发力。不允许自己浪费青春，在他的世界观里，时间就是生命。在他的感染力下，九班是最有活力的。如果用两个字形容高二，那么这两个字就是"激情"。（翟新盼）

　　尤其记得乍暖还寒时，班主任孙老师的"衣服要一件一件地脱"的耐心叮嘱。我们九班在孙老师的带领下，是一个凝聚力非常强的班，我们班学习气氛浓厚，同学间互相团结、互相关心，有着极强的集体荣誉感，是一个团结的集体、积极向上的集体。（李妍）

　　进入高二，我选择了文科，幸运地分到了九班，也由此遇到了影响我一生的孙丙虎老师和九班的同学们。孙老师的睿智、热情、幽默深深吸引了我，影响着我；九班的同学学习认真，团结互助；再加上我本人喜爱文科，我的成绩有了进步，稳中求进，为高三作准备。高三很苦很累，孙老师更加关心我们，从生活上到学习上，可以说无微不至。思想上有疙瘩了，老师及时地给予指导；学习中遇到困难了，好同学伸出热情的手。我们辗转在"书山"上，我们遨游于"题海"中，有苦亦有乐。为了心目中的理想，我们没有退路，只有拼搏！（赵森）

　　应该毫不夸张地说，生命中遇到孙老师是万幸的，如果冯海清老师启发了我从幼稚走向成熟沉稳，拥有冷静自信的内涵；那么孙丙虎老师点燃了我保持青春活力、蓬勃向上的激情。在良师益友的陪伴下，我的高中在充实中度过，而再次获得"校园优秀共青团员"荣誉，也是同学老师对我的肯定。（张文广）

　　升入高二以后，由于我的刻苦努力，学习成绩不断取得进步！班主任孙老师是我最佩服的老师，他的工作干劲激励我努力学习，激励我不断追求！他的工作方法，对我的学习有很大启迪！在孙老师的带领下，全班同学形成了"比，学，赶，帮，超"的好风气！我热爱班集体，树立了远大的理想和目标，并为此努力地奋斗！（周迪）

　　于是，高二开始了，我们重新组建了班级，我们有了一个精力充沛、活力四射，好像永远都不会累的班主任，同学平时能和他说说笑笑，但他严肃起来却又让人十分震慑！（房露露）

　　新的班主任永远都是激情满满。在本班上课，隔壁班也可以听得很清楚，声音之洪亮,令人惊叹;跑操时,总爱倒着跑,偶尔也会碰到前面的人,引起大家的一片笑声,他也会不好意思地笑笑,时不时地进行即兴演讲,"跑操是件很神圣的事,……"老师也一直在用行动筑造团结的班级。在九班这个集体中,大家努力奋斗,为了最后的梦想集体冲刺,没有偷懒的人,教室的每个角落都有俯身苦读的身影。我为在九班这个集体中深感荣幸。还记得大家一起拔河时的情景,团结一心,对抗外敌,虽然最后冠军不是我们的,但我们用行动证明了什么叫"团结就是力量",我们是第一。(薛诚诚)

在高二九班这个教室里,校史上最疯狂的班主任和一批与之不相上下的学生相遇,相知。老班是我所见到过的所有老师里边最让我钦佩的。记得第一次跑操时听到老班的口令,惊愕之余便是自豪,真的是自豪。还有老班的周一班会,经常有一种想哭的感觉,不知道是为什么。有什么样的老师,就有什么样的学生,我们班的风风火火大概也受老班的雷厉风行的影响吧。真的希望老班能够永远这样,永远这样受学生喜欢。还有我们班的同学,真的很像一家子,可以相互理解,相互关心,相互宽容。高三时的拔河比赛老班的吼叫,同学的热烈相拥,谁又能说我们不是一大家子呢?曾经,我们为荣誉而战,今天,我们为理想拼搏。距高考还有55天,九班又重聚在一起,共同度过这黎明前的黑夜,共同改变,共同征服。我相信,高考时,九班必定会"虎啸山林峰抖瑟,鱼跃龙门海失荣"。(任尚坤)

这就是学生眼中的我与班级。我常对学生说,班主任就是班级的掌门人,是班级的掌舵人,是班级的旗帜,是班级的灵魂,是精神领袖。我在学生身上也留下了深深的精神痕迹。每一学期的评教评学,我都被学生评选为"最受欢迎的教师"。我们和学生一起平等地成长,因此才有和谐的师生关系,想起了日本天才诗人金子美玲的诗:

我和小鸟和铃

(日本)金子美铃

虽然我展开双臂,

也绝不能飞上天空,

会飞的小鸟却不能像我,

在大地上奔跑。

虽然我晃动身体，
也不会发出美妙的声音，
会响的铃却不能像我，
会唱许多歌谣。

铃和小鸟，还有我，
大家不同，大家都好。

四、要做一个育人育心的班主任

1. 坚决杜绝体罚和语罚

我在小学三年级时第一次被老师打了一拳（在胸口），因为书写潦草，也知道老师对自己好；在四年级时做数学文字题，列对式子，算错数，错一个打一巴掌，我连着被打头打了六巴掌，至今记忆犹新；初中被打脸一次，火辣辣的肿大的感觉；高中被用一摞书糊到头上，一下子就懵了。几次被打的经历告诉我肢体上的教育印象深刻，虽知道自己有错，但老师很难得到理解与宽容，所以永远不要用拳头解决问题，无论多么气愤。

另外就是永远不要讽刺挖苦学生，要就事论事，不要进行人身攻击，特别是在公共场合，这种事一旦发生，学生会记恨老师一辈子，所以语罚有时比体罚更可怕。

纪律严格，一定是关乎原则的事要严格，并不是一切都要较真，有时候纪律是把双刃剑，过于严格的纪律妨碍学生的成长，要关注规范纪律的方式方法，要让学生体会到纪律是爱的另一种表达方式。

2. 充分发挥学生能动性

班级首先是学生的班级。让每一个学生做班级的主人，班长要轮着做，值日班长全权负责当天的一切管理事务，就是班内班主任。

学生刘运东说，每天跑操时，值日班长倒着跑，对着我们讲话；我也很荣幸当过几次值日班长，那感觉一个字——爽。

3. 说话算数,答应学生的事情一定要办到

说了每周一下午第四节班会,就一定要开好,有事耽误了也要补上,班会是进行德育的主阵地,不可失守,孟一凡说,不知在多少个班会上,老师充满激情的话语让我热血沸腾;还比如我说过收学生的成长日记,一直坚持做到。学生刘海清说,老班每天都坚持批阅成长日记,这是一种习惯,更是一种态度,它让我们紧张的生活有了依据,有了见证。

4. 全力上好每一节课

课堂是师生交流的主阵地,全力上好每一节课,精益求精;许鑫说,孙老师的授课让我逐渐培养了数学思维方式,让我学会了思考,我心中对他确有相见恨晚之感。丰铭宇说,孙老师有魄力、有能力、激情四射,我最喜欢听他的课,我的数学成绩也有了很大的提高。

5. 在价值观、人生观、世界观方面不断地引领,为学生终身发展负责

少点功利多点育人。用激情陪学生一起激情成长,努力成为学生的精神领袖。学生乔东说,我清晰地记得孙老师那天穿着一件红 T 恤,上面印着"NO.1"的字样。他扬言要带我们打一场漂亮的翻身仗。我想他的目标即将实现。学生潘晓寒说,高三遇到了丙虎老师真的是我最大的幸运,他在不知不觉中颠覆了我的很多东西,包括理念,信仰,在高三最后的日子里遇到这样的老师也是我的幸运吧。张秀萍说,高三我印象最深的就是班主任孙老师,他是我见过的最有激情的老师,他改变了我们很多很多,也为我们付出了很多。是他教会我们如何成为一个合格的高三生,是他帮我们树立了正确的人生观和价值观;是他帮我们坚持了成长日记;是他给我们机会在跑课间操时站在同学们面前与大家交流感情;是他……

付英政说,我遇到了我人生中最好的老师:孙丙虎老师。我是他的数学科代表,因此和孙老师接触的时间也比较多。孙老师是一位很有激情的老师,他总能给我们一股力量。他教会了我们很多很多,不仅仅是知识上的,更多的是人生的哲理,人生的态度与方法。我们伟大的高三十班在孙老师的英明带领下,改正了一个又一个缺点,创造了一个又一个奇迹。关宏亚说,我们班主任是最好的班主任,他斗志昂扬,严肃却不失活泼,幽默风趣,很庆幸能在人生最重要的阶段遇到一位伟大的班主任,他订制了值日班长制、成长日记制,一直坚持到现在,值日班长制使同学们锻炼了口才,增强了自信,成长日

记制训练了同学们持之以恒的精神，现在我们马上就要上高考的战场，有一位英明的指挥官为我们布置战术，相信我们伟大的高三十班一定会取得最后的胜利。訾宁说，老师是个平凡的人，却一直在做不平凡的事，他拼命地工作，以自己的激情点燃我们的希望，从他身上我学会了拼搏。他常常把诸如"神圣""伟大""超越"一类词挂在嘴边，或许，像这样的老师，我今生不会再拥有，但老师"我爱你"，不管一年后，两年后，还是二十年后，我仍会这样说。刘风太说，19 年来我的老师无数，可最使我难忘的就是班主任孙老师。他最大的特点就是激情而真诚。我至今也没找到一个合适的词语表达我们之间的关系。我们尊称他为"虎哥"，他很幽默、坦率、耿直，一心想成为一名教育家，我们特别支持他。

我觉得，我们很难真正配得上"伟大的班主任"这个称号，但我们应该努力成为学生心中伟大的班主任。我们都给学生放过的一个小视频，电影《永不放弃》的一个片段，片中的那个教练最大限度地挖掘了学生的潜力，也有的把这段视频起名为《一个好教练》，其中，布洛克认为自己能爬 30 码（1码 = 0.9 m），但最终蒙上双眼在教练的引导下爬完了 100 码。教练的做法给我们的启发太大了，我想我们应该一遍遍地体会，从教练、学生、家长等多个角度来体会。在成功之前，永远不要说我已经尽力了。每个人心中都有一个沉睡的巨人！我们的责任就是唤醒他。只要努力，我们都能成为学生心中伟大的班主任，伟大的教练，因为我们很容易建立起学生心中那个伟大的班级。

五、建立伟大的班级育人文化

"教室"不只是一个物理空间的概念，而是一个心理场的概念，它是由师生营造出来的心理空间。教室的墙面，只要经过师生有目的的加工，它就会成为班级文化的组成部分，或体现着我们的理念，或映射着师生的共同价值观，从而构成隐性课程，潜移默化地影响学生的发展。

1. 开好第一个班会

提出班级目标：文明班级，誓夺第一。

解读：文明班级主要是纪律、卫生、宿舍等常规活动必须做好，这是好成绩的保证；誓夺第一指的是高考的第一，高三一年的长远目标，而且是心中的第一。并把"文明班级，誓夺第一"的大字贴在教室的前面，黑板上方。

2. "我的高三宣言"

解读：人人发一张大的答题卡（用反面），要求学生在 20 分钟内写出自己的高三宣言，班主任也要参与，写自己的宣言，最好写得有气势（可事前准备）。然后是宣读（类似于宣誓），班主任第一个，为了活跃气氛，加深印象，班主任可以站在讲台的凳子上，也可以站在讲桌上，这样的肢体语言一下子把激情点燃。然后是学生主动自愿到讲台宣读。最后学生谈收获，班主任总结，升华。把宣言收齐，统一张贴到教室的南墙（靠近前门的部分），四周拉上花边。

3. 班级跑操口号

在早操上提出班级跑操口号：高三十班，豪气冲天，脚踏实地，勇往直前！一二三四。

解读：这个口号一经提出，就坚持一年，中间不再变化（与之对应的策略，可以与时俱进，一个阶段产生一个阶段的口号）。坚持的好处是能深化到学生的内心。跟学生好好地解释每一句的内涵与相互的逻辑关系。高三十班是班号，是旗帜，像自己的姓名一样，一喊就敏感，就集中精力；豪气冲天要求先在气势上压倒对方，先有自信，先有激情，这是成功的第一步，另外做人要大气，要大度，要有豪气，要堂堂正正；脚踏实地指的是有了自信，真正地做起来需要站在大地上，汲取大地母亲的力量，不能像浮萍一样，没有根基，漂浮不定，浮躁不安，而是踏踏实实，稳扎稳打，认真做好每一件手头上的事；勇往直前指的是遇到困难是肯定的，关键是遇到困难后的态度，要迎难而上，狭路相逢勇者胜，真正的强者不是流泪的人，而是含泪拼命奔跑的人。这些讲好以后，可以结合，想，就是壮志凌云；干，就是脚踏实地；战略上蔑视，战术上重视，等来讲。

4. 不断地洗脑

开学之初，要不断地洗脑，每天早读前和晚自习前，在黑板上写一句有指导性的话。

解读：一定要坚持至少 21 天，21 天形成一个好习惯。黑板上每天写或鼓励、或关心、或提示的话语，高考前也一定有；孙悟空每次出去探路，画个"保护圈"把三师徒圈在里面。我和年级组相当于画了两个圈，给学生上了"双保险"。写下的这句话有时间可以给学生解读，再强调，当然也可以在以后的班会中再次重复，教育不怕重复。重复的作用是巨大的，有时候一句话重复得多了，就会成为用之四海皆准的真理，我在高三各个阶段提到的一句话是"越往后越重要，最后的最重要"，勉励学生坚持到底。甚至成为口头禅，这样才对学生有作用。正如乔东所说，老班的第一个教诲就是"越往后越重要"。我铭记在心，高三以来最大的感受就是压力太大了！大家都在暗自加劲，让你不得不努力，所以我要全力克服自己的一些坏毛病，全力拼搏。

常写的话有：

只要有激情，一切皆有可能。

一切归零，从零开始。

人生在勤，不索何获。

低不下头，抬不起头；埋不了头，出不来头。

天令其亡，必令其狂；天令其狂，必令其亡。

大多数人想改变世界，只有极少数人想改变自己。

改变才有希望，因循就是灭亡。

高三等于改变，成功在于坚持。

人生如茶，不能苦一辈子，但总要苦一阵子。

一个今天胜过两个明天。

人与人最大的区别是时间的利用不同。

把握当下，重在今朝。

山高人为峰，努力必成功。

低调做人，高调做事。

此刻打盹，你将做梦；而此刻学习，你将圆梦。

困难能唤起澎湃的激情，逆境常点燃旺盛的斗志。

冷静是智慧的源泉，浮躁是无能的表现。

真正的高考复习，应具有战斗的激情，拼搏的意志，不懈的坚持，渴望成功的执着追求。

既然选择了远方，便只顾风雨兼程。

我想我行，我在我能，我学我成，我拼我赢。

每一天，每一课，每一题，都在书写自己的高考。

学贵有疑，小疑则小进，大疑则大进，不疑则不进。

想着玩没出息，想着学有希望。

忙而不乱,急而不燥,做六科的将军。

我们宁可败在事实面前,也不可败在信心面前。

战斗已经打响了,想躲都躲不掉;我们是过了河的卒子,不能回头,没有退路。

抬头听课,低头作业,扭头无我。

入室即学,学姿正确,心专忘我。

盼着结束,何必开始。

一个人的努力救不了大家,只有每个人都尽力才能获得最后的胜利。

不怕贼偷就怕贼惦记。

脸皮厚吃个够,脸皮薄吃不着。

把所有的鸡蛋放到一个筐里,豁出去了。

我们会一天比一天强壮,一天比一天有希望。

下一站是不是天堂,就算失望不能绝望。

被火烧过才能出现凤凰,逆风的方向更适合飞翔。

我不怕千万人阻挡,只怕自己投降。

无论道路多么艰难,总可以站在终点笑望来时的路。

路虽远,行则必至;事虽难,做则必成。

常因无知,坦然地生活在黑暗中,哪管死神正盯着自己。

世界上最大的是海洋,比海洋大的是天空,比天空还大的是人类的胸怀。

感情不用泛滥,行动才能改善。

一个人只要精神不倒,就没有什么能难倒;一个人只要脊梁不弯,就没有扛不起的山。

越往后的越重要。

高考不相信眼泪,竞争不同情弱者。

进攻是最好的防守。

存在的就是合理的,发生的就是正常的。

成功容易失败难,每天进步一点点,必胜信念要坚定,杂念琐事会放弃,动力压力需持续,心理问题没问题。

别人做到的我们做到,别人做到的我们做好,别人做好的我们做精。

奋斗18天,超越××班。

被窝是青春的坟墓。

我不是一个人在战斗。

想过成功，想过失败，却从没想过放弃。

每临大事，必有静气；静则神明，疑难冰释。

无声教室是个宝，人人珍惜学习好。

用自信打造梦想，用汗水铸就辉煌。

事预则立，不预则废，不打无准备之仗。

微笑无敌，爱得天下。

一次烂不算烂，次次烂不很烂，最后烂才真烂；

一次好不算好，次次好不很好，最后好才真好。

只要有时间，一切还来得及；高考没结束，一切皆是未知数。

脚踏实地山让路，持之以恒海可移。

别驻足，梦想要不停地追逐；别认输，熬过黑夜才有日出；要记住，成功就在下一步。

学习要发疯，头脑简单向前冲。

对己要克制，对人要感恩，对物要珍惜，对事要认真。

5. "家长嘱托"

在第一次过大周时，让所有的学生家长写好"家长嘱托"。

解读：回来后的班会上宣读，并贴在教室的南墙上，设计花边。能在走神的时候看到家长写的东西。并且几个月后，班主任要重新领学生再读"家长嘱托"。这非常重要，特别是考前再次发挥作用。

6. 坚决不复课

给学生一个盼头，讲清全部的学生都上大学，断了后路，坚决不复课。

解读：作为班级的一份子，人人都要把集体看得比自己重，不能给班级拉后腿，永远记住：在自己的名字之前首先是班级。坚决考上自己心中的大学，并量身打造自己的大学，专科也不复课。不抛弃，不放弃。人人要争当班级的功臣。

7. 给每个学生照一张照片

给每个学生照一张照片，在班级表扬的时候可以放出来，并可以上墙，形成班级文化的一部分。

解读：一个人的肖像，一旦经常被用，学生的印象就会深刻，放大了表扬。而且在给学生照相的时候，学生觉得很神秘，不知有什么用，利于班主任很好地开展工作。必要的时候上墙形成班级文化的一部分。人人要归属到班级里，把班级的利益放在第一位。要让学生站在集体的高度实现自治。让他们认识到一个人的错误就是班级的黑点，对集体的背叛。就像电视剧《狼毒花》中的常发最怕别人说自己是汉奸一样。如此有了约束，学生就会少犯错误，而且犯了错误也会主动找老师认错。当然花季的年龄犯个错误也是美丽的。

8. 强调集体活动

特别强调集体活动，这是班级形象的窗口。

解读：每天的早操、课间操是难得的集体活动的时间。而堂外课如体育等也是重点的活动。这些一出问题即是班级的形象问题，不像在教室内的问题。所以在活动的时候强调纪律，并借此增强班级凝聚力，而且很好地调节学习节奏，提高学习效率。我常常在这时，开即时班会，有想法了，有思考了就传达给学生。这里大有学问，要不断地深挖。

9. 做好考试指导

做好考试指导，考试是高三的家常便饭，一定要把这件事抓好。

解读：高三一年可以总结为"把握考试节奏，踏好复习节拍"。平常的周考就要形成无人监考的好习惯，坚决杜绝作弊，严格要求。期中考试考前两周喊口号，班级和个人定目标，激发内心对胜利的渴望；考前一周定奖励标准，留出空缺，考后填上，吊起学生胃口；考试前一天早上对每个学生拍肩膀，给出祝福，使之有安全感；考前当天早上齐喊"旗开得胜，马到成功"，缓解紧张；考后立即估分，做自我评价，做到心中有数，加深印象；讲评后，写出试卷分析报告。在上学期期中考试前要充分发动学生，每一个学生的目标可以是另一个班的一个人，这也是班级分给每个同学的任务，完成任务的，授予班级功臣称号。大型考试前，根据形势，每天晚自习由值日班长轮流带喊班级口号，班主任适当指导。

我的考前、晚自习前的口号：

我们的口号齐天霸气

我们的行动感天动地

我们冲刺清华北大，永不言弃

我们坚持生命不止，自强不息

我们信奉苦尽甘来，天道酬勤

我们努力无怨无悔，梦圆（期中）（七月）（高三）（九班）

我们执着有梦，成功在即

我们心无旁骛，目标唯一

我们埋头苦干，脚踏实地

我们团结一致，血汗凝聚

我们相信自己，创造奇迹

我们高三九班，誓夺第一

誓夺第一，誓夺第一！

这个口号，在高考前一直喊，已经深入学生的内心，成为班级的精神支柱。

10. 我们的生命不属于自己，还属于家庭，社会，更属于伟大的祖国

解读：教室的北墙上贴中国地图，世界地图，放眼世界，胸怀祖国。不断地对学生进行人生观、价值观、世界观的渗透教育，使之健康成长，积极地，乐观地，进取地，向上地，昂扬地开始自己的学习生活。很多事情联系到学生以后的生活上，祖国的未来上。如男人，对自己狠一点，担负起家庭、社会的责任；女人，经济上要独立，不成为男人的附属品，成为家庭的平等的一份子，这一切都需要今天的努力。如果可以的话，在后黑板的两侧挂两个大大的中国结。

11. 严肃与民主的育人管理

解读：后黑板两边一副对联"脚踏实地山让路，持之以恒海可移"，这当然是意志力、信念的问题了，信念不值钱，但一旦坚持下去，它将迅速升值。

在教室的后墙上贴上"团结紧张，严肃活泼"，这是毛主席对青年人的希望，我努力把我班建设成为"能文能武，特别能战斗"的集体，把学生培养成德智体美劳全面发展的人。严肃活泼指的是学习上，涉及原则的一些事一定严肃神圣，教室就是神圣的学习的场所，教师的威信就是通过严肃的事情来体现和建立起来的；活泼就是要发扬民主，凡事都要广泛争取学生的意见。

发扬民主也有利于良好的师生关系的建立，这是工作的润滑剂，能达到教学相长的境界，工作起来更有创造力，更容易把工作坚持到底。我的底线是

班主任不求多受欢迎，但求不被讨厌，工作起来事倍功半。

12. 开展一系列的励志班会

解读：重读《花开不败》，清楚高三如何度过；放映幻灯片《我的大学，我的梦》，让学生带着梦想上路；学习《永远不要说你已经尽力了》，挖掘学生的最大潜能；研究《凭什么上北大》《八环节学习法》，改进学习方法，寻找学习策略；熟悉身边的例子殷浩哲的《高三祭》，建立自己的自信；观看高三全过程纪事《高三》，感受时间的飞逝，过程的艰难，坚持的胜利；观看王国权的《挑战高考极限》，得到奋斗的激情，人生的冲刺，大学的向往；观看王金战的《行百里者，半九十》，认识到最后的最重要，前 90 里（1 里 = 0.5 km）才是一半，最后的 10 里是一半，一定走好高考前最后的一个月；由昙花一现探索生命的意义，重在质量，一朵昙花只开三个小时，却用尽了它的一生，生命的意义在于生命的质量，而不在于生命的时间。

举办"给力高三，我要上大学"百日誓师大会，更重要的是学校大会之前之后的班级的准备：

之前，正如白晨光所说，还记得百日誓师大会前老师带着我们在操场上跑了十三圈，并且每个人都争着喊口号。十三圈，口号声从没间断，整个校园仿佛都静默着听我们班那如洪钟般的口号。百日誓师大会上全班同学上台展示班级的风貌，多名同学上台喊出自己的梦想。我是班里唯一抢到话筒权的女生，对着全体师生喊出了自己的梦想。现在想想，都十分激动。

之后，我到班里让学生自愿上台说出自己的梦想，场面非常震撼，我自己都流泪了。李恒森说，我有两个姐姐，因为各种原因一个远嫁四川，一个嫁到烟台，我娘对我说压力别太大，考上聊大在家门口就好，我想对娘说，放心吧，我考到哪就把您接到哪。

郭银博说，百日誓师大会后，我们班又开了一个小班会，在那个班会上，每位同学都站在讲台上，喊出了自己心中的理想。听着同学们惊天动地的誓言，我热血沸腾，对自己的目标更加坚定，下决心一定要考上自己理想的大学。

张国豪说，我站在十班的讲台上，面对全体同学和老班，大声地喊出自己要成为一名医生，所以我必须通过自己的努力来实现它。高三发生了不少事情，印象最深的还是最近的"百日誓师"和"十班跑十三圈"这两次，再次让我见证了十班的伟大，还认识到集体的力量。

文化是价值观引领下的群体思维方式和行为方式的总和。因此，决定一个班级群体的思维方式或行为方式的是价值观，而这个价值观是必须为群体所认同的、所理解和接受的。从这个意义上说，共享价值观是文化的核心。一个班级共同的价值观是构成该班级文化的核心成分。围绕着正确的价值观展开系列活动就是伟大的班级文化。

六、提高学生小组捆绑综合评价的有效性

新课标、新教材、新高考给课堂教学和班级管理带来新变化。小组合作的教学方式成为课堂教学的主流，以小组为单位进行班级管理也较为普遍，如何提高学生小组捆绑综合评价的有效性，实现科学管理，我们一直在探索。针对当前的小组合作式课堂教学，我把评价改革机制合理地引入对小组、对学生的评价中来，每月进行综合评价，由班委会全权负责统计，包括作业收发的速度、学案的质量、纪律表现、课堂表现、宿舍表现、运动表现、好人好事、卫生的打扫与保持、小组学习成绩等多项指标的综合得分，每月进行奖惩，有效地保证了新时期班级的正常良性运转。

李亦然说，班里成立了小组，我是二组人，组里的事成为我高中最甜美的回忆。大家一起为了优秀小组的称号而制定组规，开组务会议，不断超越自我，哪怕是在课堂上回答一个小小的问题都让我们充满了成就感——因为又可以为组里多加一分了。我们和邻组的人也成了很好的朋友，生活里充满了欢声。记得那时我们组的成绩每次都是第一，并远超第二，这让我至今想起来都忍不住感到自豪。

1. 小组划分

遵循公平性、合作性、竞争性、互补性、稳定性等原则，根据学生的学业成绩、性格因素、性别搭配、交往能力、住校走读等进行均衡分组。

2. 小组评价

每组组长一人，全面负责；书记一人，负责平时表现；每位组员担任一个学科组长，负责本组该科的学习。班主任和班委会干部每周对课堂学习、常规表现、个人量化如实记录；每月根据平时表现和考试成绩进行小组捆绑综合评价。

（1）学习成绩评价

按照小组高分人数一二类指标和平均分划出小组整体得分和个人学习成绩等级得分。

1）小组成绩评价

①一类指标得分。一类指标达到各小组高分人数的平均数，该小组的每位同学记20分，每超1人，每位同学另加5分；未达到平均数的小组，每少1人，每位同学从20分中扣掉5分，本项不得负分。

②二类指标得分。二类指标达到各小组高分人数的平均数，该小组的每位同学记15分，每超1人，每位同学加2分；未达到平均数的小组，每少1人，每位同学从15分中扣掉2分，本项不得负分。

③平均分得分。小组后3名学生平均分第一名的小组每位同学记10分，之后的小组平均分每降低2分，少得2分，本项不得负分。

2）个人成绩评价

年级前10名记35分，年级前30名记25分，年级前50名记20分，年级前100名记15分，年级前120名记10分，年级前150名记6分，年级前200名记2分。（假设共有200个学生）

（2）课堂表现评价

由学科组长记录小组同学该科课堂表现，无任何表现的，也要写上组号，注明无，当天交科代表处，学习委员做好统计。

细则如下：主动提出不明白或是思考深入、很有价值的问题，得到老师的解答，给小组加3分，个人再加2分；举手回答问题，给小组加2分，个人再加1分；能指出回答问题小组的不足并补充答案，给小组加2分，个人再加1分；听写正确率在90%以上，给小组加2分，个人再加1分；违反课堂行为规范，如起哄、喝倒彩等，给小组减1分，个人再减1分；其他情况酌情加减分。

（3）常规表现评价

①作业情况。根据作业完成情况，每月任课老师和科代表给各组统计分档，第一名小组每人加20分，最后的两个小组加10分，中间的小组加15分。

②课间操情况。跑去跑回，坚持做好的累计4次加1分。

③卫生保持情况。每天抽查个人周围卫生，保持好的累计4次加1分。

④常规守纪情况。如自习纪律、打扫卫生、宿舍表现、三操秩序等按年级

组、学生会检查做好记录。无违纪的小组每人记 40 分，有一人次违纪，小组每人得 35 分，违纪人再减 2 分；有两人次违纪，小组每人得 30 分，违纪人再减 2 分；依此类推。打架等较大违纪事件按学校规定单独处理。

（4）星级班集体评选

班级实行每个小组值周，每个组员当值日班长，形成值日班长制与班委会共同管理的局面。小组值周期间，班级在年级获得五星级班集体，相应小组每人加 2 分。

（5）特别加分

学习进步、优秀班干部、文明宿舍、体育活动、写作发表、好人好事等适当加分。

根据各项总分，划分优秀、良好、中等、及格和不及格。占的比例结合班级学习成绩和文明班级锦旗获得情况而定。

3. 评价导向

按照每组综合分数评出五星级、四星级、三星级小组，以班级表扬的形式张贴公布，并设立小红旗，和优秀个人的照片一起上墙，颁发优秀证书，给予适当的物质奖励。

4. 评价示例

评价示例如表 1-1 所示。

表 1-1　2013 级一班第五模块综合评价表

小组	姓名	小组成绩得分			个人成绩	进步	课堂表现	值周	课间操	卫生	常规违纪（个人）	常规违纪（小组）	作业检查	作业收发	特别加减	总分	等级
		一类	二类	平均													
一组	韩洪一	30	15	2	35	0	2	2	0	4	-4	4	10	15	-1	114	良好
	刘雪菡	30	15	2	35	3	2	1.5	0	0	0	10	20	15		133.5	优秀
	吴桂鑫	30	15	2	25	1	0	2	1	4	-1	8	13	15		115	良好
	闫中慧	30	15	2	35	13	9	2	0	4	-2	6	18	15	5	152	优秀

续表1

小组	姓名	小组成绩得分			个人成绩	进步	课堂表现	值周	课间操	卫生	常规违纪(个人)	常规违纪(小组)	作业检查	作业收发	特别加减	总分	等级
		一类	二类	平均													
一组	张禄浩	30	15	2	2	0	3	2	1	0	-2	6	13	15		87	及格
	王坤	30	15	2	10	0	1.5	2	0	4	0	10	18	15		107.5	中等
	王丹	30	15	2	2	0	1	2	0	0	0	10	20	15		97	中等
																115.14	
二组	方瑞晴	20	13	8	35	0	5	2	0	4	0	20	20	20		147	优秀
	宋姜康宏	20	13	8	35	0	7.9	2	6	0	-1	18	18	20	1	147.9	优秀
	刘艺璇	20	13	8	10	15	4.5	2	1	4	-1	18	18	20		132.5	优秀
	于沛泽	20	13	8	15	0	7.4	2	15	0	-1	18	15	20		132.4	优秀
	岳宇昕	20	13	8	15	0	9.5	2	0	0	-1	18	20	20	4	126.5	良好
	高红羽	20	13	8	10	10	5	2	0	4	0	20	20	20		132	优秀
																136.38	四星
三组	张思致	15	17	6	35	0	3	2	0	0	0	25	20	15		138	优秀
	任晓萌	15	17	6	25	0	2	2	0	4	0	25	20	15		131	优秀
	张宇辰	15	17	6	20	0	1	2	0	4	0	25	18	15		123	良好
	董恩志	15	17	6	25	0	3	2	2	4	0	25	15	15	5	134	优秀
	任国政	15	17	6	20	0	6.3	2	0	4	-3	19	18	15		119.3	良好
	孙继茹	15	17	6	5	10	2.4	2	0	4	0	25	18	15		119.4	良好
	李皓明	15	17	6	5	0	2.2	2	1	0	0	25	20	15		108.2	中等
																124.7	

续表 2

小组	姓名	小组成绩得分			个人成绩	进步	课堂表现	值周	课间操	卫生	常规违纪（个人）	常规违纪（小组）	作业检查	作业收发	特别加减	总分	等级
		一类	二类	平均													
四组	吕一凡	15	11	4	25	0	3.5	2	0	4	0	20	20	15		119.5	良好
	邵依凡	15	11	4	15	2	3	2	2	0	-1	18	18	15	6	110	良好
	边东雪	15	11	4	10	0	2	2	2	4	-1	20	20	15	5	109	中等
	白沛瑶	15	11	4	5	0	0	2	0	4	0	20	20	15		96	中等
	崔彦斌	15	11	4	20	0	3	2	0	4	-2	16	15	15		103	中等
	张金茹	15	11	4	5	1	0	2	0	4	0	20	20	15		95	中等
																105.42	
五组	周围子	15	19	10	35	0	5.3	0	0	0	-1	18	20	15	1	137.3	优秀
	周书博	15	19	10	20	5	2.5	0	9	4	-2	16	18	15	3	134.5	优秀
	史晓丹	15	19	10	20	14	1.5	0	1	4	0	20	20	15		139.5	优秀
	张怀金	15	19	10	25	10	13	0	4	4	-1	18	15	15		147	优秀
	王志华	15	19	10	25	13	4.9	0	0	4	0	20	20	15		145.9	优秀
	李广艺	15	19	10	20	16	1.5	0	4	0	4	20	15	15	2	141.5	优秀
																140.95	五星
六组	许世晴	15	13	8	35	17	6.5	0	0	0	0	35	18	10	5	162.5	优秀
	侯嘉欣	15	13	8	20	0	0	0	1	4	0	35	18	10		124	良好
	李晓涵	15	13	8	20	19	0.5	0	7	4	-2	33	18	10		145.5	优秀
	国璐璐	15	13	8	15	0	0	0	1	4	0	35	18	10		119	良好

续表 3

小组	姓名	小组成绩得分			个人成绩	进步	课堂表现	值周	课间操	卫生	常规违纪（个人）	常规违纪（小组）	作业检查	作业收发	特别加减	总分	等级
		一类	二类	平均													
六组	李鑫	15	13	8	10	12	0	0	1	4	0	35	13	10		121	良好
	侯艳杰	15	13	8	10	0	0	0	0	4	0	35	15	10		110	良好
																130.33	三星
七组	靖峥	25	15	4	25	4	15.4	0	0	0	-3	14	18	15	6	138.4	优秀
	刘旭	25	15	4	25	13	0	0	2	0	0	15	20	15		134	优秀
	张凤轩	25	15	4	35	11	5	0	2	4	-1	18	18	15		151	优秀
	李清正	25	15	4	20	0	1	0	2	0	0	20	18	15	4	124	良好
	胡雪晴	25	15	4	10	7	14	0	1	4	0	20	18	15		133	优秀
	刘莉	25	15	4	10	5	8.4	0	0	4	-1	18	15	15	-1	117.4	良好
																132.97	三星
八组	张文博	15	15	4	25	15	1.5	0	1	4	-1	8	18	15		120.5	良好
	窦传禹	15	15	4	25	0	1.6	0	2	0	-5	0	15	15		87.6	及格
	赵学真	15	15	4	20	0	1	0	0	0	-2	6	18	15		92	中等
	于咏雪	15	15	4	20	0	6	0	0	0	0	10	20	15	2	107	中等
	王书喆	15	15	4	2	0	1	0	2	4	-5	0	13	15		66	及格
	朱合丽	15	15	4	10	0	1	0	0	4	-2	8	18	15		88	及格
																93.52	

续表4

小组	姓名	小组成绩得分			个人成绩	进步	课堂表现	值周	课间操	卫生	常规违纪（个人）	常规违纪（小组）	作业检查	作业收发	特别加减	总分	等级
		一类	二类	平均													
九组	刘思远	20	15	6	25	22	1	0	0	4	0	40	18	10		161	优秀
	郭爽	20	15	6	35	11	1	0	0	0	0	40	20	10	-1	157	优秀
	孙梦露	20	15	6	20	0	1	0	0	4	0	40	18	10	4	138	优秀
	夏欣燕	20	15	6	10	5	1	0	0	4	0	40	18	10		129	良好
	李晨阳	20	15	6	20	0	0	0	0	4	0	40	18	10		133	优秀
	闫世国	20	15	6	5	0	1	0	0	4	0	40	15	10	-1	115	良好
																138.88	四星

以小组为单位的班级管理，班级的组织机构很多，有班委会，有行政组长领导的每一组，有科代表领导下的学科组，有统计审计小组，有每一组最认真的人组成的评分小组，有每周的值日班长，有后进生委员会，有尖子生突击队，有心理联络小组，有家长委员会小组等等。

主要的育人管理方法是，各组织形成周例会制度。特别的是，任何部门要开会，先要通知相应人员写好发言稿，充分备会，有自己的思考。牵头人要组织好，控制好时间，并要求人人做好会议记录，签上名字，上交整理好，统一夹在黑板旁边。我就能及时翻阅，掌握第一手的资料，实现人人管班的目的。

通过小组管理，捆绑综合评价，以小组为单位轮流承包举办班级系列活动，准备时间不超过一天，效果好坏的标准是班级成员的参与度，心灵深处的触及度。印象深刻的有三组承办的"感恩的心，烛光班会"，对老师的感恩，对父母的感激，使得大家在烛光中踊跃地说出自己对不起父母、老师的事，我也感动得流下眼泪。还有九组承办的"谱歌大赛，唱出我们的风采"，一节课的时间要求每个小组确定组歌旋律，并把组的特点、目标等用自己编的歌词填进去,到讲台大声唱,展示自我,真的很壮观。真正做到把班级还给学生,人人是学科组长,人人是值日班长,人人是班级的主人。同时,每学期小组捆绑综合评价结果是给学生建立省综合素质评价档案的重要参考。学生身上有巨大的能量,我们要搭建一个平台,让他们释放出来!有效引导每个学生通过小组合作,发展自己,带动周围,向上向善向好。

七、成长日记与班级日志

1. 关于成长日记

学校统一发放每天制订计划和总结的成长日记本。学生的个人成长日记坚持每天都写,适当指导,写成什么样都行,重要的是每天都交给老师,或者不定期地收,这就形成了班主任与每一个学生的交流,一开始有的学生可能不说真话,可时间长了就没有抵抗力了,有什么心里话都会写出来的。我把成长日记作为师生交流的主要平台,称为"加油吧"。更重要的是不仅仅在高中,最好是一辈子都要坚持写成长日记,做计划。正如我考上大学的学生白月发给我的短信:老师,我终于再次发现成长日记的好处,大学时间要自己支配,没有个计划是不行滴……

2. 关于班级日志

这是培训时从德州一中的华老师那儿学到的。在此表示感谢。"班级日志"的具体做法是按座次每天一位同学,也就是当日的值日班长记录当天班级发生的事情,包括学生的出勤、纪律、卫生、上课表现、学案情况、班级趣闻逸事以及有针对性的评论等。

我要求值日班长全权负责当天的班级运行,有需要就与相应的班长、学习委员、纪律委员等一起工作。写好日志的前提是班级不出任何差错,一旦有问题,第一责任人就是值日班长。无论住校与否,要跟早操,并带喊口号,课间操要在队伍前倒着跑,晚自习后对九个组进行评价,把每一组的评分员的分数加在一起核算好,写在小黑板上,前五名用红色,其他用白色。每天班主任到校后先看到昨天一天的情况。

每天的早读后的5分钟,由值日班长在讲台上对昨天的情况作一总结,一般情况下,我听后就即时评论一下,并对新的一天提出希望。在积累到两三个月的时候要统一复印出来,装订成册,每人一本,成为永恒的纪念,回忆。学生对这个集体就充满了美好的憧憬,集体荣誉感大大增强。

八、引领班级给学生创造故事

回忆我们的求学生涯,留下深刻记忆的不是知识,而是故事。我们在教给学生知识的同时,最重中之重的,是给学生们留下故事,留下场景,留下情感,留下体验。这是大智慧的追求。而班级则是这些故事生长的最佳园地。

从某种意义上讲,没有班级活动,就没有健全的班集体,没有班级活动,就没有学生素质的持续发展。在班主任工作当中,我创造性地开展活动,通过一个个精心编排的活动,努力营造一个团结、和谐、竞争、互助、乐观、向上的班级大家庭。

这里除了刚才说的成长日记、班级日志,再举几个例子,希望对大家有所启发。

1. 认真组织一次拔河比赛

班主任要全程参与,精心策划,设计战术,制订口号,全力加油,总结升华,力争使班级凝聚力得到加强,给学生永恒的记忆。学生崔金鑫发给我的短信说,今天我们商学院各班举行了拔河比赛,很怀念去年冬天咱们高三比赛时同学间的团结和老师的激情。任尚坤说,高三时的拔河比赛,我们打出了文科班,并且打败了理科班,老班的吼叫,同学的热烈相拥,谁又能说我们不是一大家子呢?

2. 组织学生参观大学校园

与聊城大学的学生联系,体验大学生活一天,参观校园,进图书馆,观看大学生表演的节目,与大学生相互交流,最后一定是班主任总结升华,点评所见所闻,提出期望,引领积极的价值观。也可以组织类似的班级郊游,畅想未来。

3. 抓住与学生一起吃饭的机会

有时候在餐厅偶尔碰到学生吃饭,一般来说,学生会避开老师,这时候老师一定要自然地走向前,与学生一起进餐,中间适当地聊几句学习或生活的事情。你极有可能是第一位与这个学生吃饭的老师。他的记忆会非常深刻,并会不断地向身边的同学诉说。倘若因为班级活动造成集体错过饭时,此时可以到外面买一大批包子,或者每人一盒方便面,或者一起吃一个大西瓜,等等。集体吃东西,吃嘛嘛香,记忆永恒。

4.组织举行拜师仪式

让每一个愿意找人帮助,和愿意帮助同学的学生在某一学科上结成师徒,并确定仪式主持人,设计宣读名单、给老师端茶等环节,使学生终生难忘。并确定监督机制,每周至少讲解 2 小时以上。并根据进步情况评选优秀师徒。

高考前每天下午放学前拿出 20 分钟的时间,在班内开展大讨论,解决一天的各科疑难,老师也可以参与,一起进步,一起迎战高考,让每个学生感到,我不是一个人在战斗!

5.策划成功的家长会

学生会把自己对老师的评价告诉家长,家长也一定会把对老师的评价传达给我们的学生。开家长会时,一定要以不同的评价标准把每个学生的照片展示出来,一个也不能少。不要公开说学生的不足,不要公开留家长。

要提供家长与孩子一起交流的平台。要把自己的工作如实地向家长汇报,并让学生发言,表达对老师、家长的感谢。我最近的一次家长会是这样开的。

第一,学生献词,班歌合唱,校园生活剧表演;第二,学生代表解读班级文化,介绍班级活动;第三,由每一小组的评分员向家长汇报小组同学的情况,并解答家长的问题;第四,每一个学生走上讲台对自己的爸妈说几句话;第五,家长代表发言,再自由发言;第六,播放王金战、王国权、冯恩洪的视频材料;第七,班主任总结升华。

6.充分利用网络,实现家校联合

一开始是有移动手机号码的家长都添加为飞信好友,这样发短信不花钱,在电脑键盘上编辑短信快捷方便,还能做到全部群发,事半功倍。后来有微信了,联系互动更加密切。平时的周末怎么度过,或者有大的安排,或者个别孩子有什么问题,我们都可以联系。下面举几个例子。

家长朋友您好!这一周是大周,学生上午在校上一上午自习,下午、晚上、明天上午、下午在家,明天晚上到校上自习!请安排好孩子的在家学习生活。由于星期四、星期五两天进行模块考试(非常重要),建议家长不组织过于疲劳的家庭活动,以静心学习复习为主。家里尽最大努力创设学习环境。对于外出学习的,要知道具体情况,引导孩子少遗憾,少后悔!

虽然不在校学习,但也不一定是坏事!正好借助于这一天半,好好地调整自己的状态达到最佳。也更好地做到根据自己的情况查漏补缺,近期一段时间冲刺考试，作业加重，甚至恶性循环，趁这个时机要达到良性循环！作为老师，给孩子的第一个要求就是好好准备，增加考试经验，特别提出不要感冒，做到身体不出问题！有的孩子一到考试，一紧张就免疫力下降，影响成绩，这一次要避免，这一条一定要告诉孩子。只要努力了，只要发挥自己的水平，您的孩子永远是老师的好学生，是老师的骄傲！尽管还有这样那样的缺点，但老师支持他，老师相信他！这一次班级的压力不小，人人树立为班级争光的意识，并享受班级的荣誉，但也不要因此而压力过大，老师真心想孩子的一生健康成长，我会对班级、对孩子负责。一起加油，有事多联系，多沟通。

您好，学校前天与昨天上午进行了模块考试。昨天下午讲评了四科，昨天晚上，我召开了一个学法总结指导的班会。安排学生认真改错。并发下了各科新书的预习学案。本学期学习语文、数学、英语、物理、生物、政治六门课程。上高三前，还有针对这些课程的一次月考和最后的升入高三的期末考试。今天是周六，学校安排上一天自习，晚自习照常上，主要是在老师的指导下预习新课。明天安排学生到校对自己的老师给予评价，打分。

接下来请家长朋友注意几件事：一是和孩子一起总结学习成绩，明天评教后自己就可以查出来，一定忍住不要急，看总分进步，看单科进步，看态度进步等等！二是结合老师开的学法指导的班会，与孩子分析自己的学习方法，一定在这方面做一些思考，方法很重要。三是新的模块，新的开始，要鼓足孩子的干劲，考试的结束就是再次起航，良好的开端是成功的一半，第一周是关键。四是指导好孩子对老师的评价，要多感恩，多从老师那里学习获得，亲其师，信其道，让老师感到学生的可爱。五是考后有放松的心理，在理解的同时，做好指导交流，事实上，昨天下午，昨天晚上，今天一天，学生就是在放松，已经歇过来了，不要无限制地休息下去，松下去。六是我们每个月要进行综合评价：包含学习成绩、上课表现、作业情况、平时纪律、卫生打扫、三操体育、特别贡献等，划出优、良。

7. 爱我就抱抱我，大胆地表达对学生的爱

有创意地表达是在方式上有创新，风格上有突破，语言上有特色，给人耳目一新的感觉。话一出口，能够较好地抓住学生的注意力，在轻松愉快中把握要点，领会主旨，更能突出个人的与众不同。我曾经站在讲台上大声地说"我爱你们"，有的学生感动而掉泪。颁奖时，我会配上大会颁奖音乐，非常神圣；

我会对上台领奖的男同学给予热烈的拥抱,给女同学以握手表达祝贺,增进感情。我曾经给每个学生起一个外号,平时就叫外号。

8. 主题词伴我行活动

每个月有每个月的主题,这个月我班的主题是①零通报的五月；②高歌猛进的五月;③学法提升的五月! 一切活动围绕这三条开展。

每周有每周的主题,如计划总结周、落实实施周、坚持攻坚周、冲刺复习周、卫生周、纪律周、三操周、静班周等等。

高考前最后的 60 天,每天一个主题词。例如"坚持"60,"超越"59,这个词贯彻全天的大小事务,凡事都可以联系上,而且最后能全连起来,组成一段话,一篇文章。成为直击高考的主线,使学习、生活有了抓手。

9. 组织样板天、高效日活动

每周一是一周的开始,提出"样板天"的概念,这一天发生的一切都形成模板,复制到第二天,第三天,每周四是容易松懈的时候,提出"高效日"的概念,提出"要做狼,不做羊,高效日,创辉煌"。这一天从早到晚把任务定好,把时间打紧,看一看自己究竟有多大潜力,看一看一天能干多少活。这样一周下来就不再单调,永远充满干劲。

10. 要带领学生实现一次超越

超越他人不容易,超越自己更难。我们都知道要多读点书,可真正做到的少之又少；我们都知道看电视上瘾很不好,但有时就是控制不住自己。学生都知道应该好好学习,可总是事与愿违,一切都因为我们很难超越自己。我们十班成绩不好,一直快马加鞭地不断追赶,为了实现超越,我们在今年元旦晚上没有看晚会,也没有演节目,而是做了一套理综题。现在想来是多么的悲壮,但我们无悔,真心感谢学生的支持。

高玉同说,老班为这本充满了枯燥、烦闷、累、困等字眼的高三带来了久违的激情,每天与各种卷子、各种试题周旋,与时间赛跑,日历牌像疯了一样在我未察觉之时一页一页地翻过,高考近了,更近了,以至于我能隐约听到上考场前的口号声了。有运动会的全力拼搏,团结一心,有不开元旦晚会用一套理综题完成超越的壮举,有誓师大会上的铮铮誓言。我们的高三十班在成长中气势如虹。

11. 认真组织参加社会实践

高一走进军营，高二走进农村，高三走进工厂。教师要参加一到两个组的活动。而且回校后要做报告，每一个同学要上台展示。真正发挥社会实践的作用。

12. 一场别开生面的"运动会"

组织绑腿跑活动，每组 7 个人绑起腿来，一起从操场的一端向另一端进发，分出排名，颁发奖状和奖品。并立即回到教室谈感受，班主任升华为团结就是力量。单独组织女生篮球赛、足球赛，提升女生的合作能力。邀请老师和学生一起参加跳绳比赛。无论什么活动，都要让学生写感受，谈感受，提升自己的思想认识，加快成长。

13. 开展学习大比武活动

利用周末，对班级各小组一周的学案进行检查，评比，上墙展览，进行积分。根据一周所学，各科科代表编制题目，各小组按照三星智力快车的形式，进行几个环节的晋级赛，最后评出冠亚军。其中，一个同学用英语描述一个词的特征，自己的队友猜词，使活动达到高潮。

14. 一次难忘的教室晚餐

为了锻炼学生的动手能力，更为了增强班级凝聚力，我们周日下午组织学生每人在家中自己做好至少一个菜，在 5 点 50 分带到教室，进行集体聚餐。我也炒了两个菜，并买了 200 个馒头。同学们吃得非常香，班级一家人的氛围空前浓厚。

15. 开展五一野炊活动

在五一假期的第一天，全班一起到江堤乐园进行野炊，并邀请几个家长，大家一起买羊肉，买木炭，租炉子，自己动手，做烧烤，又一次把班级凝聚起来。生活充满了美好与希望。

16. 大型考试前后的几次活动

①在春节前期末考试成绩出来后，给每个学生寄发个人成绩单，并夹带 5 元到 10 元的红包，给出春节祝福和寒假学习针对性指导。

②在一模考前，我给每个学生发下一把开心果，提出"开心高考，虎班必胜"的口号。

③在二模考前，我煮了 60 个鸡蛋，每人一个，提出"咸蛋超人，充分发

挥"的号召。

④有一年高考,我制作了一个展板,在考场外举着,送学生进场,迎学生出场,同时给每个同学发放一个精致的笑脸,别在胸前,意在微笑无敌,直面高考。

⑤有一年的高考,我们全班统一穿自己设计的白色 T 恤上考场,正面左胸前写一句话,"虎哥在我身边!"意思是老师一直支持同学们,这一活动也被聊城晚报报道。

⑥还有一年的高考,我们进考场前,集体手拉手高喊班级口号,表达必胜的信念,并像足球运动员比赛前一样把手叠放在一起,发出有节奏的嘿嘿嘿的声音。

17. 打造自己的育人品牌

品牌是学校赢得家长和求得生存与发展的关键,学校要打造学校的品牌,团队要打造团队的品牌,每一位班主任也要打造自己个人的品牌。从特色、特长出发,建立自己的品牌,赢得学生、家长和社会的认可。一提北大立即想到思想活跃,一提清华立即想到严谨,一提海尔立即想到服务,这就是品牌;一提到民主＋科学就想到魏书生,一提到爱心＋民主就想到李镇西,一提到智慧＋博爱就想到张万祥,这也是品牌。一提什么就想到我们呢?一提我们又能想到什么呢?我要打造的品牌是"激情＋伟大",帮助学生树立积极的价值观。

比如,社会存在黑暗面,但是很小很小的一点,绝不能因为有黑暗的存在而看不到光明;比如,永远相信付出必有回报,世上没有白流的汗;比如,永远保持积极进取的精神,奋斗的青春,今日吃苦不是为了以后不吃苦,享清福,而是当吃更大的苦时,不觉苦。比如,要发扬狼的精神,《狼图腾》中"狼性文化"体现了"敏锐的嗅觉,不屈不挠、奋不顾身的进攻精神,协同作战的团队精神"。一旦攻击目标确定,头狼发号施令,群狼各就各位,嗥叫之声此起彼伏,互为呼应,有序而不乱。待头狼昂首一呼,主攻者奋勇向前,佯攻者避实击虚,助攻者嗥叫助阵。这种高效的团队协作性,使它们在攻击目标时往往无往而不胜。独狼并不是最强大的,但狼群的力量则是空前强大的,所以有"猛虎也怕群狼"之说。

世界上没有两片相同的树叶。只要有一点与众不同,就会创造与众不同的价值。坚信蓬勃且富于朝气的创新精神，是达成目标的唯一途径。同样的管理要求，不同的教育方式，能给我们带来更多成功的支点。与众不同是一切财富的来源，班主任只有努力经营自己的特长、特色，才能够在育人道路上走向优秀和卓越。大家不同，大家都好！

第三节　陪学生一起激情成长——励志育人系列发言

一、永远不要说我已经尽力了——冲刺期末，育人为先

生命每天都是新的。今天我们将度过全新的一天。早上醒来，对着镜子笑一笑，为自己又获得了新生而感到兴奋；来到学校，看到可爱的同事，亲爱的同学，为自己不是一个人在战斗而感到温暖；课堂上，面对同学们一双双求知的眼睛，为自己的价值得以充分体现而感到自豪；编制学案、批改学案，开班会、开班级组会、开教研会、单独做思想工作等等，为自己忙碌的工作而感到充实；收到老学生的问候，进一步的交流思想，一起感悟，一起成长，做一辈子的朋友，想一想这一切，生活是多么的美好！于是，心底里升起了感恩，感谢您的支持，感谢他的帮助，也感谢自己的坚持，成功是一个综合的复杂的过程，高考也不例外，一中的领导英明决策，把握航向；我们的老师身先士卒，鞠躬尽瘁；更重要的是同学顽强拼搏，坚持到底；是啊，不放弃，不抛弃，相信我们上下一心，团结奋进，永远第一。

讲五个字：第一个字"好"，是好场，受益终生，场是磁场的场。第二个字还是"好"，是好天，抓紧时间。第三个字"学"，是学问，利用资源。第四个字"坚"，是坚持，永不言弃。第五个字"信"，是信念，全力以赴。这五个字连起来就是一句话，"好好学，坚信！"重要的事说三遍："好好学，坚信；好好学，坚信；好好学，坚信。"

1.好场，受益终生

台湾有个年轻人，经过数年的拼搏后赚了不少钱。他到欧洲旅游，入住

一酒店，第一天早上醒过来，听到一阵敲门声。门一打开后，有个服务生很热情地跟他说："Good morning, sir." 他没听懂。按照中国人的惯性思维，他在想："是不是问我叫什么名字？"于是他大声地说："我叫陈阿土。"第二天早上，他又听到一阵敲门声，门一打开后，又见昨天的服务生，这个服务生又跟他说了一句："Good morning, sir." 他有点生气了，怎么这么笨呢？于是他更大声地说："我叫陈阿土。"第三天早上令人恐惧的事情还是发生了。他又听到一阵敲门声，这个服务生又跟他说了一句："Good morning, sir"，他非常气愤地说："我叫陈阿土。"当天晚上他睡不着了，他想弄个明白。于是他问旅游团的团长。团长说："他跟你说什么？"他说："Good morning, sir." 团长说："你才是笨蛋呢！人家问你早上好呢！"他突然觉得很羞愧，我赚了那么多钱，怎么文化水平这么低呢？于是他准备学英语，他学的第一句话就是 "Good morning, sir"。第四天早上，他焦急地等待服务生的敲门，因为他要把这句话用出来。所以当服务生一敲门，门打开后他立刻对服务生说："Good morning, sir." 服务生听完后立刻说："我叫陈阿土。"

同学们，在这个世界上，不是你影响了别人，就是别人影响了你。每个人或者每个班级，每个学校都形成了自己特有的一个场，就像物理中的电场、磁场一样，我们称之为个人场、班级场、学校场。每个人都应该形成积极的、乐观的、进取的、向上的、昂扬的、无坚不摧的好场，使得每一个接近你的人都受到积极的影响，有益的启发，良好的进步。正如换座位时，为了更好地学习，同学们都愿意跟你坐在一起，你就形成了好场。

每个班级都应该形成团结奋进、比学赶帮、自我超越、班级自豪、家的温暖、共同愿景、全面发展的聚能场，是大家精神的家园，使得每一个同学都能得到良好的感染，积极的熏陶，健康的成长，潜力的挖掘。比如，课间操时有的班飞快到操场，大声背书，那么落后的，声音小的也会慢慢得以改进提高，这种场甚至能带动相邻班级的学习。又比如无论毕业多少年，一提起班级都很有感慨，并为之骄傲，有一种灵魂的归属感。这就是好的班级场，伟大的场。希望每个人都以集体的高度约束自己的言行，以聊城一中的优秀标准要求自己，以为班级添光加彩而努力，形成自己的好场，进而为班级场作出积极的贡献，然后从中受益终生。

2.好天,抓紧时间

早上看到东方升起红彤彤的太阳,开始美好的一天,感到可以把握的时间很长,于是雄心壮志,满怀希望；但过了12点,吃了中午饭,一天的一半过去了,眼中看到的是一天要结束了。一周有七天,过了星期三,就是星期天,周三是关键。一月有四周,计划周,实施周,攻坚周,冲刺周,过了前两周,一周快一周。一学期有期中,过了期中就是期末,高二有两学期,上学期一完,就是春节,下学期就快了,大家在聊城一中的一千天,已经一半,今天距今年高考仅有137天。大到人生也是如此,人生三万天,一万五千不惑年。所以,时间的一半是一个界限,只要过了一半,就快了。中午饭以后就是今天的后半程,要倍加珍惜今天的尾巴。今天又是本周第六天,要做好一周的盘点,做到周清；本周是本月的第三周,接下来是冲刺周,要咬牙顶住,抓紧时间,冲刺期末,奋斗18天,不留遗憾,闯过高二第一关,让身边的所有人为我们点赞。

鉴于时间一半的重要性,在此给大家提一个方法,建立自己的高效日,自己的好天,就是学习好的日子。我自己经常有这样的体会,某一天抓得紧,一件接一件地做实事,顾不上惆怅,没时间犹豫,来不及拖拉,就这么不停地在做中享受实干的幸福与自豪。我们都知道"高效"和"低效"相差甚远!为提高自己的学习效率,请同学们经常给自己规定高效日。设立高效日,一定要在前一天订出高效计划,各学科书面练习共完成多少题,复习和预习的任务量也落实到具体页数、张数,甚至字数,执行起来,可操作性强。高效日这一天,一般规定为自己的无声日,即课间也不说话,需要说话时,到走廊、到操场,这样可以给人一种节奏紧张的感觉。设立高效日当前有很好的外部和内部条件。外部条件如：重大考试即将来临,父母施加了压力,老师下达了非完成不可的学习任务,同学们你追我赶的学习气氛……内部条件有：想到要实践自己的诺言、计划,要超越自己的竞争对手,要争取有远大的前途,要考取重点大学,要做优秀一中学子,要成为杰出的人物,要对得起父母,要报答父母的养育之恩,要为祖国、为社会尽责任,要为创造理想的社会而奋斗……我原来曾经在班里集体规定高效日,同学们表现出极大的热情。几个平时贪玩、爱说闲话的学生也把时间抓得特别紧,连下课时都顾不上说一句话。有的说："我写出了一身汗",有的说："我的几只圆珠笔都写得没油了",还有的说："以后咱们天天这样高效率吧!"建议大家,把星期三定为高效日,以使得后几天都要参照过好,实现高效。

另外,我觉得同学们的走路速度太慢,我看到的是大家有说有笑地蹀着步子慢慢走,还有的女生挽着胳膊捆绑着走。我们没有必要把时间浪费在这些没有意义的事情上。你很快从校门走进教室,就可以比别人多看一会书,多做一道题,你就会在时间上占有绝对的优势。我提议大家以后走路都要加快步伐,甚至小跑,跑出自信,跑出状态,跑出效率,跑着超越,跑步进入理想大学。

还有,我们的课间十分钟也非常宝贵,这一点我上高三时,到下学期才意识到,充分利用课间十分钟,我们一天可以挤出将近两个小时,可以比别人多做一套题。

再就是我们坚决杜绝看电视、上网。有的同学每天必须看电视,主要是因为要面子,看了体育比赛、晚间新闻,去和别人侃,看了电视剧和别人吹。有的甚至装出一副不太用功但成绩不错的样子,归根结底是希望别人说自己聪明。我认为,被人说"他聪明但就是不学习"的人是最蠢的人。不管你是否真的智商超群,但是如果我们把太多的精力用在那些与自己前途无关的事情上,就是对自己最大的不负责任。我曾经有相当一部分老学生在中学期间没看过一眼电视——包括春节晚会。

同学们都认为考上清华北大的学生太牛了,其实清华学生中智商超群的人至多占学生总数的五分之一。其他学生的智商不会比我们各位高到哪里去。他们比我们多的只是对待自己未来的态度。清华学生身上有一种非常令人敬畏的精神力量。他们可以为了自己的目标放弃任何诱惑。就算在大年三十,清华的自习教室也会人满为患。用一位美国教授的话说:"Students of Tsinghua, no Saturday, no Sunday, no holiday!"就是这种精神铸造了清华的神话。不这样就很难考上清华。

请同学们心中有个明确的数,脑中有根紧绷的弦,多想利用别人休息的时间来充实自己,使自己在竞争中占据优势地位。竞争真的非常残酷,对手散布在每一个地方。全省每个人都会有自己的一个名次,但最后的不会是我们一中的,因为我们有最先进的办学理念,有最优秀的领导和老师,有着最优秀的你们,相信你们一定会成为聊城一中历史上最棒团队。真是好天气,抓紧时间吧,孙老师愿意陪你去北大,上清华!

3.学问,利用资源

有同学问老师,原来我成绩不错,为什么现在成绩很不理想。我告诉你这绝不是坏事。这只是对你的提醒,告诉你哪些知识点你还得再掌握一下,这不是失败,只是暂时的不成功。人生没有失败,只有两个字:放弃。只要生命延续,你一定会找到一条适合你自己的成长道路。

无论你考多少分数,你都必须面对它,绝不能放弃。记得浙江有位考生数学成绩很好,每次都是第一名。又怎样了呢? 那一年高考数学特别地难,考完数学跳下来,没了。为什么? 因为他在数学中从来没有碰到过挫折,不知道什么叫挫折。

闹钟的钟摆,向左摆向右摆,周而复始。请问当钟摆向左摆时,是不是在积蓄一种向右摆的能量? 表面向左,能量向右。这就是人生,失中有得,得中有失。失败就是成功的开始。别浪费失败,这是在助你成功一臂之力,感谢考试、感谢失败。记得希尔顿说过:当一扇门向你关闭时,必有另一扇门向你打开。我们只有现在碰到更大的困难,才能更快地成为一个优秀的名牌大学生。

也有同学说:孙老师,一半已经过去,一切都来不及了。我已经堕落了,人家已经是奔驰宝马车了,我还是手扶拖拉机。假如你是一辆拖拉机,送你两个字:借力。借助外力,你就能跑得更快。曾有个老板,有一天开着辆奔驰车在路上跑,发现前面有个求救信号。原来是辆拖拉机坏了,拖拉机手说:能不能帮个忙啊? 没问题。奔驰车老板拿出一根绳子,把它的尾巴与拖拉机的车头连在一起,拖着拖拉机前进。拖拉机手很谦虚地说:你要慢慢拖,我的性能不太好哟。没问题,我慢慢拖。突然之间有辆红色的宝马,里面坐着一个红衣少女,从旁边飘过去了。奔驰车老板生气了,敢飙我的车,于是油门加下去了。警察一看吓坏了。公路上有三辆车在飙车,一辆是宝马车,一辆是奔驰车,还有一辆是拖拉机。请问:谁是你们的奔驰车? 那就是大家的老师。

有同学与我谈时说,老师,我地理成绩不太好,能不能帮我? 我说找我干吗,找你的地理奔驰车。她说了一句让全中国人民伤心的话:我们地理老师有偏见,他只喜欢成绩好的同学,对我们成绩差的同学缺少爱。

各位别忘了:奔驰车与拖拉车中间有一根绳子。这根绳子是什么? 两个字:主动。在这个世界上没人会主动来帮你的,除非你主动要求帮助。我们班里有多少学生啊。60个,地理老师几个? 一个。一辆奔驰车要拉几十辆,那来得及吗？

有同学说：关键是我脸皮比较薄。我多次说，脸皮厚吃个够，脸皮薄吃不着。据卡内基研究，每个人都有人性的弱点。只要你们一找老师，老师肯定在想一个问题：小张啊，我在聊城一中等你两年了，你总算认识到我的价值了，坐。什么叫学问？学问就是学着问问题。我要到聊城一中十一班，不知道在哪儿，就不得不把车停下来，把车玻璃摇下来，问：阿姨，聊城一中在哪儿啊，十一班在几楼啊？在那儿。谢谢。这就是真正的学问。

高考是讲总分的，如果你的语文能考 110 多分，四个字：保持惯性。地理只能考 50 分，要补 20 分很容易。只要你找老师强补几次。

有的说，高考临近了，我的压力越来越大了。我这里有一瓶矿泉水，请问这瓶水拿在手里重不重啊？很轻。我要拿着一个小时不放手重不重啊。有点。十个小时不放手呢？太重了。一天呢？生命中所有的压力、烦恼，就像这瓶水一样，拿在手里是很轻的，但拿的时间越长，就会越重，所以要学会放下。很多同学有压力，不知怎么放下。就找一个最要好的同学倾诉一下。兄弟，我觉得人活着真没什么意思。你知道那兄弟怎么说？他一定会说：是没什么意思。然后两个人抱头痛哭，因为有一句话叫：物以类聚，人以群分。你不用跟他倾诉，没用的。你应该找一个比你年长一点的，你信任的人倾诉，他往往会给你很多生活的启发。我可以明确地告诉大家：老师是值得你们信任的，等你们走上社会，你们就会明白社会的形态。要敢于信任老师，找我们倾诉。

要记住，老师是我的老师，我要把他搂在我的怀里，充分利用他，发挥他的价值，挖掘他的资源。

我的一个学生在给我的信中谈到这一点，她说：老师不找我，我去找老师。学习压力太大，太紧张了，向老师说说，尤其是向班主任说说。哪怕坐下来谈话，二话还没说呢，就开始掉眼泪，但是谈话结束后，你会感觉轻松不少，也坚强了许多。在此奉劝诸位女同学和比较脆弱的男同学，有困难找老班吧，我这位女同学已经在班主任面前掉了 n 多次眼泪了，你们还顾虑什么呢？他那张老虎脸怎么看都挺面善的，不用害怕。眼泪不是软弱的代名词，正是它浇灌了勇敢的心！我在高三下学期找了许多次老师来寻求帮助，语数外、政史地。老师们的态度都很真诚，没有半点不耐烦的意思。还有一种和老师交流的好方式——合适的时候发短信。例如，在考试前的晚上，我给六位老师发短信，先祝好，再表明高考必胜的决心。不一会儿，老师均回了短信，全是鼓励与支持的话，看得人心里暖暖的。我被大学录取后，向老师发短信报喜，有发必有回，恭喜、鼓励的话儿接连不断。同学们，勇敢地，大胆地找自己的老师吧，老师是除了你父母最爱你的人，是高考路上最坚强的后盾，最执着的陪伴者，我相信交流之后，你会发现老师也是挺可爱的。

4. 坚持，永不言弃

一次看电视录像，放的是拳王阿里33岁那年与挑战者弗雷泽进行第三次较量。在进行到第十四回合时，阿里已经筋疲力尽，再无丝毫力气迎战第十五回合了。然而他拼命坚持着，因为他心里知道，对方肯定和自己一样，如果在精神上压倒对方，就有胜出的可能。于是他竭力保持坚毅的表情和永不低头的气势，双目如电，令弗雷泽不寒而栗，以为阿里还存有旺盛的体力。突然，阿里发现弗雷泽有放弃的念头，便精神一振，加强了他坚定的毅力，顽强地坚持着，果然在关键时刻，对手认输了。卫冕成功的阿里还未走到擂台中央，便眼前一黑，双腿无力地跪倒在地上。弗雷泽见此情景，如遭雷击，并为此抱憾终生。坚持需要勇气，成功的真谛在于坚持。

一天凌晨，一辆重型卡车撞进了三间民房，顷刻间，瓦砾四溅，房屋倒塌。卡车里的人当场死亡，房屋里也埋下了五人。被惊醒的居民束手无策，只好等救助人员到来。这期间人们发现有个人头露在外面，身子埋在废墟里，也许失血过多，他的呼吸越来越微弱，眼睛也睁不开了。这时有个路过这里的司机喊道："不要闭上眼睛！要坚强，你可以和我说话，但千万不要闭上眼睛。"司机看到被埋者眼神里的恐惧，这以后就不停地和被埋者大声说话，一直到救护人员到来为止，被埋者终于得救了。坚持需要毅力，生命的真谛在于坚持。

人生需要坚持，坚持需要忍耐，需要勇气，需要毅力。只有意志坚强的人，才能拥有玫瑰的芬芳，夺取胜利的桂冠，创造生命的奇迹。

1988年，韩国汉城奥运会，男子100米蝶泳决赛正如火如荼地举行。领先的是美国泳坛名将马特·比昂迪，他已经把其他选手抛在身后，正向终点冲刺；观众席上狂热挥动的星条旗也似乎表明，他将是这场比赛的冠军。到终点了，比昂迪从水中抬起头来，举起双手，想第一个庆祝自己的胜利。但显示器上还没显示出成绩，整个赛场沉寂了几秒钟，一会儿，成绩出来了，一个叫安东尼·内斯蒂的苏里南选手以0.01秒的优势战胜比昂迪，获得了男子100米蝶泳的冠军！但在比赛前，根本没有人注意过这个来自苏里南的选手，甚至有人还不知道这个国家。结果为什么会这样呢？通过慢镜头的回放，可以看出，在冲向终点的一刹那，比昂迪并没有保持蝶泳状态，仅是依靠自己游动的身体惯性，滑到了终点，而几乎就在同一时刻，来自苏里南的选手内斯蒂始终保持蝶泳的最佳姿态冲向终点，以至于他差点把头撞到了前面的墙壁上。正因为这样，他在最后关键时刻，超过了比昂迪，第一个到达了终点，成了这次比赛的最大冷门。内斯蒂是自 1960 年苏里南参加奥运会以来第一个获得冠军的黑人选手。这次比赛也被人们称之为"0.01 的奇迹"。

无独有偶，2008 年北京奥运会上，同样是在男子 100 米蝶泳项目上，怀揣八金梦的"美国飞鱼"菲尔普斯遭遇查维奇、克罗克的强劲挑战，比赛从一开始就充满悬念，50 米段触壁转身，领先的查维奇游出 23 秒 42，而此时第 5 泳道的菲尔普斯仅仅名列第 7，他的 24 秒 04 足足落后查维奇 0.62 秒！看上去菲尔普斯的八金梦即将破灭，毕竟只剩下 50 米的比赛，对手又是状态奇佳的查维奇。比赛进入最后 10 米，查维奇仍旧以微弱优势领先，菲尔普斯此时落后查维奇一个手掌的距离。如果不出现奇迹，菲尔普斯很难超越查维奇。100 米终点触壁，奇迹竟然发生！查维奇与菲尔普斯几乎同时触壁，查维奇略先。但查维奇是先右手触壁，后才按上左手。而菲尔普斯是双手同时触壁，先于查维奇的左手！由于触壁必须双手，因此尽管查维奇最先右手触壁，但夺冠的却是菲尔普斯！这位美国名将最终以 50 秒 58，领先查维奇 0.01 秒夺冠！

当你接近成功的时候，千万不要松懈下来，而是要继续保持先前的状态，继续努力，这样才能保证你最终获得成功。行百里者，半九十。想走 100 里路，要把 90 里当作一半，当你接近成功的时候，也是最关键的时候。同学们，越往后越重要，最后的最重要，这时千万不要放松下来，一定要一鼓作气，坚持到最后胜利！

5. 信念，全力以赴

我们经常听到的一句话就是：我已经尽力了，或者是我完全尽力。此时我们的第一反应就是：你看他多不容易，为此付出了这么大的努力，有这样的结果也是没办法的事。我们可以安慰受挫折的朋友："你已经尽力了！"但当你自己说出"我已经尽力了！"时，任何人都可以质疑你。人们会问："哦，真的吗？如果你是这么尽力，为什么成果是如此不堪？"事实上有很多的事情，如果真的已经尽到完全的力量，结果可能不会是眼下的情况，有时还会有我们认为的奇迹发生。

冬天，猎人带着猎狗去打猎。猎人一枪击中了一只兔子的后腿，受伤的兔子拼命地逃生，猎狗在其后穷追不舍。可是追了一阵子，兔子跑得越来越远了。猎狗知道实在是追不上了，只好悻悻地回到猎人身边。猎人气急败坏地说："你真没用，连一只受伤的兔子都追不到！"猎狗听了很不服气地辩解道："我已经尽力而为了呀！"再说兔子带着枪伤成功地逃生回家了，兄弟们都围过来惊讶地问它："那只猎狗很凶呀，你又带了伤，是怎么甩掉它的呢？"兔子说："它是尽力而为，我是竭尽全力呀！它没追上我，最多挨一顿骂，而我若不竭尽全力地跑，可就没命了呀！"这就是尽力而为与竭尽全力的区别。

再说我们爬泰山吧，等过了中天门，身体已经精疲力尽，此时为了表现出自己的能力或者是自己的努力，我们会继续前行，可是等到了南天门的时候就会不同了，眼看着面前高高在上的台阶，已经被近似直上直下的攀登之路吓住了，此时，作为我们爬山者来说，绝大多数的人都会咬咬牙、跺跺脚，狠心上去了。等站在南天门之上向下俯瞰的时候，心中的喜悦之情就会浮上自己的脸庞，这时才可以说是自己已经全力以赴了。这是一个显性的例子，大家都可以看到结果。

有的同学做习题的时候，经过一段时间的抓耳挠腮后，抬抬头、一脸无辜地看着老师，我尽力做了，还是做不出来，下一步就是等待老师的讲解。那么这位同学真的已经尽力了吗？我们只能说此时此刻他付出了努力，但不能说他已经完全尽力了，因为这是一个隐性的。如果他全力以赴的话，问题就会解决，它的尽力应该是从基础知识的建立、学习能力的培养、学习习惯的养成开始做起，把自己的努力向前放置，结果就有翻天覆地的变化。

如果我们在每时每刻、每一件事情上都尽到自己最大的努力，我们认为永远不会完成的事情都可能是轻而易举的了。我记得有一篇文章讲的是蜘蛛结网的故事，说这只蜘蛛从梁的一侧向另一侧拉第一根丝的时候，经过了无数次的失败，但他没有放弃，还在坚持，最终完成了这个任务，在两侧扯出了第一条丝，一张能为他带来继续生存下去的网就在不长的时间内完成了。要不是它最后一次的尽力，那他就会失败了，永远不会吃到美食。

是啊，只有失败者和逃避者才会说："我已经尽力了。"因为"尽力"这个词是失败的最好挡箭牌。其实，我们完全可以换个心态思考，认真分析总结后说，"对不起，我可以做得更好的"，或者"下次，我一定加倍努力做好"，你将会发现这样思考后再去行动的结果是机会增多，结果更接近你的期望值。

有的同学觉得自己已经很努力了，可是就是没有办法把成绩再提高一点。他安慰自己"我已经尽力了"。我觉得，当你还有力气说出"我已经尽力了"的时候，你根本就没有尽到力。人的潜力是无限的。乌龟爬得慢，但是把它放到跑步机上，他却能近乎飞一样地快速爬行。当你觉得自己已经尽力的时候，往往再坚持一下就会突破自己的极限，唤醒自己的潜力。思维科学研究表明，人的大脑可以把全世界图书馆藏书的信息都装进去，然而，人类思维至今才仅仅开发出百分之七到八，每个人身上都有着巨大的能量。

所以在这里，老师对自己说永远不要说我已经尽力了，能做的还很多很多，要用爱心唤醒学生心中沉睡的巨人！我们对家长说，永远不要说我已经尽力了，我们距离孩子们的要求还太远太远；更重要的是，同学们永远不要说自己已经尽力了！你们的提升空间还很大很大；我希望同学们一定要努力再努力，只有到高考成功的那一天，才能坦然地说，"我真的尽力了，我全力以赴了"。什么叫成功？人们死活不相信你能做到的事情，你做到了，这就叫成功。

我最后想送大家一句话：人类社会最盲目自大的地方是高估了一天的改变；最可悲的地方是低估了 30 天的改变。人在一天之内是很难有改变的，但坚持 30 天就会有巨大的变化。很少有人掌握这个原理，坚持了三天，孙老师，三天了没什么变化，不干了。三天怎么可能看得出变化呢？大家坚持 30 天！无论过去我们的成绩如何，我们还有 30 天的时间，冲刺期末，全力以赴！拼命吧，同学们！做自己命运的主宰，做自己灵魂的统帅，谁也不能拦你，谁也拦不住你，你是这世界独一无二伟大的你！加油吧，30 天我们一定会创造期末好成绩。给自己掌声鼓励一下。

二、做最好的自己——在高三晨会上的发言

亲爱的同学们，大家早上好！

开学以来，大家发扬高三精神，顽强拼搏，刻苦学习，开学考、月考、期

中考神圣进行，为高考必胜开了一个好头。在此向全体同学表达最崇高的敬意！你们是一中真正的英雄！

今天距离 2021 年 6 月 7 日还有 200 天，希望大家这 200 天每天做最好的自己，高考后成为最好的自己。

1. 学校引动

为了让大家成为最好的自己，学校提出了一系列的理念和育人目标。我想在此与各位同学一起反思一下。我珍爱生命吗？我做到自己科学发展了吗？我修身了吗？我是否已经立德？我是个求真的人吗？我善于创新吗？我有领袖气质吗？我有君子风度吗？我有科学精神吗？我有工匠才干吗？我有理想有抱负吗？我有思想有智慧吗？我有爱好有才干吗？我有责任有担当吗？我有修养有善美吗？我做到了高质量生活，高水平学习，高境界做人了吗？我有自己的一技之长吗？我们每天干的都是有意义的事吗？我们是有价值的人吗？我外在优雅吗？我内心幸福吗？我是不是正在健康成长？对照学校引领的方向，作为一中人，我们要努力成为国家之栋梁，社会之精英。远大理想从聊一确立，美好人生从这里启航，让自己成为大聊一的骄傲，不断完善自己，做最好的自己。

2. 教师拉动

为了让大家成为最好的自己，老师们作为成年人，克服上老下小，化解生活矛盾，协调各种关系，披星戴月，撇家舍口，殚精竭虑，忘我工作，是与大家没有血缘关系却最亲近的人。每天早上陪，晚上陪，考前培，考后陪，睡前陪，梦里陪，世界上最深情的告白，莫过于陪在你的身边，使你不再孤单。面对大家的成绩，班级的发展，老师的苦闷又有谁人能理解？大家的喜怒哀乐直接影响着老师们的喜怒哀乐，大家的学习和成长成为老师生活的一部分，有多少老师多少次在梦中思考教学，研究学生，忧虑班级，辗转难眠。太阳升起，备课上课，批阅作业，编制学案，命制考题，阅卷讲评，谈话交流，心理辅导，学习强国，开班级组会，开教研会，开听课会，青年教师拜师会，开党员会，开班主任会，开全体大会，开班会，开尖子生会，开后进生会，开家长会，线上线下专家报告会，等等，忙得脚不沾地，还不亦乐乎，就因为充满希望。大家的班主任在班里发过脾气吗？那是最美的他，要向他致敬。老师们在班里生过气吗，那是最负责任的他，要向他感恩。什么时候老师最高兴？是数学考 140 还是 120

吗？不是！一个可以考满分的同学，考了140，老师替他难过；一个基础薄弱，欠债很多，总是在90分的及格线上挣扎的同学，经过拼命学习考了120，他就是老师心中的最美。老师的价值就是帮助在场的每一个同学做最好的自己，无论第一还是最后一名，只要超越昨天的自己，你就是最棒的，就是真正的英雄，在老师眼里就是实现了你心中的第一，就是有希望，有出息。特别是最后一名要牢记你不是全市最后一名，也不是全省最后一名，更不是全国最后一名，永远不是全世界全人类最后一名，要永不言弃，坚持到底，做最好的自己。你就是我们的宝贝，你的成功才是老师成功的标志。我们就是要让最后一名也在全市前一万名，全省中游，考上本科。班级也是这样，要蒸蒸日上，形成浓厚的学习氛围，形成高考冲刺的磁场，形成必考名校的共振场、感应场。让自己的恩师高兴，全力做最好的自己，做最好的班级。

3. 父母推动

为了让大家成为最好的自己，我们爸爸妈妈的付出超出我们的想象，送你来聊城最好的学校读书就是最好的证明，我们没有去职业学校，没有直接打工，我们是准大学生，我们是天之骄子，这一切都是父母用自己的血汗和智慧在保驾护航。无论城市还是农村，无论是住校还是走读，父母都给予了我们他们所能提供的最好的，把光鲜给了我们，把黯淡留给默默的自己；把微笑给了我们，把泪水留到被窝里；把富裕留给我们，把困苦留给漫漫黑夜；把尽力就好的鼓励留给我们，把破釜沉舟的决绝留给他们两口。大家的吃穿住行用样样都比父母好，都是你们家里最好的。父母砸锅卖铁也要送你、推你、拉你、骂你、踹你、逼你进入理想大学，他们在争口气，父母在为国家培养接班人，在为这个家族、民族努力，我们作为儿女的，唯有倍加珍惜，从父母那里获得原动力，保证让父母放心，成就一个最好的自己。

4. 自己主动

综上所述，为了让大家成为最好的自己，学校、老师、父母都在流汗流泪、掉皮掉肉不掉队地、无怨无悔地努力。但我想说大家要靠自己。只有自己才是自己命运的主宰，只有自己才是自己灵魂的统帅。为了报答，为了义务，为了心安，为了关系，无论愿不愿意，我们有必要给学校一个自己，给老师一个自己，给父母一个自己，但更重要的是给自己一个自己，自愿者无坚不摧。

十几年来，我们吃了不少苦，受了不少委屈，有时候没人懂你只能呵呵，有时候孤独无助黯然神伤，有时候努力没有回报，有时候心有余力不足，有时候咬碎牙和着血咽下去，有时候茫然不知所措跟着大流昏昏行走，有时候所见所闻所感所悟所学驾驭不了掌控不住。大家太难了，大家不容易！但是所有受过的伤都将成为我们坚强的勋章，正是碰了南墙的头破血流，正是成绩波峰波谷的起起伏伏，正是分久必合合久必分的相聚分离，正是一幕幕视死如归勇往直前的冲锋，才创造了一个又一个奇迹，完成了一次又一次超越，实现了一回又一回对人对己的承诺！同学们，面对高考，自己对自己负责，激发自己的内驱力，像原来一样，活成一束耀眼的光。有什么大不了的，不就是个高考吗，豁出去了，向死而生，做好三点，必定成功。

第一，确定一个目标，明确需要付出多少代价。歌德说，我尊敬那些清楚知道他们目的的人，世上所有的不幸，大部分是人们不知道他们的目标导致的，他们肩负建设一座塔的使命，但在打基础时并不比搭一个窝棚花更多力气。农村有句俗话，吃不穷，穿不穷，算计不到一世穷。从最大概率入手，实现自己的目标。相信因果，种瓜得瓜，种豆得豆，种一本得一本，种清北得清北。

第二，每个人都要坚信现在还能改进，并马上去改进，一起学习如何改进。孙子兵法《势篇》中指出，木石之性，安则静，危则动，方则止，圆则行。木头石头的本性，放在安稳平坦的地方就静止，放在险峻的地方就滚动，方的静止，圆的易动。可见同样的物质，安放的方法不同，形状相异，产生的势能、能量大不一样，我们要把学科放到哪里才有效率，把自己放到哪里才能产生更大的能量？什么时间学什么科目，把错题用心收纳到好题本上，早起把自己放到跑道上，经常问问题把自己置于办公室、讲台上，加入一个冲刺大学团组，或者是宿舍，或者是班级小组，或者是一个家属院的发小。不断地探索，并立即行动，过程中不知道怎么改进下去，就和同学老师一起交流，充分利用团队组织，加强改进策略的学习，提高学习质量。改变才有希望，因循就是灭亡，做最好的自己，从持续改进开始。

第三，形成并强化自己的口头禅或者是座右铭，并浮想联翩，思潮如涌，八方联系，浑然一体。我们的走廊和横梁上张贴了很多标语。有没有一两句与自己非常投缘，是自己非常认可，非常喜欢的，大家可以把它变成自己的口头禅，或者是座右铭。要重复重复再重复，凡事都想到它，联系到它，不断挖掘它的内涵，使自己的学习生活与它密切相关。他就会生成极大的能量，激励我们，滋养我们，成就我们。比如只要有激情，一切皆有可能。事事、时时、处处都联系这句话，就会发挥出它最大的能量，犹如神助。比如让人们因为我的存在而感到更幸福。无论是班级生活，还是上课作业，无论是体育运动，还是参加劳动，无论是宿舍就寝，还是模拟考试，都用这句话激励自己。我常说的还有：把握复习节奏，踏好考试节拍。每当复习发生变化，我总能联想到这句话，每当考试来临，我还是这句话。每当有困难有困惑，我还是坚定这句话。跑步跑到第一圈，我就认定是一轮复习，跑第二圈就是二轮复习，跑到最后就是冲刺模拟；我们做操也是这样，最后一遍，最后一圈，最后几步，与前者相比又不一样，这就是节奏的变化。坚持做好最后一拍，跑好最后一步，要画圆满句号，养成敬终如始的习惯，这就是节奏。成为最好的自己，给自己量身打造一句口头禅，形成自己的座右铭吧。

同学们，你不是一个人在战斗，学校引动、老师拉动、父母推动，都是为了你成为最好的自己，我们愿意提供最大的支持和帮助；也相信 200 天，你也一定会心无旁骛，目标唯一，自己主动，做最好的自己；冲刺自己心中的清北，让母校荣光，让老师高兴，让父母放心，让自己满意，让祖国昌盛万万年。相信我们人人都是第一名，Everyone is number one！ Come on！ Thanks！

三、后生可畏，后进生必进——在后进生补弱动员大会上的发言

各位班主任、各位老师大家好！今天是 3 月 4 日，距高考还有 95 天，百日誓师的誓言犹在耳畔，一眨眼，开学已经过去 5 天，时间是一切之保证，全体师生都要抓紧时间。我们后进生比例比较大，为了完成高考任务，根据学校统一安排，今天我们召开后进生补弱动员大会，辛苦大家点对点地精准完成后进生补弱工作，这项工作具有重要意义。

1. 让后进生进步，做合格教师

实验班的成就感需要清华北大的突破等较高目标的实现来满足，我们普通班的成就感相对来说比较简单，能拿几次文明班级，全都考上本科就满足了。假设一个实验班次次得文明班级锦旗，一个普通班也是次次得文明班级锦旗，试问哪个班主任能力水平更高，更受人尊敬，更令人信服？答案是显然的。我们认识到，只会教优秀学生的教师不是完美教师，能把后进生教好才是真正合格的教师，在后进生转化方面有所作为的班主任和任课教师才是有真

本领，令人敬佩。年级后进生给了我们大展身手、锻炼能力、提高自我的机会和舞台；我们一定要做合格教师，追求卓越，完成后进生的转化，扭转乾坤，带领他们后来者居上，考入理想大学。

2. 给后进生加油，后来者居上

我们什么时候常喊加油？运动场上，比如我们拔河的时候，时间紧张，面临挑战，遇到困难的时候；给谁喊加油？给自己的熟人、亲人、班级、团队喊加油，如果是都不熟悉呢，那就给落后的一方加油，因为他是弱势的，需要更多的支持和帮助；如何喊加油？就是大声喊"加油"吗？不一定，可能是跟着队伍的节奏喊"一二一二"，可能还要带上身体的姿势，手臂的挥舞，甚至是根据现场的氛围、情形，歇斯底里地喊"啊"的声音。

什么样的拔河最好看？一种是势均力敌的时候，充满无限可能，还能持续时间长，极具观赏性；若双方实力悬殊，一下子拔过去，结束了，没意思。还有一种就是后来者居上，逆袭，反超了，最是好看。还有运动会 5 000 米长跑，我们给谁喊加油最多，差不多是跑到最后的学生，因为他跑完了，运动会圆满结束；而且我们都觉得能报名参加就是超越，坚持跑完就是好样的。还有就是能超越对手的运动员获得加油多，比如第二、第三名，最后超越第一名了，比如有个选手奋力连续超越一小团人，比如最后一名在最后半圈超越成了倒第二，凡有超越的发生我们都备受鼓舞，深深感动，甚至都忘了顾及被超越者的感受，发自内心地为超越者加油鼓掌，因为我们不希望第一只由一个人垄断，我们不希望现有的排序不再改变，那没意思，潜意识里我们希望人人都是第一名！人人都有上升成功的可能，变化才带来刺激，引起我们兴奋，传递给我们力量，让我们自己感到更有希望。这里影射了我们每一个人，或者联想到我们自己的孩子，"跑道"影射了我们的各行各业，方方面面，在某种情境下，我们也是跑道上的他们。即使是对第一名，人们也期望他打破纪录，超越前人，带给大家惊喜。对于落后的，如果能超越，那就更来劲，因为我们都可能是他，后来居上的他代表我们每一个人，我们也许在某一方面曾落后过，我们考评也可能不理想过，我们要向眼前活生生的、实现超越的他看齐。看来"后进生"是一个很不错的名字，后生可畏，后进生也可畏；最后一名长跑运动员坚持到底，运动会就圆满了；作为高考来说，我们的后进生都考上大学，我们就圆满了。

3. 对后进生假设,做学生的贵人

学习好的学生常常定位自己能力强,觉得自己水平高,一个认为老师水平洼,教不了,教不好,不服气的学生是最让我们头疼的,优秀生不容易受到老师的影响。而后进生受成绩评价的影响,大部分都很谦卑,把学习不理想常常归结为自身问题,认为自己学不好,不怪老师,所以我们要辅导的后进生是我们的亲学生。他们对老师的感情真挚,容易受到老师的影响,只要俯下身子真心对他好,给点阳光就灿烂,最容易亲近我们,亲其师信其道,就会扎扎实实地听话,照着去做。因为他们把老师看得很高,有时老师的自信来源之一就是口口声声的"什么都不会"的后进生。试想,如果一个老师第一次任教老校区顶尖的奥赛班,是不是有点忐忑,没自信?所以每一个老师都应该认识到相当一部分学生是后进生,他们高看我们一眼,我们也应该把后进生高高托举。举个老学生的例子,他成绩非常弱,一直后几名,学了文科,我经常鼓励他,最终使出浑身力气考上聊大,以我的判断也就是本科毕业找工作了。可没想到后来他读了硕士,又读博士,要看当年读高中能力明显不突出,能考上学找个工作就不错了,怎么可能读到博士,甚至进入博士后工作站做研究啊。可见每个人的生命都蕴含着巨大的潜能和力量,关键就是态度,所以这个态度太厉害了,他一直把我的鼓励当作他的精神支柱之一。

我想,我们老师是学生的过客,还是贵人,或者是高人?过客就是公对公,该上课上课,该作业作业,不针对性地指导帮助,好像是按章办事,两不相欠;高人就是给学生指向指路,该怎么走,怎么选择,但不亲力亲为,不付诸行动,不手把手地去帮助他、支持他;贵人就是爱生如子,既指导怎么做,又能给予实际的帮助,有锦上添花,更有雪中送炭,陪伴着他,一起走过,走向成功,并积累长远人生的经验,为他四十岁作准备。我们老师都要做班级中几个有缘的学生的贵人,能在一个班级中影响到几个学生,因为老师的存在而成长得更好,更幸福,甚至因老师而改变命运,那老师就是他的贵人,就是功德无量,就是价值实现,所以面对后进生我们值得投入。

除了老师角色,我们要经常角色转换,假设学生是我们的孩子呢?我是他的爸爸妈妈!假设学生是我的弟弟、妹妹呢?我是他的哥哥姐姐!假设学生是我的亲人的孩子呢?我是他大爷大娘!假设学生是我们自己同事的孩子呢?**我是他的叔叔婶婶!**这些孩子更像当年的我们,我们能考上师范,不

就是他们中的一个吗？假设他是高考前的我，我需要老师怎样的帮助？等等，从这些角度、角色上思考如何真诚地对待他，把他当成我们自己的亲人，真正做到爱生如子。实际上，他们都是每个家庭的宝贝，是我们老师的宝贝，是咱们班级的宝贝，是聊城一中的宝贝，是伟大祖国的宝贝，是中国的未来，应倍加珍视！

4. 新时代后进生，决战一百天

后进生的耐挫能力强，进入社会后有成功优势，所以今天的后进生完全可能在人生的马拉松中实现超越，后来者居上，担当大任。我想一代自有一代强，只是不能互相理解。这次新冠疫情、中印边境冲突、探月工程嫦娥五号任务参与人员中都有"90后""00后"的身影，事实已经证明新时代的他们照样能上前线、搞科研、打大仗、打硬仗、打胜仗，谁也别看不起谁，大家都做最好的自己，后进生也可以。

最后的一百天，对学生、对老师都是性价比极高的一百天，无论过去怎样，现在拼了很值得。老师们现在能做的就是接受要辅导的学生是后进生，向他提出新要求，坚定他必能进步的信念，倾情付出，相信他们一定会圆梦大学！

5. 对后进生补弱，统一与机动

（1）人数

结合学生的意见和成绩，每个学生安排 1～3 科，每个教师负责 10 个学生，按照 5+5 模式，特殊的任教三个班级的按班号从小到大 3+3+4 模式。

（2）时间

统一时间是周一到周五下午第四节和周日晚上 6 点到 6 点 45，机动时间老师根据自己的情况进行，保证每周与每个学生至少两次交流或者辅导。

（3）目标

以所辅导的 10 个学生上学期期中、期末考试平均年级等级分位次为入口，以一模考试年级平均位次为出口，评价补弱效果。

（4）内容

①班主任给全体参与补弱的学生开会，提出总成绩平均位次要大幅度上升的目标；对这些学生在座位、同桌、作业批阅、考题重做方面进行精心设计。

②老师们要单独召开辅导学生的会议，激发斗志，提出学科年级平均位

次上升的目标；提出学科学习的要求，由于每周只有一节课，还是 5 个学生，辅导时间很有限，所以除了统一辅导，更重要的是学生内心重视，引导加强学科学习时间的投入；指导学习方法，指明学习方式，比如整理一个错题本，把题目用到的知识拉出清单，每周把本子上的错题再总结变成一张纸，把书读厚再读薄，我们既检查本子又检查总结纸；对于课堂可以多展示，每节课至少 2 个机会，这也是控制讲的时间的一个契机，上课要有大约一半时间学生自己学习思考，可以在此期间走到补弱学生面前关注学习情况；作业可以单独圈出题目，减少数量，重视质量，课前进行面对面的指导。

③统一时间的辅导，大家可以提前布置任务，补课时讲解；也可以当场测试，半节课做，半节讲，结合自己的特点，创造性地进行。

④针对自己的和学生的实际，自己找机动时间，以灵活的形式开展补弱应该是提高成绩的关键，大家还是要多开动脑筋，相信大家的智慧是无穷的。

老师们，结合上学期补弱的经验，最后的 95 天，我们全体老师发扬为生服务孺子牛、艰苦奋斗老黄牛和创新发展拓荒牛的"三牛"精神，坚决把后进生的补弱工作落实好、完成好，为 2021 高考新辉煌奉献自己的洪荒之力。

四、做崭新的自己——元旦致辞

亲爱的同学们，大家晚上好！

新的一年即将开始，在这个激动人心的时刻，让我们一起回首过去，展望新的一年。

去年的元旦大家还是在初三的班级里度过，去年的春节是初中的最后一个假期，大家都过得充实而有意义！经过上半年的顽强拼搏，坚持奋斗，激烈竞争，玩命冲刺，终于在 7 月份拿到了聊城一中的录取通知书，实现了人生的第一次飞跃，在此再次对大家能在中考中大获全胜表示祝贺！

这种喜悦有时是正能量，一部分同学在初中毕业后的暑假中就开始憧憬美好的紧张的高中生活，就开始有计划地预习新课程，努力把假期过得充实而有意义；这种喜悦有时是负能量，一部分同学被冲昏了头脑，骄傲情绪占据了大部分神经，高中是 9 月份的事，先痛快地玩两个月再说吧！生活变得混乱无规律，学习变得遥远无归期。回头看，我们充满欣慰或遗憾，所以我们要努力让自己的生活、学习可控，无论什么时候，意气风发，充满豪迈！

　　过去的一年注定是我们生命中不平凡的一年。9月1日我们相聚在一中，聚在一起，百年修得同枕眠，十年修得同船渡，一定也是几十年的缘分让我们修得做同窗。让我们为自己的缘分欢呼！

　　入高中120天，四个月，比过去的几年收获都要多，意义都要大！我们可以骄傲地宣布我已经是一名真正的高中生了！

　　三点一线，围绕学习这条主线，我们每天奔跑在教室、宿舍、食堂之间，紧张有序，纪律通报，卫生检查，间操评比，高中单调紧张的学习生活也掩盖不了丰富多彩。军训让我们加速成熟，远足拉练让我们一下子成长；开学典礼让我们有了目标和方向，人人争当十佳学生，十佳团员，十佳干部；升旗仪式我们提出了飞轮效应，喊出了班级口号；声势浩大的运动会，为班级争光的运动员们永远在我们心中；听创新教育讲座，听自信英语讲座领略大师的风采，加速自己的感悟；拔河比赛让我们总结了失败的教训，更加昂扬地投入学习中去；心理课，体育课，艺术课，信息课，通用技术课，制作新年心愿灯，等等，让我们的综合素质大大提升；我们不由自主地想说，我们真是太幸福了，生活真是太美好了，聊城一中真是太棒了。

　　还有那亲爱的殷连娣老师陪我们在书山，亲爱的孙丙虎老师带我们到题海，亲爱的冯法旺老师领我们体验异域风情，亲爱的寇龙江老师一起与我们把力分解；亲爱的李瑞老师耐心地引导我们把方程式配平，亲爱的赵文臣老师教我们认识自己的生物学身体，亲爱的王玉宝老师一次次把我们的政治思想引向党中央，亲爱的何书宝老师与我们一起回首历史的光辉岁月，亲爱的付文豪老师带我们足不出户，游览大好河山，周游世界各地！亲爱的年级组戴主任对我们无微不至，点滴指导，亲爱的年级组杨老师对我们严格要求，树我标兵，亲爱的年级组焦老师登记学案，不急不躁，让我们一起大声地喊出，啊，老师，您辛苦了，我们爱您！

　　同学们，本学期有五个月，过去的四个月考了三次，让我们紧张焦虑，让我们寝食难安，那些分数名次让我们刻骨铭心。感谢考试，它让我们更快地适应了高中生活，感谢考试，它让我们知道了自己的不足，感谢考试，它指明了接下来努力的方向，我们一定会努力，努力不让考试成为我们永远的痛，努力让考试成为我们的垫脚石，考一次进一次，实现一月一小进，半年大进步，一年上台阶，两年大发展，三年跃龙门！

最后我想说,我们做任何事要有信心,这是成功的基石,我们宁可败在事实面前,也不可败在信心面前！大胆一点,脸皮厚一点。我们做任何事要诚实,只要诚实守信,一个人就能立足于这个社会,取信于他人,就能最快地成功,诚实一点,顶天立地。我们做任何事要有激情,只要有激情,一切皆有可能,要有丰富的精神世界,一个人只要脊梁不弯,就没有扛不起的山,只要精神不倒,就没有什么能打倒。我们做任何事都要坚持到底,再平凡,再简单的事只要坚持做到底就是伟大,我们坚信路虽远,行则必至,事虽难,做则必成；别驻足,梦想要不停地追逐,别停下,成功就在下一步！

这一年我们温暖前行,若阳普照。（温若阳）

这一年我们敢于付出,壮士发财。（付士财）

这一年我们执刘东堂,炳琪必胜。（刘炳琪）

这一年我们百步穿杨,润泽一方。（杨润泽）

这一年我们张扬个性,艾我宝贝。（张艾贝）

这一年我们必将称王,保持婧怡。（王婧怡）

这一年我们一马当先,清怡快乐。（马清怡）

这一年我们桃李不言,雅欣致志。（李雅欣）

这一年我们哈哈一笑,永远立祺。（哈立祺）

这一年我们推陈出新,万世气宇。（陈万宇）

这一年我们李氏团支,亮丽纷呈。（李呈亮）

这一年我们天无二孙,传樾不止。（孙传樾）

这一年我们谢父恩师,名媛相庆。（谢庆媛）

这一年我们薛为人先,勤奋勉勉。（薛勉勉）

这一年我们王者荣耀,上好佳琪。（王佳琪）

这一年我们木子得李,金玲当当。（李金玲）

这一年我们刘毅答诏,庆祝相通。（刘庆通）

这一年我们小康必胜,家家欢乐。（康家乐）

这一年我们李郭同舟,茂盛白杨。（李茂杨）

这一年我们魏紫黄姚,清水源头。（姚清源）

这一年我们聚焦学习,伴着晨曦。（焦晨曦）

这一年我们田园诗意,心雨纷纷。（田心雨）

这一年我们王者之师，能雯能娅。（王雯娅）

这一年我们杨杨洒洒，潇潇雨涵。（杨潇涵）

这一年我们殷殷期盼，洪流显赫。（殷洪赫）

这一年我们石破天惊，优秀雯采。（石秀雯）

这一年我们骆驼沙漠，心怡脑柔。（骆怡柔）

这一年我们前度刘郎，若曦复来。（刘若曦）

这一年我们大于之前，哲思伟业。（于哲伟）

这一年我们刘芳百世，高歌锡然。（刘锡然）

这一年我们甲乙丙丁，满目涵涵。（丁目涵）

这一年我们韩信点兵，国泰民同。（韩同泰）

这一年我们报李投桃，万紫千琪。（李紫琪）

这一年我们董狐直笔，欣欣向蕊。（董欣蕊）

这一年我们二马先行，一草四心。（冯心蕊）

这一年我们艳如桃李，若谷开源。（李若源）

这一年我们丁住压力，路滑雪涵。（丁雪涵）

这一年我们姬祥如意，既铭还锴。（姬铭锴）

这一年我们温馨一家，三金崛起。（温　鑫）

这一年我们秘宓行动，成才成琳。（宓才琳）

这一年我们大张旗鼓，学者乾坤。（张学坤）

这一年我们冬去夏来，春雨秋欣。（夏雨欣）

这一年我们李花带水，两江依依。（李江依）

这一年我们忠心耿耿，心静如春。（耿春静）

这一年我们张王李赵，宇松一家。（张宇松）

这一年我们高娄巍巍，圣人自豪。（娄圣豪）

这一年我们邓紧时间，家国鑫盛。（邓国鑫）

这一年我们邓大眼睛，班级晟钰。（邓晟钰）

这一年我们孙三一班，丙踞虎盘。（孙丙虎）

新的钟声即将敲响，祝愿全体同学、敬爱的家长工作顺利，马到成功；祝愿我们亲爱的老师天天开心，马到成功；祝愿可爱的同学学业有成，马到成功！元旦快乐，谢谢大家！

五、让学生自主成长——我的"两学一做，教书育人"感悟

学习党章党规,学习系列讲话,做合格党员的"两学一做"教育活动深深地打动了我,触及我的灵魂,万事万物都是相通的,这些对我的育人管理工作都有很大的启发。近日收到我班里的一个非常优秀的学生的家长的一个短信。

孙老师您好:这一个多月的时间您对×××大概有些了解了吧?她平时学习比较认真,不怕吃苦,应该算是一名好学生了,只是学习方法可能不是很得当,总是事倍功半,要比别人付出更多的时间和精力。高中后更是如此,学习本来就是一件辛苦的事,要想取得好成绩,必须要付出多于常人的努力,只是她给了自己太大的压力,身体有点吃不消了。从去年冬天开始,她的身体会不自主地抖动,幅度还挺大的,我带她去看了医生,医生说是焦虑引起的,主要是平时压力太大,休息不够造成的。我不知道该怎么给她减压,她虽然平时话不多,但是很有主意,也很要强,一直想考个好的大学。跟您说这个,是想请您平时能关注一下她,学习上能够帮她找到一些行之有效的方法,思想上也能轻松一点,背负太多压力,前行的脚步还能快吗?您的经验比较多,孩子现在对新班级的老师和同学都非常喜欢,相信您说一句话会胜过我十句呢。我也想听听您有什么好的建议,在家里不仅能照顾孩子的饮食起居,还能在学习上、思想上帮到孩子。也期待您学习归来能够当面请教。

这是一个很典型的学生案例,我正不知怎么回复。突然脑筋转到了习总书记系列讲话,找到了突破口,那就是学会减压,找到生命的乐趣,享受喜悦的报偿,成功的快乐,于是我迅速回复如下:

学习辛苦,也有快乐,苦乐相随。每个人都有行走于这个世上的独一无二的方式,都会潜意识地选择最有利于自己的方式,所以只要健康,劲是用不完的。但如果身体不适,一定治疗。心理压力问题也有两面性,适当的压力未必是坏事,过高的期待,也只是年轻时候常有的事,珍惜孩子的求胜心,进取心。学习方法都是探索的过程,一定是适合自己的才是最好的,家长、老师都仅仅是辅助作用。成绩优秀带来的喜悦是这一切付出的报偿,这种精神世界的需求得到满足,是外人无法理解的。钱穆先生突发肠胃疾病,疼痛难忍,自己治疗的办法是抓紧阅读王阳明的著作,这是常人难以理解的。孩子的心态只要

正常发挥，要给她足够的时间空间，让她展翅高飞。好的，先说这些。我关注一下，有必要就自然地谈谈，顺应，陪伴，努力，祝好。

家长回复：非常感谢，您真的是理解孩子的，孩子的付出，就是为了成功时的喜悦。谢谢您。

作为数学老师，想起了数学家希尔伯特的话：一个数学问题应该是困难的，但却不应是完全不可解决而致使我们白费力气。在通往那隐藏的真理的曲折道路上，它应该是指引我们前进的一盏明灯。最终以成功的喜悦作为对我们的报偿。第一句话迁移到我们的班主任管理就是一定会有难题，但一定是可以解决的，一定会跳起来摘到桃子。第二句话就是要有明确的方向，理性科学的方法，过程还是曲折的，隐性的，不是一蹴而就的，班主任就是在这个过程中与学生一起成长。第三句话就是升华，就是问题解决，师生共同享受成功的喜悦，精神需求的满足，心理信心的巩固，兴趣的强化，人生充满了干劲。真是太棒了。

由于外出学习培训，我带的班级进行月考，运动会，家长会等几大项活动，都没有陪伴孩子们度过，但是通过两学一做，进一步扩大改革开放等决策促使我认识到，逆向看来，这也是一个难得的让孩子们锻炼成长的机会，所以无论是父母还是老师，平时教育教学都要敢于放手，真正地放手，提高成长效率，事实证明给孩子们空间，他们就会快速地长大。

印象深刻的还有一次我外出作报告，正赶上合唱比赛，学生们表现都很棒，自己夺得了特等奖，比我在现场更加自豪。这次十天出差不在家，班级表现也很好，这就是成长，家长老师都有担心，这是正常的，但实际上也是一种教育，自主安排的教育，什么时候，废除班主任制度，没有班主任，学生才是真正的进步，真正的质变，真正的成长，做自己命运的主宰，做自己灵魂的统帅，做宇宙上独一无二的个体。

我们观察小鸡在蛋壳里艰难地出来的时候，如果出于爱心帮助它一下，就会造成它的终身残疾！我们有时抱着一条大鱼喜欢得不得了，又亲又摸，告诉所有人我们爱它，殊不知，此时此刻，这条鱼最需要的不是亲亲也不是抚摸，而是水，是大江大河大海。自己的路自己走，别人的帮助都是辅助，关键的时候自己形成核心素养和关键能力，我们千万别影响了孩子的破壳而出。

特别地，周考，月考，以及接下来的期中考，学业水平考等等，都相当于是女人怀孕后每一周,每一个月,如果都手术打开肚子,拿出来胎儿,看看长得怎么样了,再放进去,再缝上。没多长时间,再打开,循环往复,就会折腾得胎儿半死不活!所以孩子的成长是一个过程,不要考了就过分焦虑,看了胎儿就忧心忡忡。要相信怀胎九月,都是聪明的娃娃,相信孩子说话走路都不会落下,给他时间,有早有晚都是成长、成功。

高中了,高考了,何尝不是如此?放手吧,大胆地放手吧!学生的生命不属于我们,我们仅仅是孩子生命的阶段性陪伴者,我们老师要活的是自己的生命,要追求的是自己的幸福,要走的是自己的路,不要迷失自己。师长们做好自己,就成为孩子最好的榜样,一切都会水到渠成,自然而然。

做独立的个体,不附庸于任何人(我们还能附庸于我们的父母吗),也绝不干涉任何人(我们的孩子能管得了吗)!只做自己生命的掌舵人,不是家人的,朋友的,孩子的。一句话:最好的自己就是给予他们,给予世界的最好礼物。

我将进一步增强政治意识、大局意识、核心意识、看齐意识,增强道路自信、理论自信、制度自信、文化自信,切实做到对党忠诚、为党分忧、为党担责、为党尽责。扎扎实实地在自己的教育教学工作岗位上为党育人、为国育才,作出自己应有的贡献。

第四节　特定的人群在特定的时期做特定的事

——学习全国先进工作者山西长治二中许军则老师

长治二中位于山西省长治市,距离我们聊城不到400千米,是山西省重点中学、省级示范高中,在校学生3 000余名,被社会各界公认的名师达150余人。学校自1987至2021年,高考连续35年夺得长治市冠军,名列山西省前茅。

许军则老师是山西省长治二中英语高级教师,山西省教书育人楷模、特级劳动模范，2014年"全国先进工作者"。1996年参加工作，辛勤耕耘25载，爱岗敬业，刻苦钻研，班级管理细致入微，教育教学成绩特别突出。

我们和许老师进行了长达2个多小时的座谈，发现许老师身上有很多值得我们学习的地方。

学生可塑性强，自控能力差，不管不行。班级管理如农民种田，土壤肥沃，只是把种子扔在田里，任其发展，也不会长好，不会有大丰收，还是要精细化进行"田间"管理。

狠抓习惯养成，抓细节问题，学习海尔等企业管理的先进经验，转化移植到班级管理中。态度是前提，习惯是核心，细节是关键，勤奋是根本。

班委会高效运转，班长、副班长、团支书、体委、生活委员、学委，适当地锻炼，不能太耽误学习，到大学里锻炼还来得及。

诵读经典，国学文化，学习千字文、三字经、弟子规等。学习落到实处，熟悉、背诵、写体会、演讲，设考场进行考试。达到思想上潜移默化的学习，细无声的认识。

班级活动全员参与，班级利益至上，运动会，分成若干个组，报道宣传、文明班级、竞赛组织、后勤保障，细节落实到位，对学习成绩都有推动作用。增强班级荣誉感，越野赛，提前一个月每天跑，高一高二高三都拉出去，全班获得1 800分，全校第一，学生获得自信心，荣誉感，与学习关联起来。联欢会分成后勤、项目、主持、音响四个组，细化落实，全员推动。

细节决定成功。网络、社会浮躁风气等都在影响着学校。就要制定班规，打破对学生影响不好的地方，不准带矿泉水、口香糖、文曲星、电子设备、课外书、手机、修正带、涂改液等，少受干扰，提倡奋斗是快乐的，专注是幸福的。成功就是认真地把一件事做好，午休纪律，课间操跑好，课间纪律维持好。

达尔文说，任何改进都是进步。每天值日、反思、检讨自己。住校生的动力更强，八月十五不放假，就组织买苹果和月饼去宿舍，看着不起眼，实际上给学生送去了温暖，做走心的教育。

别的学科也很关注。经常与老师联系沟通，特别是数理化生，语文是督促积累的过程，最难的学科，要长期地学习，慢慢地提升！

关于德育，德在具体实在。公开表扬好事，一个重要方面，假期回家必须做家务，组织观看《感动中国》等。在具体的做中提感恩心，责任心，有具体的劳动调动学习积极性,增强主动性。

有布置,就一定有检查,否则等于没布置。重在落实,不检查不落实等于零。对于最核心的内容,要布置、检查、反馈,质量不行,再检查,直到做好。反复进行,习惯成自然,有了自觉性,就省事了,高一是基础、高二是重点、高三是关键。高一是班风养成的黄金时期,不同性格的班主任,都有自己的独到之处,殊途同归,但成绩提高,养成教育,落实到位是都必须要做的。高一前半年,第一学期至关重要,狠抓常规工作。

谈点英语学科教学。快节奏、大容量、向前推进。比一般的班级快 4～5 个月,最快 8 个月结束,进行第二套教材,或者进行四级、六级,学生大一过四级,大二过六级没问题。大学分级考试学生都是在最高等级。必须难,必须做,积累语法,背诵文章都有作用,百益而无一害。高一高二少做题,给数理化让路,盲目的外语学习套路不好,中国式的外语学习必须改变。

发型 2004 年开始要求。男生一律平头,女生提倡留男发型,留短发,有辫子也一定要短。初中管理不到位,学生养成懒、散、慢等自由主义,无政府主义,要求发型就是打破他的环境。刘海也不准留,脑门盖住了,就没有灵气了,讲短发的好处,思想上充分认识到。分化集团,层层突破,隐形的毛寸头都不行,长发及腰的女生想进班,也必须接受班规,特定的人群特定的时间没有做特定的事就是不合适的,流眼泪也不行,上升到国家、荣誉、责任,优秀的学生必须这样做,想留发就转班。要求一定整齐,都知道了,后来的新生开学前就自觉地剪头了。

水杯一定放在眼睛看不到的地方,拒绝诱惑,抵御风险。

作业量分老师的,还有班主任的两块。一般 11 点 40,特殊的 12 点,老师的少的话,班主任就多布置点。比如练字,班主任必须自己抓。开学自我介绍,要求写 100 字左右,主要目的是看学生的字。必须认真,练英语字帖两本,语文 2 本,写得不行的再练,认真写作业,高一抓不好就晚了,至少半年,一年才能练好,也有两年练不好的,有七八个一直练到高考前。由于字是九年学习练成的,笔体转换很困难,一直的要求都是规范干净。

抓书写,主要是训练思维的严谨,规范的养成,字如其人,一看字就知道这个人细致与否。有人说顶尖生的个性鲜明,聪明,自以为是,自我中心,我想说没有谁比谁聪明,一万个也没有一个,智商与家庭、自我习惯有更大关系,小学，初中包括中考优秀的同学有的答题写两步就过去，跨步作答，由于知识简单，成绩没有显现出来差距。初中、小学老师也不认真矫正，随着高中命题加大难度，学生感受到挫折，答题不规范，有的男生字写得很小，需要一年半到两年的多次督促，与之较劲，写不好罚值日，习惯不好，考试考得很差，有时候对这些学生说不改变三本也上不了，没有很聪明的，只有不笨的！

语文对各学科的审题都很重要。但全国包括人大附中的学生都不重视，小学、初中文化养成欠债太多！高中时间有限，读大部头名著不起作用，读推荐读本，那是精华集锦，大学红学研究会都研究不透，高中生怎么研究？没时间，那些小学、初中读还行，高中读课外读本，读《语文报》，读针对性的诗歌鉴赏、古文阅读。大部分时间数学、物理、化学是第一位的。曾经为了扩大阅读面，人手一本《读者》。2007 以后发现《读者》成人化的、过于细腻的情感描述，如腾云驾雾，不利于学生学习！特定人群特定时期！现在读《光明日报》《人民日报》、课外写作的书、感动人物颁奖词等，不合适的明察暗访，犯错误的写 800 字反思，并罚值日！语文《雷雨》《茶馆》等话剧，适合的可以演，而《罗密欧与朱丽叶》等不适合的就不要演了，强化思想，激发了早恋，弊大于利，成为导火索，所以要避开！

一天的生活，开始班主任也是傻乎乎的，粗放型的，激情式的，效果不错，考了第二。现在 6 点到学校，中午 12 点放学，怕放学前几分钟不稳定，就多去几次，盯紧点，习惯了，自觉了就好了，必要时上到 12 点 10 分，不与别班同学挤楼梯！晚自习 11 点 40 回家，抽查宿舍，11 点 20 左右走读生必须回去，晚上都是班主任值班，班主任与学生 11 点放学！早恋高二是高发期，高一是个别的，要消灭在萌芽状态，座位一定是男男女女分开，讨论问题也找同性进行，如此有缺点，有优点，更多的是高中时期的特点决定的！

无奖金，考了 8 个清华北大。当前政府推进的是素质教育，周六周末都休息，学生回家，学校被辅导班包围。初中挫折教育不到位，眼高手低，别人赶上他，就很不爽，逃避，责任心不强，学生焦虑！有抑郁倾向的，找家长逐步了解，很多是家族遗传，成绩是导火索！

家长会还是开 3～5 个比较好，针对性强，必要时短信联系，没有微信群，微信的负面影响不少，非正能量影响很大，学习需要安静，走读生父母说得多，不小心就会引起孩子心理的变化，这种影响和干扰很没有必要，有重要的事都会发通知，没必要在群里说这道那！

成绩公布，只公布前面的，后面的学生自己找老师查成绩，也便于做工作！

水涨船高，高考分数 580 到 600 就很不错，最高分 670 多分，清华北大，7 个裸分考上，其他大多数都是 985、211，含金量很好。毕业聚会，感慨地说，与太行中学火箭班相比，入学成绩相差巨大，不在一个档次，用"小米加步枪"取得胜利，就是细节决定成败！连检查卫生都不一样！

教育是慢的工作，一点点进步，军训一周，高一半年、一年见成效，和炖牛肉一样，时间长，2～3 个小时！原来没有月考，他自己组织六科命题，阅卷，都是义务的！

现在的班级怎么管，要细，耐心，智慧，压不行，讲道理，学习浮躁，问题出来，一次谈话，再次写反思，规定纸和内容，必须统一形式，这是班级凝聚力的一种体现，班级品牌的打造，细致工作，持之以恒，同样的班反差太大，高一差不多，高二就显现出来，高三爆发，这是厚积薄发。松散式的，过分的自由民主，张扬个性，杂乱无条理，落实不到位，都是无效的！高二文理分科，班里个别的走了，其他班来了几个，习惯不好，毕竟调了一年了，又要影响！睡觉、上网、玩手机，重新纠正，现在班级里手机杜绝，家长写保证书，父母本人都签字，电脑也是贴上封条，学习查资料，都是家长在单位打印出来，纸质的形式更利于学习，只百度不思考！寒暑假也不能用，只有高考后可以启封！教工子女也一样！封条设计好，洗澡洗袜子，家长评价，家长再弄虚作假就没办法了！细化下去，督促下去，老师给家长一个理由，对老师感恩，对自己负责，进行不断交流，对学习促进，讲道理，有办法，实实在在一条条办！

特定的人群特定的时期，办好特定的事情！幼儿园，小学就是培养兴趣，少考试，多阅读，成家的年龄就是要结婚生子，要不家长也急！

辅导书还是用大品牌的，作为练习好！高一、高二做的基本上都严格要求，没有特殊，氛围好，一视同仁，第一名也一样批评，一样办，谁也没有比谁好多少，都是一般人，都严格要求！高三第一学期有方向，慢慢形成第一集团军，第一名有一定偶然性，但一般在看得见的几个人中产生！

年轻的班主任，精力旺盛，上进心强，更容易与学生打成一片，能创造性地开展工作。老班主任，经验丰富，家长崇拜，容易有威信，但一般生源上不占优势，个性强，班级建设与管理受更多不定因素影响。总之，班主任工作很多，很辛苦。

与许老师进行了推心置腹的交流，许老师用心做班主任，真心爱学生，一心抓落实，并一直在反思调整中不断优化班级管理模式，给我们都带来很多有益的启发！

第一，许老师是一个非常勤奋的人。

他每天 7：00 准时到校，督促学生早读，有时到校时间更早；上午四节课后 12：00 放学，他是最后一个离开教室的人；晚上学校是 10：00 放学，他的班是 10：20 放学，他也是最后一个离开教室的人。这样做一天并不难，可敬的是许老师周一至周五天天如此，春夏秋冬从来这样。这样勤奋的老师，如此地能坚持，真是值得我们学习。

第二，许老师是一个非常细致的人。

他和学生一起商讨，制定了几十条班规，每一条都是从小处着手，从细节出发。不准带修正液，不准带文曲星等电子产品，不准带任何形式的课外书籍，地要打扫得一尘不染，字要写得工工整整，说话要字正腔圆，书要背得滚瓜烂熟，穿着要朴素大方，甚至男生的头型，女生的发式，都有明确细致的要求。

特别是学习上的一些细节性的要求，回答问题举手的姿势，回答问题和向老师问问题的站姿，如何做课堂笔记，如何坐，如何站，如何走，如何握笔等等。

第三，许老师是一个非常有思路的人。

自己结合 20 年来的工作实践把对学生的教育总结成了 20 个字——态度是前提，习惯是核心，细节是关键，纪律是保证。这 20 个字是许老师班级管理方法的精髓。20 个字说起来很简单，但是如果要真是把每一个字落实到日常工作中去，是非常困难的。

态度是前提：高一新入学，有多少学生的学习不主动，学习态度不端正。许老师通过个别谈心，调查同学和家长，调查初中老师和同学，确定态度有问题的学生名单，并掌握第一手资料，然后根据每一个同学的具体情况针对性地一对一地做工作，有的需要情感感化，有的需要目标激励，有的需要家长配合，有的需要严格要求。我们可以想象，这个工作量是很大的，工作难度也是相当大的。许老师说，大约半年后，班里学生的学习态度基本上没有问题了。

习惯是核心：许老师说，人与人生来整体上差距不大，就像我们看麻雀一样，在我们人类眼里，每一只麻雀几乎是一模一样的。其实在麻雀的眼里，我们每一个人也几乎是没有区别的。一般人的智商差距也是微乎其微，甚至可以忽略不计的。但是，实际上，经过小学、初中、高中的考验以后，人与人的区别就大了。其实，就在于习惯上。优秀其实就是一种习惯，你养成了优秀的习惯，时间久了，你就会成为一个优秀的人，反之亦然。所以，许老师带一届学生，最重要的工作，贯穿始终的工作，其实就在于此。许老师的习惯养成教育贯穿学生的每天24小时，学习上的、生活上的、卫生上的、家庭范围的等，无所不到。他甚至要求孩子周末在家做家务，并细心地制定表格，让学生填写家务内容，并请家长签字，督促学生养成家务劳动的习惯，并培养他们的家庭责任感和懂得感恩。

细节是关键：等到了同学们学习上基本上没有了态度和习惯的问题的时候，细节便是成功的关键了。回想我的上届学生，有几个孩子距离清华北大的录取分数相当接近，就差那么一点点，细细想来，问题出在了哪里？不是学习态度的问题，不是学习习惯的问题，如果是这两个方面的问题的话，他们也不会考到这个成绩。现在想想，就应该是细节问题。而这个细节问题，需要从高一就开始抓。许老师还说，抓细节要普遍抓，不能有漏网之鱼，越是优秀的孩子越需要抓细节，因为优秀的孩子的潜力其实就在这样或者那样的细节上，大的问题基本上没有了。

纪律是保证：纵观这20个字，纪律是保证这5个字，应该是最容易做到的。让学生表面上遵守纪律不是最困难的事，最难的是帮他真正静下心来学习，养成良好的学习习惯。反观我们的班级管理，有很多时候只是在做这个方面的工作。看上去风平浪静，没有违反纪律的，感觉就万事大吉了；其实除了这条之外，我们还大有可为。

另外，许老师也很注重学校组织的各项活动，对学生进行教育。比如运动会，他会组织学生分成若干小组，有运动员组、宣传组、后勤保障组、卫生组等等，锻炼学生的协同合作能力，增强集体凝聚力和责任感以及荣誉感；元旦晚会也是一样，会有导演组、歌唱组、语言类组、舞蹈组、后勤保障组、音响组等等。许老师的学生不仅在学习上是优秀的，在这些活动上的表现也是出类拔萃的。他说，参与这些活动，并不会影响学习，操作好了，反倒是能促进学习。

同时，许老师还特别注重对学生的心灵感化。有时中秋节学生不放假，他会自掏腰包给住校的学生每人买一块月饼、一个苹果，每次考试后，会用自己的班主任费，购买一些奖品。

第四，许老师是一个非常有责任心的人。

他说，他始终把一份责任装在心里。学生家长把孩子送到自己手里，这是多么大的信任；学校领导把他放在这样一个工作岗位上，更是满怀信任；这些信任在他这里，都化作了沉甸甸的责任。不用心工作，感觉对不起学生、对不起家长、对不起学校。他说，特别是学校给了他这么多的荣誉以后，特别是他的工作获得了社会的一致认可以后，特别是在学校的争取下，获得了市级、省级甚至国家级荣誉以后，他说，他的责任就更大了。

第五，许老师是一个非常无私的人。

十几年来，许老师为学校的发展作出了突出贡献，据学校教务主任和业务校长讲，从来没有因为教学成绩好，高考成绩优异，给许老师发过一分钱的奖金。在这种情况下，许老师能坚持工作，默默奉献，兢兢业业，没有这种无私的心胸是很难做到的。

第六，许老师是一个爱校的人。

我们私下交流的时候，有老师问他，有没有其他学校重金聘请他，他直言不讳，说不止一个，有长治市的，有陕西省的，也有其他省市的。但是许老师还说，是长治二中给了他工作的机会，是长治二中培养了他，没有长治二中就没有他的今天，他不会离开长治二中，他在工作中有无限的乐趣，不是为了别的；当他的学生考入清华北大，他自豪；当学校领导对他竖起大拇指，他骄傲；当走在大街上，听见有人说，这就是二中的许老师，他欣慰。

他说，他是一名共产党员，就要为党、为国家、为人民奉献自己的一切；他是一名二中人，就要忠诚于二中的教育事业，对学生负责，对学生家长负责，对学校领导负责，对二中与他有关的历史负责。他说，在平时教育教学中，他注重对学生知识传递，学法引导，道德垂范，情感培育，人生启迪，认认真真做好每一件简单的事情。

第七，许老师是一个业务精湛的人。

他毕业于山西大学师范学院，在教学中，他坚信奋斗有快乐，专注是幸福，静能生慧，熟能生巧。在英语教学中，他通过多种多样的教学形式提高课堂效率。比如,学习英语绕口令,赏析英美文学经典诗歌、散文,表演实用文体对话,激发了学生语言学习兴趣,增强了学生的综合语言实践能力。上次去,听了他的一节英语课,45分钟没有听到一句汉语,没有听到一个汉字,全英文教学。他的学生先后有9人获全国英语大赛特等奖,40多人获一等奖。郭萌同学,清华大学自招英语科全国第一名。高中阶段,他带领学生学习完《课程标准》规定的任务外,还指导学生掌握大学四六级全部词汇,阅读上百篇大学英语四六级文章,背诵几十篇四六级作文。绝大多数学生语言应用能力强,基本功扎实,他的学生基本上大一过四级,大二过六级,大四保研或出国。

第八,许老师是一个务实的人。

这是我第二次接触许老师,总体印象是,许老师人很实在,不做作,不矫饰,很真实,很务实。和我们交流总是知无不言,言无不尽,毫无保留。没有什么豪言壮语,没有什么歌功颂德。有的只是踏踏实实的工作作风,兢兢业业的工作精神。他所说的和所做的都是实实在在的、点点滴滴的、接地气的小事、实事。其实,正是因为做好了这些小事、实事、简单的事,十几年如一日的坚持,才成就了许老师的不简单。

再次和许老师交流后,回来的路上,我反思,我们的工作环境优于许老师,我们的工资待遇高于许老师,我们的工作条件好于许老师。如果,我们能按照许老师的标准来要求自己的话,我们的工作就能再上一个台阶。

第五节 既教书又育人——2016届文科实验班经验总结

2013年,学校从高一就成立了文科实验班,由我担任班主任和数学教师,经过三年的培养,学生收获很大,成长很快,高考也取得了历史性突破,现总结如下。

一、高一改革选苗办倾文实验班

在高一,学校领导就下大力气组织倾向文科的学生成立倾文实验1班。

尽管是在成立三个理科奥赛班选拔 197 人之后，才成立文科实验班，尽管上高二时又有 20 人选择学习理科，但在生源上仍为文科高考实现历史性突破打下坚实的基础。一路走来，学校领导高度重视文科教学与管理工作，李校长、孔校长带领班级组所有老师远赴邯郸一中、长治二中，与那里的文科老师面对面交流学习，汲取先进学校的经验，不断充电。并组织六省名校联谊进行尖子生培养考试，研讨。高三阶段，学校校级领导到 1 班听课、教研、开班会多达三十几次，应该说这种顶层设计加深入班级指导的策略是促成文科高考突破的首要因素。

二、持之以恒做好海量阅读工作

从高一到高二，两年的时间，每天下午的第四节在别的班级都做作业的时候，1 班学生却在专注阅读、做读书笔记等，多数同学高中三年看书达到 60 余本，多的达到了上百本。这样，用三节晚自习完成别的班级四节自习完成的作业，既提高了效率，又开阔了视野，发展了文科素养。并且班级坚持每个月做一次读书报告会，让同学们辩论，交流，升华，人人都上台演讲或参加活动，平均达到三十余次，口头表达能力、抽象概括能力、组织领导能力、综合心理素质等都得到了极大的锻炼和提高。

三、高度重视文科数学的教与学

文科生要考好，理性思维也不能太差了，甚至说能学好数理化的同学选择文科，学起来也会相对轻松，能取得更好的成绩，而数学好的同学就更有优势。实际上，文科生的数学普遍较差，而文科高考数学又是分数差距最大的，最关键的学科，得数学者得天下。一方面，班主任最好选一个数学老师担任，这样无形中增加了交流指导的机会，也督促大家学好数学，实现超越；另一方面，高一、高二的教学中要加强数学，与理科内容一样学习，不完全局限文科数学的内容，有意识地培养学生的理性思维，逻辑思维，对各学科的学习也能起到促进作用。到了高三再直奔高考，只复习研究高考内容。

如此操作，在普遍提高的基础上实现了自然分层，优秀的同学的数学素养得到大力提升，能"吃饱吃好"，也为自主招生打下良好的基础。尽管 1 班是文科班，韩洪一同学获得了全国数学奥赛省二等奖，通过北京大学博雅计划,同时有多人获得山东省数学竞赛一等奖。另外,周围子、刘雪菡同学通过南京大学、南开大学的自主招生,宋姜康宏同学通过上海交大自主招生,张凤轩、方瑞晴等十几个同学通过北京外国语大学、山东大学、湖南大学、中国海洋大学、苏州大学、中南财经政法大学等重点大学的自主招生。2016 年高考,1 班全班 56 人,数学取得了 145 分以上的有 7 人,140 分以上的有 24 人,135 分以上的有 37 人,130 以上的有 44 人的好成绩。

四、三年写班级日志和成长日记

三年来,班级每天有一个同学当值日班长,负责当天班级的大小事务,相当于是学生身边的副班主任,为同学服务,为班级操心,并把自己管理的情况、班级运转的情况写成日志,班主任第二天再批阅,到毕业,全部印发成本,作为永恒的纪念。三年来,每个同学都坚持每天写个人的成长日记,先写一天的学习生活的总结,再写自习和第二天的计划,晚自习值日班长收齐,逐本批阅,然后放在讲台上,班主任每天早上第一件事就是批阅每个同学的日记,实现大面积的生生交流,师生互动,互勉互学。学生总结说,老师与同学交流多,负面的想法占据大脑的时间就少,心态一直保持不错。三年来,我们有的学科进行问问题的次数的统计,在总体上营造一种勤学好问的氛围;有的学科周末就让后进生到办公室再做一周学案上的错题,确保周清;有的学科组织学生拜尖子生为小老师,实现兵教兵,事半功倍;老师们都在促进学生提高上做了很多自己的新的尝试。

文科高考的成功是学校领导、老师群策群力,集体智慧的体现,是学生顽强拼搏,坚持到底,永不言弃的结果。

附录:高二上学期学生读书书目清单

一组

闫中慧　《梁衡散文》《苏菲的世界》

刘雪菡　《病隙碎笔》《周国平散文》

张禄浩　《秦腔》《白鹿原》《鸟人事件》

韩洪一　《生死疲劳》《丰乳肥臀》《蛙》

王丹　　《孤独六讲》《看见》《流星雨》

王坤　　《我们仨》《孤独六讲》《浮生六论》《人间词话》《呼兰河传》

吴桂鑫　《百年孤独》

二组

方瑞晴　《在人生边上》《红楼梦》《目送》

于沛泽　《小小说》《在细雨中呼喊》《创新作文》《半月谈》

刘艺璇　《红楼梦》

岳宇昕　《呼啸山庄》《时间机器》《快乐王子集》《我承认我不曾历经沧桑》《西厢记》《邹氏女》《把栏杆拍遍》《阿城精选集》《夹缝中的历史》《看见》《沉默的羔羊》《菊与刀》《疾风回旋曲》《七重纱舞》《当鞋合脚时》《中国，再启动》《毛泽东选集》《耻》《匆匆那年》《人类的群星闪耀时》《罗生门》《伊豆的舞女》《三言二拍合集》《我们仨》《甘地传》《断头王后》《美德的厄运》《资本论》《摘星》《哑舍》《往事并不如烟》《温故一九四二》《变形记》《弗兰肯斯坦》《穿裘皮大衣的维纳斯》《肖申克的救赎》

高红羽　《世间相遇都是久别重逢》《红楼梦》《病隙随笔》《匆匆那年》

宋姜康宏　《毛泽东选集》《三言二拍合集》《甘地传》《我们仨》《解忧杂货店》《中国，再启动》《族长的秋天》《南都 vista 看天下》《变形记》《1984》《把栏杆拍遍》《人类的群星闪耀时》

三组

任晓萌　《看见》《我们仨》《甘地传》《丰乳肥臀》

张思致　《甘地传》《我们仨》《撒哈拉沙漠的故事》

任国政　《人生》《史铁生散文》《解忧杂货店》

董恩志　《人生》《史铁生散文》《高中万能素材大全》

孙继茹　《我们仨》《甘地传》《看见》《我承认我不曾历尽沧桑》《病隙碎笔》《解忧杂货店》《挪威的森林》《人生苦旅》

李皓明　《务虚笔记》《我们仨》《呼兰河传》《了不起的盖茨比》《1973年的弹子球》

四组

吕一凡 《了不起的盖茨比》《我的名字叫红》《与小泽征尔共度的午后音乐时光》《情人》《亲爱的生活》《战斗在美利坚》

边东雪 《数字城堡》《解忧杂货店》《追风筝的人》《人生》《愿风裁尘》《梦里花落知多少》《我们仨》《甘地传》《怀石逾沙》《守岁白驹》

白沛瑶 《孤独六讲》《百年孤独》《所罗门之歌》《群山回唱》《追风筝的人》《山海经》《诗经选读》《人间词话》《我们仨》《在人生边上·人生边上的边上·石语》《甘地传》

张金茹 《百年孤独》《白鹿原》《围城》《我们仨》《甘地传》《做最好的自己》《不能承受的生命之轻》

邵依凡 《我们仨》《不能承受的生命之轻》《百年孤独》《爱与痛的边缘》《左手倒影,右手年华》《甘地传》《愿风裁尘》《怀石逾沙》《澜本嫁衣》《兄弟》《物质生活》《大地之灯》《德拉古之吻》

崔彦斌 《兄弟》《当他十八岁的时候》《每个故乡都在消逝》《务虚笔记》《红高粱》

五组

王志华 《了不起的盖茨比》

周围子 《柏油娃娃》《所罗门之歌》

李广艺 《行者无疆》《双城记》《我们仨》

张怀金 《岛》《我们仨》

周书博 《风流去》《梁衡散文》《行者无疆》

史晓丹 《亲爱的安德烈》《目送》《孩子你慢慢来》《野火集》

六组

许世晴 《生词疲劳》《蛙》《我们仨》《文化苦旅》《没有梦想,何必远方》《写在人生边上·人生边上的边上·石语》

李鑫 《看见》《我们仨》《蛙》

侯艳杰 《我们仨》《甘地传》《梦里花落知多少》《第七天》《文化苦

旅》《蛙》《丰乳肥臀》《追风筝的人》《灿烂千阳》《群山回唱》《不能承受的生命之轻》

李晓涵　《千年一叹》《山居笔记》《瓦尔登湖》《看见》《山河之书》《我们仨》《甘地传》《鲍鹏山品水浒》

侯嘉欣　《文化苦旅》《挪威的森林》《甘地传》《我们仨》

国璐璐　《文化苦旅》《周国平散文》《兄弟》《甘地传》《我们仨》

七组

胡雪晴　《天才在左，疯子在右》《此间的少年》《狼图腾》《骆驼祥子》《平凡的世界》《肖申克的救赎》《羊脂球》

李清正　《平凡的世界》《牛虻》《三重门》《哑舍》

刘莉　　《红楼梦》《匆匆那年》《萌芽》《倾城之恋》

刘旭　　《狼图腾》《朱自清散文》《纪伯伦散文》《作文与考试》《山河之书》《普罗旺斯》

靖峥　　《了不起的盖茨比》《百年孤独》《老人与海》《家》《城南旧事》《追风筝的人》《天才在左，疯子在右》《摘星》《巴黎圣母院》《子夜》《穆斯林的葬礼》《京华烟云》《风声鹤唳》《活着》《挪威的森林》《零下一度》《泰戈尔诗集》《萌芽》《课堂内外》《读者·校园版》

八组

于咏雪　《兄弟》《哑舍》《飘》《心美，一切皆美》《1984》《时间之墟》《挪威的森林》《战果》《我们仨》

王书喆　《Eden》《美丽的人生》《你为什么不快乐》《红与黑》《三国点评》《若只如初见》《午后薰衣茶》《青春是场华丽的错过》《穆斯林的葬礼》《芙蓉镇》《尘埃落定》《解忧杂货店》《欧洲短篇小说精选》

朱合丽　《龙族》《意林》《龙文》《曾许诺》《明朝那些事》

张文博　《兄弟》《一九八四》《明朝那些事》《狼图腾》《哑舍》《那些回不去的年少时光》

赵学真　《活着》《灵魂只能独行》《狼图腾》《平凡的世界》《行者无疆》《林清玄散文精选》《三毛全集》《我们仨》《恰同学少年》

窦传禹 《一九八四》《1973年的弹子球》《彷徨少年时》《卡夫卡短篇小说集》《龙族》《天之炽》《时间之墟》《第二个太阳》《爵迹》《幻城》《我们仨》《存在与虚无》《当我跑步时我在谈些什么》《长歌行》《浮游光年》《妄想编年》

九组

刘思远 《雨季不再来》《撒哈拉的故事》《张恨水精选集》《金粉世家》《京华烟云》《行者无疆》《千年一叹》《围城》《雪国》《挪威的森林》《金阁寺》《解忧杂货店》

孙梦露 《我们仨》《撒哈拉的故事》《岛》《解忧杂货店》《春宴》《金粉世家》《京华烟云》《纳兰容若词传》《看见》《红》《橙》《蓝》《文化苦旅》《爱德华的奇妙之旅》《围城》

郭爽 《我们仨》《雨季不再来》《撒哈拉的故事》《文化苦旅》《看见》《岛》《活着》《现实一种》《周国平散文》《做最好的自己》《病隙碎笔》《大国崛起》

李晨阳 《撒哈拉的故事》《文化苦旅》《看见》《活着》《周国平散文》《谁的青春不迷茫》《小王子》《爱德华的奇妙之旅》《血玲珑》

夏欣燕 《我们仨》《文化苦旅》《聊将锦瑟记流年》《看见》《小王子》《岛》《穆斯林的葬礼》《活着》《谁的青春不迷茫》《边城》《围城》《呼兰河传》《毕淑敏散文》《血玲珑》《雪国》

闫世国 《我们仨》《时间之墟》《周国平散文》《夏至未至》《红高粱》《活着》

第二章 高中数学教学育人价值探究
—— 以复习课为例

高中学科教学中都有复习课,数学也不例外。高中数学复习课有特殊的育人价值,是高中数学教学价值在复习课上的特殊体现。研究高中数学教学之复习课育人价值,能更好地促进学生主动健康发展。

总结当前高中数学复习课教学实践中的问题,并分析其成因。首先,对复习课教学的作用认识偏差导致定位不准,复习课成了习题课、刷题课,复习课教学功能异化;其次,教师对复习整理的主导代替了学生建构整理,导致学生主体地位不突出;最后,教师的教学转化能力有限导致复习课教学效率较低。

结合高中生年龄特点、身心发展和数学复习课的关系,分析高中数学不同任务课型教学共有的育人价值。站在高中数学教学育人价值的高度,着眼于高中数学复习课教学的特殊性,从特有和具体两个层面探讨高中数学复习课教学育人价值。主要是培养整体结构认知能力,提升整体综合思维能力,培养自主学习能力等。

本章针对高中数学单元、学期、高考等不同类型复习课教学的具体育人价值,给出一般的教学原则和教学设计建议,并针对每一类型的复习课给出典型案例。

第一节 绪 论

一、选题缘由

1. 对复习课教学现状的思考

高中数学教学中复习课占有较大课时比例。从某种意义上说复习课主要就是为了学生面对的高考,高一、高二两年结束所有新课,高三一年都是复习课和讲评课。同时在新授课阶段每单元结束后有复习课,每一学期结束新课后也都要上复习课。在实际教学中作为重要课型的复习课教学现状不容乐观,存在问题比较突出。

在复习中,学生个性化地建构知识,深化理解,发展核心素养,从而获得好的高考成绩。而有的老师复习课与习题课不加区分,上课就是讲例题,练习题,再变式练题,作业再巩固练习,严重的还有疯狂刷题,损害学生身心健康。有的复习课上,老师对知识、方法进行整理建构,而学生机械做笔记、抄板书、看课件现象严重,学生缺少积极思考,只是成为记录老师讲解的秘书,主体地位体现不充分,教学效率也不高。本书认为其原因之一是老师们对复习课教学的育人价值认识不到位,复习课教学目标只是停留在对学习过的知识、方法、技能的复习巩固、熟练整理层面。知识复习背后承载的对学生认知能力、思维创新、生命的健康成长的作用等没有引起重视,或者说没有考虑复习课对学生的独特育人价值,对学生成长的影响,缺少顶层教学过程的设计。

尽管有的老师也认识到复习课对学生成长和发展的价值,但还是以复习的教学内容为主导,学生思维成长被忽视,学生主动参与课堂活动的权利被剥夺。还有一种情况,老师认识到以学生为中心,让学生亲自去建构整理,但是又缺少了老师的精准指导和引领提升作用的发挥。老师们自身对复习课的教学素养、引导水平还有待提高,学生复习后没有产生质的提升,也因此导致复习课效率不高。也有老师认为让学生发展,让学生自主复习建构与单纯知识复习整理有冲突、有矛盾,这都说明还没有充分把握高中数学复习课教学的育人价值。因此,有必要对此问题进行深入的研究。

2."新基础教育"理论的启发

1994年开始,华东师大资深教授叶澜提出"新基础教育",一直持续到今天,二十多年了,仍然充满活力,在不断推进。其涉及面较广,主要内容有学校领导层面、班级管理层面、教师专业发展层面、课堂学科教学和价值研究等。其最内核的观念是提出了教育中的生命观,促进学生精神生命的主动发展。研究对象在不断扩大,对于高中教育教学也有极大的借鉴意义。

叶澜将"新基础教育"研究的性质定位为"学校转型性变革问题的理论与实践研究","以创建'新基础教育'理论和21世纪新型学校为显性目标,以改变师生在学校的生存方式为深层目标而展开的一项大型长时段的研究。其研究性质是21世纪初中国义务教育阶段学校转型性变革问题的理论与实践研究……它是以学校为基本单位的教育转型性变革研究,属于教育研究中中观层面的整体综合性研究……"[1]。叶澜团队站在时代转型的高度,把学校转型与社会转型结合起来,"从思维方式的变革开始,做到从整体的高度研究'人'和'事',既'成事'又'成人',在'成事'中'成人',为'成人'而'成事',用'成人'促'成事'"[2]。"新基础教育"特别注重深入课堂教学第一线,理论与实践双向建构,寻找教师教学行为背后的教育思想和价值观念。进入学科教学内部,研究学科教学的育人价值,打造生成性的课堂。"课堂教学核心理念是建立共通价值观'从单一地传递教科书上呈现的现成知识,转为培养能在当代社会中实现主动、健康发展的一代新人'"[3]。新时代要求教育不能割裂地看待学生,学生不是物,要站在人的高度,增进学生的生命主体发展。学科知识也是有生命的,有自己的创生过程、发展逻辑、独特魅力。教师就是借助于学习知识的平台,挖掘知识背后的内涵,体现内在联系,引领学生看到知识的意义和价值,实现结构关联的教学,促进师生互动生成的成长。

根据文献研究,结合目前教学实际,本书对新基础教育关于课堂教学的如下观点非常认可。上课打破仅仅是听老师讲,听同学讲的"听"课模式,学生主动思考,小组组员互动,表达生动,建设高效活泼课堂。把时间还给学生,把空间还给学生,把工具(内容结构化)还给学生,把提问权还给学生,把评议权还给学生。所有这些形成新的教学"活资源",学生不是配合老师活动,是主动学习,同是课堂的创造者。老师成为信息的"重组者",是更高水平的"动"。

"新基础教育"的教学改革,已进入初步形成的"多向互动、动态生成"式的课堂教学过程的内在展开逻辑环,①通过开放式的问题、情境、活动,要求学生联系自己的经验、体验、问题、想法或预习时收集的信息,进行多种形式的交流,开发学生的"原始资源",实现课堂教学过程中的资源生成;②在教师初步汇集资源的基础上,生成与教学内容相关的新问题"生长元";③通过网络式的生生、师生多向互动,形成对"生长元"多解的"方案性资源";④教师汇集不同的方案性资源,组织学生一起进行讨论、比较、评价、互补、修正,形成比方案性资源更为丰富、综合、完善的新认识,并引出新的开放性问题[4]。新基础教育理论的学习与实践,使我充分认识到教学的价值在于育人,提分只是其中的一项,教书是手段,育人才是根本,要目中有人,目中有生,通过学科课堂教学育人价值的实现达到教书育人的目标。近几年非常火的学科核心素养,与新基础教育的观点不谋而合,除了基本知识、基本技能、基本思想方法,特别重视基本活动经验,由三维目标升级为发展核心素养。如上所述,新基础教育理论能够支撑高中数学教学育人价值探究。

由于内容复杂、思维综合、高考选拔等原因,高中数学复习课具有极端重要、不可替代的地位,可以说高中三年大约有三分之一的课时在上复习课。"培养主动、健康发展的人"是新基础教育唯一的价值取向,对课堂教学和学科教学育人价值进行了深入探讨,高中数学教学中的复习课教学理应纳入这一研究范畴。这就需要回答如下基本问题:目前教学实践中高中数学复习课教学的价值取向是什么?高中数学复习课教学有哪些独特的育人价值?高中数学复习课遵循什么样的教学原则才更有利于其育人价值的实现?基于育人价值的实现如何设计高中数学复习课的教学结构?这些正是本书要研究的基本问题。

二、研究意义

1. 对学生成长的意义

一切改革都要落实在课堂上,课堂教学改革一直在路上,数学教学也不例外。学习是一个"学—实践—习—反思"的从一个循环走向更高循环的过程，高中数学复习课占据大量课时，与新授课、习题课和讲评课相比，对学生形成结构化认知，提高学习能力，开发综合思维，最终提高高考成绩意义重大。

在复习课教学育人价值实现、转化的过程中，学生的发展贯穿始终。教师对复习课教学育人价值特别关注，对于学生来说，可以主动参与复习概念发生、形成的过程，知识结构化，并从中获得数学思想、文化，抽象思维和综合思维品质得到提升和培养，有利于形成良好的数学核心素养，这也是落实新课程、新课标、新教材、新高考精神的有效途径。同时课堂教学形态的改变，使学生真正成为课堂的创造者，自我生命觉醒，迸发无限活力，自我自主向上向善向好，最终促使学生终身发展，实现价值增值。叶澜教授眼中的教育是"教天地人事，育生命自觉"。从这个意义上来看，育人价值实现是学生生命实现的过程。

2. 对教师发展的意义

复习课教学是高中数学教学中的重要授课类型，教师对于复习课教学育人价值的认识对其课堂教学有着很大的影响。希望本书的研究能够帮助教师厘清和把握复习课教学独特的育人价值，优化教学过程的结构，提高数学育人水平。

（1）促进教师专业成长

数学复习课教学主导是教师，要把育人放在首位，在各个环节都要有强烈的育人意识，开发和利用复习课教学的育人价值，如教学内容、教学方法、教学活动、教学资源、作业布置等。教师的业务能力也在实现教学育人价值的过程中得到快速的提升。教师要打通教学理论和实践，重建复习课教学过程结构，感悟"生命·实践"教育学派的思想。从高中数学知识系统的高度把握复习课教学，从育人价值实现的目标出发建构复习课教学，教师自身原有的数学知识结构、课堂教学经验、数学教育理论和当前的核心素养交融在一起，加速了专业成长。教书育人，教师要做一个教学研究者。深入研究学生，明确学生当前的状况和发展的需求；深入研究复习课教学中蕴含的育人价值，研究教学过程的建构，活动的设计、问题的提出，教学的反思，使得复习课育人价值实现最大化。因此，教师的研究能力会逐渐提升，教育教学能力越来越强。

（2）提高教师综合素质

在复习课教学育人价值研究过程中,教师可以提高数学复习课的教学效率,对自己的职业又有了更加充分的认识,提升教师对生命的感悟,对"人性"的认识。介入式研究方法的引入,使得教师之间走进彼此的课堂教学现场,互相听课评课,互相交流反馈,一起研磨提高,发展学习型团队。某种意义上说,还要向学生学习,观察学生的复习状态,询问对主干知识重要数学思想方法的理解,思维的改变,这都大大提高了教师的学习能力。教学相长,教师自己的学和自己的教相互促进,学生也是自己的学与自己的习相互促进,教师和学生的关系更加和谐,形成一个教学共同体,在这种平等关系中也提高了教师为人处世的能力。育人先育己,课题研究使得教师的表达、数学精神、教学创新等综合素质都有所提高。

（3）丰富数学教学育人价值理论

每门学科都有自身的理论体系,同时它们也都有各自的逻辑起点。尽管高中数学教学会受到数学和教育学的影响,但其本质应是通过数学教学促进人的发展。数学教学在不同的内容上有不同的育人价值体现,在不同任务课型教学上也有自己的独特解读,本书就是扎根在复习课教学任务上来分解数学教学的育人价值。研究从课堂教学育人价值到数学教学育人价值,到不同任务课型育人价值,再到以复习课为例探讨其特有的育人价值,最后结合具体教学时三种常见复习课研究其育人价值。这是对课堂教学、数学教学育人价值研究理论的丰富,也能更好地指导复习课教学实施。

本研究通过深入分析高中数学复习课教学的现实问题和价值取向,探寻出复习课教学独特的育人价值,给出不同类型复习课一般的教学原则和教学设计建议,并提供三个教学过程设计的典型案例,既丰富理论又密切联系实践。

三、概念界定与研究思路

1. 核心概念的界定

（1）高中数学

在普通高中阶段所要学习的数学知识,载体是 2019 年发行的新版高中数学教科书。

（2）复习课

复习课指的是在一个单元新授课教学或者一个学段新授课教学结束后，系统复习、巩固、整理原来知识的重要课型。其目的是使得学生系统掌握、迁移、应用知识，学生主动建构知识体系，加深对思想方法的理解，形成解决问题的模型，并创造性地实现个人内化，发展核心素养。

（3）复习课教学

学生主动建构知识体系，加深对思想方法的理解，形成解决问题的模型，并创造性地实现内化，这就说明复习课教学极为重要，非常特殊。老师不能直接把复习内容给予学生，也做不到直接给予；没有老师引导，学生完全自学，效率也难以保证。复习课教学是以班级学习的形式，教师、学生积极主动参与，张扬自己的个性，不断创造，真实体验，有效成长的教与学的活动。这样的教学过程是学生联系不同知识触类旁通的过程，也是培养学生发现问题，使得学习能力提高，优化思维品质的过程。

（4）育人价值

价值有价值主体和价值客体，价值主体是个人或社会的发展需要，价值客体能够满足价值主体的需要，这就是价值。表示一种关系，一种意义，对价值主体的有用性。"育人价值"是"新基础教育"重点关注的一个领域。在学校教育情境下，育人是教育核心目标，育人价值指的是价值客体对人的培育发展的各方面需要的满足。值得注意的是，这里的育人价值不能简单地认为是人发展需要的思想品德，而是知识价值、技能价值、关键能力、思想价值、思维习惯价值等。

（5）学科育人价值

关于"学科育人价值"，这里引用叶澜教授给出的定义。"任何一门学科的教学，都要认真分析本学科对于学生而言独特的发展价值，它除了指该学科领域所涉及的知识对学生的发展价值外，还应该包括服务于学生丰富对所处的变化着的世界的认识；为他们在这个世界中形成、实现自己的意愿，提供不同的路径和独特的视角；学习该学科发现问题的方法和思维的策略、特有的运算符号和逻辑；提供一种惟有在这个学科的学习中才可能获得的经历和体验；提升独特的学科美的发现、欣赏和表现能力。"[5] 学校中的学科独特育人价值不在于学科自身知识的发展、创造和突破，而在于知识教学过程中促进学生的发展,师生都不简单是为了教和学知识而存在,为了学生主动健康发展服务才是学科教学的立足点。

（6）数学复习课教学育人价值 [6]

日本的数学教育家米山国藏在著作《数学的精神、思想和方法》中指出,"在学校学的数学知识,毕业后若没什么机会去用,一两年后很快就会忘掉,然而不管从事什么工作,唯有深深烙刻在心中的数学的精神,数学的思维方法,研究方法,推理方法和看问题的着眼点等,却随时随地发生作用,使他们终生受益"[7]。《普通高中数学课程标准（2017 年版）》指出 :"数学在形成人的理性思维、科学精神和促进个人智力发展的过程中发挥着不可替代的作用。数学素养是现代社会每一个人应该具备的基本素养。"[8] 可见,数学教学育人价值就是发展学生六大核心素养。

在微观层面上,数学学科不同的教学内容、不同的授课类型等对学生发展各有自己独特的育人价值。通过前面界定的复习课和复习课教学,数学复习课教学过程中有着独特的育人资源,我们这里界定其育人价值指向"发展学生数学核心素养、育主动健康发展之人"。在掌握复习知识的价值和意义之外,以知识复习教学为育人资源,促进学生发展数学核心素养。也正是在这个意义上,"数学教学对于学生发展的独特价值,就不仅仅是数学知识本身的掌握,更为重要的是,既要帮助学生提升思维品质和数学核心素养,又要帮助学生学会抽象的符号表达和提高数学语言表述的水平,还要帮助学生建立猜想发现和判断选择的自觉意识,更要帮助学生形成主动学习和研究的心态,建构起一种唯有在数学学科的学习中才有可能经历和体验并建立起来的结构化的思维方式,从而实现数学教学与学生生命成长的双向转化和双向建构"[6]。实际教学中,拒绝数学复习课教学只是练习题的训练场,抵制魔鬼训练、疯狂刷题、题海战术的传统复习课。作为特殊的独立课型,要高度重视,深入研究其独特性,教学中不仅可以使学生掌握系统的数学基础知识,还要理解数学的本质。

2. 研究思路

首先,通过文献检索和实地走进复习课课堂观察分析等方式总结高中数学复习课教学存在的问题,并进一步梳理产生问题的原因,从而有必要进行复习课教学育人价值的相关研究。

其次,总结高中数学复习课教学不同于其他课型的独特之处,明确复习课教学对"发展学生数学核心素养、育主动健康发展之人"的价值,具体表现在整体结构认知能力、综合思维能力、自主学习能力等[6]。

最后,为了实现复习课教学育人价值,理论结合实践进行探究,针对单元复习课、期末复习课、高考复习课分别提出教学的基本原则和教学结构过程设计的具体建议。

四、研究方法

1. 文献研究法

以"高中数学复习""数学育人价值""新基础教育"等为主题检索CNKI中国期刊全文数据库、维普中文期刊、万方学位论文、人大报刊复印资料、会议论文数据库等学术资源,查阅相关文献,研究国内外关于育人价值的研究进展情况,并梳理分类、总结归纳后服务于本课题研究。

2. 人物访谈法

通过座谈会或单独交流的形式了解教师对复习课教学育人价值的认识和理解,并探寻背后的原因,及时对课题研究方向进行调整。

3. 案例研究法

本研究聚焦复习课教学的育人价值,必然是走进课堂,抓住教学案例,必要时对某一特定内容的复习课进行同课异构横向研究。从教学案例中找出育人价值实现存在的问题和解决的方法,同时也提高教师的自我觉察水平和诊断能力。最后针对不同阶段的复习课给出了几个课题的教学过程设计典型案例。

4. 介入式研究

这里采用"新基础教育"中叶澜教授提出的一种研究方法——介入式研究。"研究者到学校开展研究,不只是以一个外界观察者的身份,还要直接进入课堂、班级,介入教师教学、教育的研究过程之中。这种介入涉及的主题有:教育、教学价值、目标的选择;教学内容的结构重组研究;课堂设计的依据、教学过程全程动态相关性与合理性探究、学生状态的分析和资源开发;教育、教学效果及原因的分析;教师如何在教学实践中实现自己的发展等。在研究中形成了'我们''共同体'的关系,而不只是各作一方的'双方'关系"[1][6]。本研究邀请教研员、大学教师一起到学校,深入数学复习课课堂,观察、记录、座谈、讨论复习课教学的结构、过程,探索育人价值实现的路径。

五、研究现状分析

本书立足高中数学复习课教学,对育人价值展开研究。事实上,除了对复习课教学价值的认识之外,教师对课堂教学价值和对数学教学育人价值的认识都影响其复习课教学的实践。下面从课堂教学价值、复习课教学价值和数学教学育人价值三方面进行分析。

1. 关于课堂教学价值的讨论

毋庸置疑,课堂教学对于满足社会快速发展的人才需求起到了不可估量的作用。但提高课堂教学质量一直在路上。20世纪以来,"大班额"与"知识传递型教学"逐渐成为我国课堂教学的现实基础,且两者相互缠绕与强化,内在地制约了我国课堂教学向优质公平的水平发展。当前流行的小组学习和导学案式教学模式虽然在局部意义上有所突破,却难有整体突破[9]。"新基础教育"研究团从1994年起深入中小学课堂进行实验研究,叶澜总结知识传递型课堂存在"教学替代"和"育人价值缺位"[10]现象。一针见血地指出,当前我国基础教育中课堂教学的价值观需要从单一地传递教科书上呈现的现成知识,转为培养能在当代社会中主动、健康发展的一代新人[11]。她带领团队探索出促进学生全体积极参与、实现多元育人价值、课堂教学充满生命活力的"有向开放——交互反馈——回收转化"课堂教学实践逻辑[11]。

这样的定位与探索是对教学的一个综合的思考,是对未来需要的新人的分析和解剖的结果,并不是简单地站在应试教育的反面,而是把知识和能力的获得提升到生命成长的高度。当前走向生命化的课堂困境重重,仍有必要进行探讨。"建构'师'的课堂、人文关怀,适度追寻教学预设的完美与教学生成,'神''形'兼备,营造积极的课堂教学氛围,创设走向主体间性的课堂是走向生命化课堂教学的重要途径。"[12]

高中课堂教学价值取向与定位也逐渐从单纯知识传递到注重提高能力、发展核心素养、实现师生生命共成长转变。表2-1中十大定位要素是任一学科课堂教学不可或缺的基本要素,定位的价值类型是学科价值的应然选择。表2-2省略号供各学科选择合适的评价视角、观察视点,以形成客观的观察记录。评价系统体现了课堂教学价值实现的程度，它与课堂教学价值取向、学科课堂教学价值定位共同构成课堂教学价值取向与定位体系，引领着普通高中课堂教学走出片面追求升学率的功利化价值取向，走进生命价值意义存在的教育性课堂。[13]

表 2-1　普通高中学科课堂教学价值定位表

定位要素	价值类型
课堂教学中的教育	定位于"育人"价值
教学目标（基础、核心、拓展）	定位于"学科素养"价值
课程资源	定位于"选择性"价值
教学内容	定位于优化"思维品质"价值
核心问题	定位于提升"探究能力"价值
教学方式	定位于"差异化发展"价值
教学过程	定位于"感悟与创新"价值
教学管理	定位于"以人为本"价值
课堂文化	定位于"民主和谐"价值
课堂教学评价	定位于"多元发展"价值
教学要素的有机整合	定位于"适合的教育"价值

表2-2　普通高中学科课堂教学价值定位评价表

定位要素 （评价视角）	评价观点 （观察视点）	评价记录 （观察记录）
课堂教学中的教育——定位于"育人"的价值目标……	1. 是否坚持以人为本的理念？ 2. 是否融入社会主义核心价值观？ 3. 是否关注生存品质、责任担当、理性思维和社会责任及学科核心素养的润育？ 4. 是否注重按照"美"的规律构造自己？	……

2. 关于高中数学复习课的相关探讨

根据教学实践，人们普遍认为上好高中数学复习课是有效应对高考选拔考试的有力手段。每年高三几乎全部是复习课和讲评课的天下，各地都要针对复习课教学召开研讨会，以提高复习效率。以"高中数学复习"为主题在CNKI中国期刊全文数据库搜索到187篇文献，核心期刊有20篇，在硕博论文数据库搜索到103篇相关文献。

文献作者多是高中一线教师和师范类硕士研究生，研究内容多是以高考复习、考试研究为背景，有单元复习课，如"高中数学复习课例题设置的思考——以'直线与方程的单元复习'为例"[14]。文章认识到数学单元复习课在知识系统化、结构化的作用，例题要有代表性。有专题复习课，如"高三数学微专题复习的实践与思考"[15]。提出微专题与大专题复习有机融合实现深度复习的观点。专题复习常常是复习手段之一，建立专题系统，形成知识块、方法链、思想域，教学在更高的层面上实现师生共成长。关于高考复习课，如"例谈基于问题解决的高中数学复习"[16]。通过设计有价值的问题，串接相关的知识网络，提升思维能力。如"数学高考备考中的高效复习实验研究"[17]，研究得出促进数学成绩提升的高考复习备考策略。文献研究发现，高考复习一般都是经历三轮，一轮重基础，全覆盖，横到边竖到沿，二轮复习主干知识，专题突破重难点，三轮是题型专项，适应性强化训练，这是应试赶考的经典模式。在这个过程中，育人价值虽然不是很多教师的直接目标，但是提高教学成绩也是实现育人的重要方面。

还有关于教学模式的研究,如"'学案导学'在高中数学复习教学中的实践研究"[18]。这些模式研究在实践中有操作意义,但是要防止一劳永逸的模式,不同的内容,不同的学生,不同的环境都有独特的复习方法。调查发现,当前"学案导学"复习模式在很多学校广为盛行。本模式在促进学生自主学习方面有积极作用,但也存在着变相题海战术的嫌疑,学生每天一张学案,课本、辅导书甚至笔记本都被忽视,其弊端日渐显现,需要系统研究其价值。

不少研究者关注到复习课对建构知识体系、使之结构化的独特作用,有的研究思维导图在复习课中的作用,如"思维导图在高三数学复习中的应用设计与实践"[19],有的注意培养整体性学习策略,如"高中数学复习课教学中培养学生整体性学习策略的探究与实践"[20]。这些探索都很有意义,但贵在坚持,这与老师的素养有关系,老师首先是思维导图的坚定使用者,长期坚持,不断熟练,才能内化为一种思维习惯,进而影响学生,指导学生,对问题解决大有裨益,对复习课就会起到如虎添翼、锦上添花的作用。同时也会对师生的生命产生巨大的影响,师生主动建构人、事、物,促进形成高阶思维、图示思维,实现育人价值。

上述大部分文献对复习课教学过程的讨论分析,是基于提高成绩、强化应试能力的价值取向而进行的,考试指挥棒痕迹明显。但也有很多教师对课堂复习课教学有先进理念,面对高考功利的残酷现实,作出了不少有益的探索。比如,基于探究的复习课研究,刘清昆和周丽峰提出围绕某个已学数学知识单元进行自主探索、学习,设计建构了三种复习课:变式题复习课及题组复习课,在对相关问题体验、感悟的基础上,通过归纳推理得出合理的结论,作出科学的解释并内化为自身的认知;应用探究复习课,在真实或拟真情境中展开,探究任务生动有趣,在问题分析的过程中提升探究的层次;开放题复习课,以开放性问题呈现,学生自主提出问题并进行严谨的数学论证,亲历知识的发现生成过程[21]。可喜的是,近几年基于学科核心素养的复习课教学研究如火如荼,这是复习课教学育人价值的集中体现。如"核心素养视角下高中数学复习课的教学设计与实践研究"[22],提倡提高学生的学习能力,完善知识技能,树立正确的数学价值观念的高中数学复习课的教学设计。如"从提高学生运算能力的角度谈数学核心素养的培养——以高三复习为例"[23],认为数学核心素养是能推理会运算等基本素质,在数学或其某一领域的综合能力。核心素养的落实与研究对于改进知识传递型课堂具有积极意义,复习课教学从三维目标上升到核心素养,特别是情感态度价值观的落实与教学内容有机融合,避免了原来课堂最后几分钟象征性地喊几句育人口号的做法,把育人与知识传递、思维与问题解决、自主与合作结合在一起,师生互动创生,不断涌现出焕发生命力的复习课课堂。

3. 对数学课堂教学育人价值的分析

(1) 国外研究现状分析

荷兰数学教育家弗赖登塔尔针对数学过于强化结论曾说过"把火热的发明变成冷冰冰的美丽"[24]。通过查阅相关文献资料发现,国外的数学教材也存在重知识逻辑轻过程背景的问题。英国著名心理学家科斯特勒说"将人类的探索过程归结到一堆干巴巴的定理"[25]。他们都在强调要关注数学知识形成的过程和文化背景。

随着时代的进步,数学教育的价值逐渐引起人们的关注。这其中就包含数学史的教育价值,在国际数学教育大会上,数学史与数学教学关系国际研究小组成立了,也就是 HPM。其工作的重心是利用数学发展历史的研究提升数学教育水平。为了摆脱数学的枯燥,教师告诉学生知识,"美国学者 Heppel指出:正在学习的算术、几何、代数和三角是如何为满足人们的需求和愿望而发生进步的;同时代美国著名数学史家卡约黎也强调数学史在激发学生学习兴趣方面的有效性,认为教师通过数学史的解说,可以让学生明白数学并不是一门枯燥呆板的学科,而是一门不断进步、生动有趣的学科"[26]。

为了激发学生的兴趣,教师就是一名真正的"演员"。著名数学家 M·克莱因说:"教师必须用在剧场中使用的每一种技巧来活跃他的课堂。在适当的时候,他应该是富于戏剧性的,他不但应该有学识,而且应该有激情。为了激发人的兴趣,他甚至可以行为古怪一点。他不应害怕幽默,而应随意使用它,即使是一个无关的玩笑或故事也能大大地活跃课堂。"[27]数学历史是一个宝藏,教师要引领学生不断发现,汲取精神力量,启发数学的研究学习,激发兴趣。事实上,克莱因将"激发学习兴趣作为数学教学的四个原理之一。"[28]

由于国情不一样,国外对育人价值的研究有一定的个体性、隐蔽性和渗透性。我们国家的育人具有整体性、统领性和显性化的特点,我们在借鉴的基础上,应该进一步研究好我们的高中数学教育的价值。

（2）国内研究现状分析

新时代,国家和教育部门出台多个文件深化教育改革,教育改革的根本任务是立德树人。核心素养体系已经建立起来,废除考试大纲,取消考试说明,制定课程标准,划分学业质量评价三级标准,落实核心素养的教学和评价。在此改革背景下,我国高中数学教学改革进入新阶段。

《普通高中数学课程标准（2017年版）》明确指出:"根据数学学科的特点,深入挖掘数学的育人价值,增强数学教学的育人功能。树立以发展学生数学核心素养为导向的课程意识与教学意识,将核心素养贯穿于数学教学的全过程。在教学中,教师应结合相应的教学内容,落实'四基',培养'四能',促进学生数学核心素养的形成与发展。"[29]核心素养成为研究热点,数学教学育人价值也自然成为新的研究焦点和方向。数学教育在学生智力发育,逻辑思维和自主学习能力培养,实践应用和综合思维水平提升方面有独特作用,同时在德育和美育层面也能发挥其特有的育人价值。

综合文献发现,数学育人价值研究基本上是落脚在对学生认知思维能力和品质、人文精神和审美等方面。马明认为,可从发展个性品质、运用数学思想方法和建立数学观念三方面寻求数学文化过程的育人因素[30-31]。徐南昌从数学教学的实际出发,通过一些通俗的例子,阐明数学教学中辩证法思想因素的德育、智育、美育功能[32]。对于数学结构、图形之美,在数学情境教学中经常会有较深体会[33]。数学知识、思想方法中的育人价值也含有人文精神,能够慰藉人的心灵[34]。数学教育对于思维创新、美的发现和灵感创造的价值是不可估量的,这也是华为在全世界招募数学家从事研发的原因。

华东师大叶澜团队对学科育人价值问题的研究有了不少成果。叶澜指出"每个学科对学生的发展价值,除了一个领域的知识以外,从更深的层次看,至少还可以为学生认识、阐述、感受、体悟、改变这个自己生活在其中并与其不断互动着的、丰富多彩的世界（包括自然、社会、人,生活、职业、家庭,自我、他人、群体,实践、交往、反思,学习、探究、创造等等）和形成、实现自己的意愿,提供不同的路径和独特的视角、发现的方法和思维的策略,特有的运算符号和逻辑;提供一种惟有在这个学科的学习中才可能获得的经历和体验;提升独特的学科美的发现、欣赏和表达能力。惟有如此,学生的精神世界的发展才能从不同的学科教学中获得多方面的滋养,在发展对外部世界的感受、体验、认识、欣赏、改变、创造能力的同时,不断丰富和完善自己的生命世界,体验丰富的学习人生,满足生命的成长需要。"[3]

在数学学科层面研究教学价值的基础上,吴亚萍对义务教育数学每一知识结构或者不同课型的教学育人价值进行了分析,如概念教学、运算课、习题课、复习课等作为一类进行具体的阐释[35]。吴教授在一篇文章中指出,数学学科"除了数学知识本身以外,还可以提供学生特有的运算符号和逻辑系统,使学生具有数学的语言系统;可以提供学生认识事物数量、数形关系及转换的不同路径和独特的视角,使学生具有数学的眼光;可以提供学生发现事物数量、数形关系及转换的方法和思维的策略,使学生具有数学的头脑;可以提供学生一种惟有在数学学科的学习中才有可能经历和体验并建立起来的独特的思维方式"[36]。

国内外关于数学学科育人价值、数学教育教学功能的研究已经非常广泛深入,数学教育得到长足的发展。数学教学价值从单纯知识传递逐渐向注重提高能力、发展核心素养转变,基于教育学的数学教学成为指导课堂教学实践的指导原则。研究发现,具体到数学课堂教学不同的教学内容、不同教学课型的育人价值研究还不系统,不丰富。

4. 综述带来的启示

对数学教学育人价值、课堂教学价值取向和数学复习研究的综述,使得笔者对"高中数学教学育人价值探究"有了更加清晰的认识。数学学科有着丰富的育人资源,课堂教学是焕发生命的场所,复习课有着独特的育人价值。已有研究首先从当前的问题出发,从对育人价值取向偏差入手,结合对学科独特性和课堂教学要素的分析,呼应时代声音,聚焦教学中育人价值的实现。

关于价值,叶澜教授在 20 世纪 80 年代末发表的文章中就指出:"任何事物,其价值的性质与大小至少取决于三个方面。首先是事物本身的构成及其属性,它决定了价值的可能性空间;其次是人对这一事物的认识及自己想从中获取什么的需求的认识,它决定了人对某一事物的价值取向,划出了人对某一事物价值的期望空间;其三是该事物之外的条件,它决定了价值实现的现实空间。"[37] 这里明确给出了价值问题研究的多角度、立体式思维,给此后的研究指明了方向。在文章中她继续分析道:"在上述三个方面中,价值取向是人对客观事物及自己需求和利益的认识水平的反映,也是人的主观意志的体现。在实现事物价值的过程中,这是人唯一可以由自己作出选择的方面,是事物的价值由可能转化为现实状态的一个重要的中间环节。"[37] 对我们的启发就是,育人价值取向是搭建起育人价值可能和育人价值实现的桥梁和纽带,研究从育人价值取向切入,分析复习课课堂教学的构成和属性,明确并实现数学教学的育人价值。

对文献梳理的过程,是一次关于育人价值的头脑风暴,数学复习课教学促进学生德智体美劳全面发展,在教学中有哪些独特而又具体的育人价值,如何改进教学过程才能更好地实现育人价值? 在现有研究理论和实践的基础上,我们继续推进研究。

第二节　高中数学复习课教学存在的问题和成因分析

高中有超过三分之一的课时是复习课教学,复习课教学对学生的发展、生命的成长有重要意义。同时,单元复习课之后是单元测试,期末复习课之后是期末考试,高考复习课之后紧跟着是高考,所以受到评价的影响,复习课历来被高度重视。但其功能常常被窄化为提升分数,提高成绩,其育人价值也往往被认为是考试价值、评价价值。老师们选题命题,学生做题刷题,课堂讲题练题成为复习课常态,题海战术效率低下,成绩难以保证,还损害身心健康。从发展核心素养的角度,倘若复习课教学的功能和价值停留在应试层面,不利于学生的主动、健康、全面、长远发展。本书将总结高中数学复习课教学存在的问题,并对其背后的原因进行分析,为接下来高中数学复习课育人价值的研究和课堂教学原则与过程设计作好准备。

一、复习课教学存在的问题

通过对教师、学生的访谈、听课评课、复习课教学设计大赛、个人实践总结等多种方式了解当前高中数学复习课教学现状。

其中,访谈采取了无结构的面谈方式,对笔者所在学校的 105 名数学教师按照初、中、高级职称分成三组，并进行编号，按照分层抽样的方法随机抽取 4 人、4 人、2 人，再按照抽到老师的任教年级，对其复习课教学推门听课，然后进行访谈。访谈像农民伯伯在田间地头拉家常一样，轻松自然。主要围绕如下几个问题展开，"本节课您的教学目标是什么，达成了吗？""您认为复习课有哪些功能？""您的数学复习课关注育人价值的开发和利用吗？""您觉得自己班上的学生认识到复习课对他们的意义了吗？"对于形成的面谈副本进行梳理分类，围绕关键词"育人价值"提取信息，分析研究。

我们发现，初级教师几乎全部回答的是没想过这些问题，觉得复习就是巩固掌握知识，以保证测试达标。中级教师第一反应也是知识复习，但强调要建立知识网络结构，随着面谈的深入互动，能看到已经在关注数学思想方法，数学思维能力培养等。高级教师有的停留在数学思维能力培养，认为数学学习有智力开发的价值；有的高级教师谈到既教书又育人，能把知识、能力、素养结合起来进行授课，在课堂上通过数学复习内容经常进行审辩式思维培养，渗透成长的感悟，习惯的养成，包括对个体作为"人"的长远发展给予特别关注，数学、做人、做事浑然一体。其中一个意外收获是通过对面谈教师发表的文章分析，越是专家型教师，关注的面越广，眼界越高，对育人的思考越深，这与访谈得到的总结一致。

同时，在全市高三复习课研讨会后，对市教研员进行访谈，最关注的就是成绩的提高和核心素养的落实，这和我们育人价值的研究相一致，总的导向是在数学复习中提高效率，实现学生主动健康成长。另外，我们对所在学校高一、高二、高三三个年级的在校生代表和高中毕业多年的学生代表进行访谈，主题为"高中数学复习课对你有哪些影响"，有的学生带着极大的恨意说"数学毁了我一辈子"；有的说，"老师教得可好了，数学结构网络特别清楚"；有的学生说数学让自己会逻辑地思考；有的说，经过复习才弄清楚数学是怎么回事；有的感激数学老师不但传授知识，还培养能力，教给我怎样做人。所以高中数学复习课承载了太多，有必要梳理存在的问题，以有针对性地研究。

主要问题：复习课成了习题课、刷题课，教学功能异化错位；教师对复习整理的主导代替了学生建构整理，导致学生主体地位不突出；教师的教学转化能力有限，导致复习课教学效率较低等问题。

1. 复习课功能异化为练习

通过调查发现，把复习课教学的功能定位在近期考试的成功过关还是普遍现象，考试成绩是复习目标、是教学质量之标准。复习课教学急功近利，教学设计关注眼前，教学过程缺少关注学生的终身长远发展的价值。本来教学成绩应该是育人价值的一部分，是水到渠成的副产品；现实好像育人价值成为教学成绩的一小部分，提高分数的过程中捎带着潜意识或者无意识地实现了一点育人价值，而且更多是知识层面。复习课功能异化为习题课、练习课、讲题课。

针对复习课教学的功能进行人物访谈时，有的高三数学教师直接说"复习课就是由知识带出题目，或者由题目带出知识"；有的说"不复习啥都不会，练得太少，重复练习才是复习本质"；面对问题"谈谈与习题课的区别"时，有的说"差不多，都是做题讲题"。可见在复习课的实际教学中，复习课几乎成了习题课、讲题课。很多学校实行学案导学的复习课组织形式，直接代替了教学设计，老师拿着一张学案上课。学案上是精挑细选的例证题、变式题、当堂练习题、巩固作业题等，充分体现了编制人对课程标准的把握，题目类型的总结，考试研究的经验等，彻底把复习课异化为考试强化训练课。课堂上，学生机械模仿过度操练，价值体现就是一节课又做了或者讲了几个题。题目解决背后的思路、思维、思想价值，没有充分挖掘，没有互动创生，导致稍微变变条件或结论，学生就又不会分析、不能解决了。就算适合一部分强化记忆、擅长模仿、死学硬背的同学，考试成绩的提高也是暂时的、短期的。正如徐章韬所说，单元小结课不是新授课的简单重复，也不是习题课的简单"翻录"，而有自身的内在价值和功能 [38]。长远看，复习课教学功能异化不利于张扬学生个性、发展核心素养、创新思维品质、焕发生命活力。

2. 复习课学生主体被替代

新课程理念已经深入人心，课堂教学要发挥学生的主体地位是大家的共识。学生为主体，教师为主导。但在复习课教学实践中，学生的主体地位缺失现象严重，存在复习课教师替代问题。学案导学式复习课教学的第一块内容一般都是知识梳理，把知识"以填空和表格的形式结构良好地呈现在学生的导学案上，课上以对答案的形式完成知识的梳理。表面看师生皆大欢喜，实际上教师的'勤'替代了学生的'思'，学生的兴趣不高，收益不大" [39]。如果说学习阶段是完成书由"薄到厚"的过程,那么现在复习阶段就是完成书由"厚到薄"过程的转变,这个过程教师是不能代替也代替不了的。

就算没有用学案导学的形式,也存在教师替代,学生主体地位缺失问题。因为很多"教师都采用对复习内容进行知识罗列、讲解例题、练习巩固、课堂小结的模式,虽然看起来好像也有启发、引导,但实质上还是教师讲、学生听、记笔记的被动式教学方法,缺少学生主动探究、主动参与的过程体验"[40]。

而复习课是在一个单元、学段或者全部结束新课后复习整理知识的课型。其目的是使得学生系统掌握、迁移、应用知识,学生主动建构知识体系,加深对思想方法的理解,形成解决问题的模型,并创造性实现个人内化,发展核心素养。复习课的这种独特性和其教学的目的决定了学生必须在课堂上占据主体地位,人人亲自经历知识建构的过程,创造性地加工内化为自己的知识。有不少教师具有这种理念,深刻认识到学生的思维动起来,主动加工建构才能真正掌握知识,灵活应用。但是由于"时间紧、任务重",教师对学生自己经历、整理建构不放心,就干脆自己提前建立知识网络,给学生展示,或者和几个优秀学生一起填写建构,这种不放心、不放手直接剥夺了学生个性化建构知识的权利,限制了学生的整体把握能力的提高。也有的教师眼中有学生,努力追求生本课堂,但在实操时,常常仅有几个学生与教师反馈对话、交流、合作,大部分学生还是在听"对话",无法实现全员参与、人人成长。有的教师采取小组合作式,课堂热热闹闹,学生活动看着不少,但是基本上指向低阶思维,高阶思维层面活动匮乏,可以说是"身动脑没动",思考难以深入,做不到深度学习。

总之,"复习课是高中数学教学中的重要课型,在培养学生能力和思维品质上有不可替代的功能。其在学生巩固所学知识、发展能力方面起着积极作用。如何改变传统复习课,教师讲得口干舌燥、学生听得头昏脑胀,教师挖空心思编题、学生盲然无序练习的旧的教学模式?让学生自觉参与复习的全过程,变被动的接受为主动的探索,变单一的教师讲、学生听的模式为生生互动、师生互动、小组竞赛等生动活泼的新模式,把数学复习的主动权交给学生,通过数学复习课教学培养学生的创新能力。无疑,想要让学生主动参与到教学过程中,就要让学生自己去看书复习,自己归纳总结,自己设计复习题,自己讨论解答"[41]。

3.复习课的教学效率较低

事实证明,通过培训,理论上教师可以充分理解高中数学复习课教学的功能定位与育人价值,认识到复习课教学功能异化错位,学生主体地位缺失等问题,并试图努力改变现状。可是理想与现实之间还有很长的路要走,在教学时由于开放课堂,学生都动起来,尽管教师已经有了明确的思想认识,但重组资源能力有限,驾驭困难,导致效率低下。每个学生都有不同的个性,不同的思维方式,不同的整理建构能力,如何实现人人生命成长,人人提高,这对很多老师是一个挑战,需要学习更多的策略方法。

以高二"数列"单元复习为例,授课教师利用数列的实际应用情境引入后,提出让学生自己复习梳理,建构数列的知识网络。相当一部分学生就是按照教材或者辅导书结合学案和教师指导,简单罗列数列、等差、等比数列概念、通项与求和等,在教师的指导下,很多同学把上述内容作为纵向项目放入表格中进行梳理,再寻找横向项目如性质或者拓展内容等。在这个过程中出现几个问题:纵向项目差异较大,有的就是简单骨架,有的非常丰富完善;一些同学横向只是把概念文字写一下,甚至有抄写教材的情况;有一些同学对知识点只写了公式或例题,几乎没有文字;也有图文并茂的,但是例题与具体知识关联性差,仅是这一单元的数列题堆积;也有的一节课只是写了几个标题,无法横向或纵向展开;也有的画出了思维导图,非常形象直观地建构了数列单元的来龙去脉,典型问题和思想方法。学生发展参差不齐,有的是数学抽象素养较好,有的还是在具体事物的思维水平,不能联系起来看问题,大脑中知识支离破碎,对于梳理茫然无措,一节课成长进步很有限。课堂不再表面化地步调一致,每个人都在自己的层次上动,教师应该实现精准对接,提供帮助,适时助推。但是由于只有40分钟,授课教师的操作是把梳理得好的、比较全面的同学的"作品"展示给大家,指出课后大家照着修改完善自己的。

正如在评课中指出的,这样的课虽然开放到人人在动,在思考,但教师还是没有关注到每一个生命的成长,学生没有在原基础之上得到个性化的指导和帮助。受到根深蒂固的传统观念和应试思维的影响,教师更多关注的是带来"利益"的好学生,并引导大家向"好学生"看齐。潜意识忽视后进生,觉得他们反正也考不好,就不愿意付出那么大劲,缺乏尊重生命个性。更可惜的是,学生暴露出来的问题各不一样,本来是课堂生成的重要资源,是课的组成部分,教师没有珍惜,仅是把做得好的学生的当作标准,无视差异,无为而终。这就是放开了,又收不住,教师指导驾驭能力有限,与前面出现的问题相比,走向了另一个极端,也导致教学效率较低。

二、问题成因分析

1.复习课功能错误定位带来异化

教师、教材、学生是课堂教学的基本要素。20世纪50年代苏联教育家凯洛夫主编的《教育学》关于教师中心、教科书中心和课堂教学中心的"三中心论"[4] 由于操作性强,在实践中长期存活。

"三中心论"本质就是把教师的教看作教学的全部,知识至上,眼中只有知识,作为人的教师和学生都是为知识而存在。人被严重物化,是教育工具性价值观的体现,没有看到师生都是活生生的"人"。复习课中这种情况也非常严重,而且由于考试考评,学生、教师、家长压力都较大,进一步加重教学为中心的课堂重现。在思想深处,大家认为高一高二课程改革,小组合作,课堂改革。复习考试和高三备考则还是稳扎稳打,确保升学率。一届届几十年的做法,谁也不敢打破,以免有点闪失,承担不起。学生也是被指导,被动上课,已经习惯了一切都安排好,只需做题、听课、改错就好,甚至当教师进行改革,大胆放手与学生一起研究成长的时候,学生还不买账,认为教师在偷懒,不下力气。甚至有极端案例,有讲的比较少的教师被学生投诉。教研部门讲公开课、大赛课也都是以高一高二新授课为主,复习课难上是公认的,在重重压力和"保护"下,高中数学复习课教学功能错位,课堂教学改革任重道远。

高中苦,高三更苦,某种程度上就是说课堂枯燥,考试频繁,生活单调。复习课功能的错位,使得题海战术大行其道,提高考试能力登峰造极,考什么讲什么功利发挥到极致,临近高考干脆就连排课,语语数数英英,眼中有题无人,把高考妖魔化,为了成绩无所不用其极,复习课彻底异化为训练场。复习课教学应然的独特的由厚到薄、教书育人价值与实然的记忆知识、刷题训练价值形成鲜明的落差。新高考改革重新颁布了高考评价体系,也是努力从评价上改变现状,改变考题方向,减少刷题提分的负面效应。正因为是关系到人的评价选拔,才更要把复习课的教学功能定位在一切为了人,推进核心素养在课堂落地,关注人的长远发展,生命的成长。这种功能定位将激发学生生命活力,优化学生思维品质、提高自主学习能力,相信也一定会提高成绩。

2.复习课直接目标认识偏差造成替代

访谈中,我们直接问这节复习课的教学目标是什么,得到的几乎是一致的答案：学生通过及时复习,使得知识结构化、网络化。问为什么设计良好的结构后,让学生填空,剥夺学生主体地位,替代学生主动自我结构化？差不多都会说时间紧,学生自己建构来不及之类的理由；此外,有的教师认为,师生共同完成知识复习梳理,形成结构,这就完成复习课教学的目标了。这种观点把复习课直接目标当成唯一目标,没有认识到复习课教学其他育人价值目标,所以替代学生建构内化,好像为了提高效率,快速完成教学任务。有的教师认为,这个直接目标是独立的,与复习课其他育人目标作用没有多大关系,是并列的；这样就习惯性地迅速帮助学生完成,以更好地开展其他育人价值的挖掘和实现。

可见,学生主体地位被替代的背后原因是教师对复习课直接目标认识偏差。哪怕是唯一目标的观点,也要学生自己经历知识建构的过程,可以以问题链的形式引导,可以是学生自己画思维导图的形式,建构的过程就是内化吸收的过程,深度学习,加深理解,利于记忆,也有利于综合应用,实现半自动化提取知识信息。让学生动,从某种程度上说,慢就是快。经过研究,这个直接目标不是复习课育人价值的全部,复习课教学对于培养学生整体结构认知、综合创新思维、自主学习能力和发展核心素养都有价值。这些直接目标以外的育人价值更需要学生的主动参与,需要学生在达成知识网络化、结构化的直接目标中积累的经验,直接目标完成过程为后面能力培养和提升打下基础。所以,一定要放手再放手,充分调动学生主体参与到课堂的各个环节中。

新基础教育认为课堂教学的价值观是"培养能在当代社会中实现主动、健康发展的一代新人"。对这一核心理念,叶澜说"采用'主动'一词来界定'发展',是因为它既体现了活动状态,又内含了主体自觉,还指向了关系事物,且道出了追求期望。……是对教育应以'学生的什么发展'为本的回答"[3]。"'发展'作为一种开放的生成性的动态过程,不是外铄的,也不是内发的,人的发展只有在人的各种关系与活动的交互作用中才能实现。"[3] 由此可见,教师主导下学生主体地位以及主动参与都难以保证,课堂教学是师生交流碰撞,重心随时在动态变化,需要不断寻找合适的杠杆解决问题的过程。师生应该是双主体，是"人"—"人"关系，是一个有机整体。育人就是育己，主动健康发展，谁也替代不了谁。要实现复习课教学直接目标也是交互活动的一部分，对其认识偏差是学生主体地位被替代的主要原因。

3. 教师教学素养不高导致低效

如果一个教师没有备好课，他的课堂会怎样操作？实践证明，更多的教师采用个人讲授应对。可见，教师为中心的单方面独角戏似的讲授是最容易操作控制的课堂。没有备好课通常指的是只通了一下知识，做了例题；没有了解学情，没有设计问题，不计划与学生互动，不计划学生发散思维；担心放开学生收不住，驾驭不了，思考得不够深入，害怕学生发出疑问，自信心不足，只剩下自己讲，学生听、记。这是有失职嫌疑，或者有师德拷问的极端的案例。退一步讲，一个教师认真备课了，对于教材、学生、教法都尽了最大努力做了个人的最好准备，真实的课堂教学能做到最适合最满意的课堂吗？会不会也滔滔不绝地讲起来，或者按照自己的设计，走一遍早准备好的"行进路线"，这种可能性是较大的。教师面对开放的课堂，为什么容易采取保守的个人讲解，无视学生的参与权利，甚至多数自己也很不满意，因为都是预设的展演，唱独角戏，师生成就感不高。根本上是教师教学素养不高，教学水平有限，这里指的不是知识方法上的水平，而是面对学生生成的各种新问题，互相讨论产生的新资源，每个学生有针对性支持与指导的新需求等束手无措，难以做到与学生一起交互影响，动态生成，形成共振。这就是教学素养影响教学效率。何谓教学效率？从学生角度，指的是单位时间比如一节课知识掌握程度，思想方法的体悟，独立思考的质量，情感态度的积极变化、合作学习能力的提高等；或者上课带着已知基础，欲知的渴望，最后获知成长的情况；从教师角度，就是单位时间讲明白，或者设计激发人思考的有效问题，成功创设师生、生生合作展示交流的氛围，随机应变生成教学的智慧，展现教学的艺术等。教学是生命间的对话，教师引领作用至关重要，而复习课教学对教师教学素养要求更高。

（1）过程指导不给力

复习课教学，教师努力参与到学生学习的过程中，促进学生发展进步。比如学生对要加工整理的零散知识比较熟悉，一旦要求串起来，联系起来，做到互相的沟通，就受到抽象能力、逻辑思维、表达自我等方面的影响，学生表现有较大的差别。如前面"数列"总结的各种表现，教师的作用就是及时给予指导，每个同学都能做最好的自己，对于有潜力的也要用合适的方式对其激励。学生参与的重要性倘若停留在口头上、头脑里，教学实践中不能给予强有力的精准指导，严重的成了放养式课堂，既是教师失职，也会导致学生内化的知识结构不科学或有错误，严重影响下一步的学习，考试成绩自然也难以保证。

（2）总结提升上不去

对课堂过程中的复习整理给力指导后，全班得到不同的结果，这是课堂资源的重要组成部分，是实现育人价值的新载体，教师要组织好小组或同桌或者更广泛的师生、生生讨论交流。最后不一定非得有统一答案或标准，重在碰撞后自己改进知识结构，认知有所提升；交流后，不同的思想方法取长补短，优化思维；同时学会相处中合作分享，实现共赢共长。这些资源再组织，要求教师能把数学知识方法、思想精神、数学哲学有机地融合在一起，对互动学习进行总结提升，通过复习课教学实现其育人价值。

教师要深入思考，以高境界、高层次、高水平总结提升，引领学生形成高阶思维。有教研员指出，"感觉到有相当一部分教师的备课都是抄袭教师辅导用书，或抄袭其他教辅资料，对自己所教内容缺乏自主思考，教学思路与方法受制于人。这样的课堂教学，不可能生动，很难打动学生、启发学生。因此，要使我们的课堂教学更加有效，教师在思考教学问题时，既要考虑思维的合理性，更要考虑思维的灵活性，在思维方法上，尽可能把最美好的东西在课堂上呈现给学生，让学生体验到数学优美的崇高和精致的喜悦，这样的教学不仅能够发展学生的能力，同时也会改变学生的情感，给他们留下深深的印记，从中获得的知识与方法才是最可靠、最可贵、最有意义的"[42]。

正如张奠宙教授所言，数学冰冷的美丽需要火热的思考，教师的价值就是把数学的学术形态转化为教育形态。复习课不但要成为收获知识的课，还要成为滋养生命的课，成为快乐幸福的课，既需要教师有先进的复习课育人价值理论，还要有高超的教学实践素养，教学效率重在教师。

第三节 高中数学复习课教学育人价值剖析

前面对高中数学复习课教学实践中存在的问题及成因进行了探讨,人们对其育人价值还没有清晰的认识,那么这一特殊课型到底有哪些独特的育人价值?本书从高中生特征、能力发展与数学复习课的关系入手,探讨高中数学不同课型共有的育人价值,剖析复习课教学育人价值,并给出三类不同数学复习课具体的育人价值。

一、高中生与数学复习课的关系

高中数学复习课是数学教学必要课型,也是适应高中生特征、能力发展的需要,对于高中生有独特的育人价值。

1. 高中生特征与高中数学复习课的关系

(1)高中生特征

高中生年龄基本上在十四五到十七八岁,发育逐渐成熟,越来越接近成年人,注意品质有明显提高,记忆力也达到顶峰,追求独立,自觉性明显提高。抽象思维能力比初中大有提高,而且元认知能力空前发展,批判性思维开始萌芽,开始自我觉醒,自我监督。辩证逻辑思维发展迅速,对事物规律有更深的认识,趋于理论型思维,但还达不到完美。认知上,元认知是本阶段发展的中心,在感知事物方面更深刻,更全面,不盲从,怀疑争论,探究本质。其想象多了些创造性,能自觉分析自己的条件,并愿意为理想奋斗。但也容易过早下结论,好走极端,发展并没有完全成熟。

(2)高中数学知识

以高中数学人教 A 版教材为例,可以分为必修和选择性必修两部分,每一部分又分为若干个主题,每个主题下有几个单元,具体如表 2-3。

表2-3 高中数学必修主干知识表

主　题	单　元
主题一 预备知识	集合与常用逻辑用语:集合,充分条件与必要条件,量词
	相等关系与不等关系
	基本不等式
	二次函数与一元二次方程、不等式
主题二 函数	函数概念与性质
	幂函数、指数函数、对数函数
	三角函数
	函数应用
主题三 几何与代数	平面向量及其应用
	复数
	立体几何初步
主题四 概率与统计	统计
	概率
主题五 数学建模活动与 数学探究活动	数学建模活动与数学探究活动

　　选择性必修课程包括四个主题,分别是函数、几何与代数、概率与统计、数学建模活动与数学探究活动,如表2-4所示,同时把数学文化融入课程内容。

表 2-4　高中数学选择性必修主干知识表

主　题	单　元
主题一 函数	数列
	一元函数导数及其应用
主题二 几何与代数	空间向量与立体几何
	平面解析几何:直线和圆的方程,圆锥曲线的方程
主题三 概率与统计	计数原理
	概率:随机变量及其分布
	统计:成对数据的统计分析
主题四 数学建模活动与 数学探究活动	数学建模活动与数学探究活动

　　通过对高中教材内容设置和上述主题单元知识的分析,与初中大不相同,高中数学特征如下。

　　①高中数学语言抽象,初中数学语言形象。集合与常用逻辑用语,函数的概念,函数的性质,排列组合等需大量时间来消化吸收,还得在符号语言、图形语言和自然文字语言三者之间进行熟练的转化。理解之后距离灵活运用还有很长的路要走,需要把实际问题翻译成数学语言,转化为数学问题,然后用数学知识方法来解决。

　　②高中知识内容多,模块化,初中数学知识联系密,系统化。初中数学是一个严密的整体,结构化明显,容易记忆,学习相对简单。高中数学内容庞杂,学习进度快,同样一节课,信息量是初中的好几倍,一个知识点刚有点感觉,新的知识点接踵而至。高中数学由相对独立的几大块组成,高考大题的安排也是代表着不同的模块,最终由函数导数、解析几何、立体几何、函数建模、统

计与概率、数列、三角组成,各自相对独立,具有独特的思维,又内在统一,相互联系在一起。

③高中数学思维创新,初中数学思维固定。初中在老师带领下形成了思维定式,见什么题怎么做,形成了模式,学生是模仿性思维。高中数学由于语言抽象,要求思维创新,在老师的带领下形成自己的个性化思维,能举一反三,是创造性思维。用一个字来说,初中是"练",高中是"悟"。用一个生活案例来比喻,初中数学老师教和面,作业是和面,老师教擀皮,作业是擀皮,老师教包水饺,考试包水饺;高中数学老师教包饺子,作业是蒸包子,考试烙馅饼,这就是思维创新。一题多解,多题一解,代数几何,分析综合,方法灵活,变幻莫测;函数方程、数形结合、分类整合、化归转化、数学抽象、逻辑推理、数学建模、直观想象、数学运算、数据分析,思想高深,融会贯通。

（3）高中生特征与高中数学复习课的关系

高中数学知识是一个结构化的有机整体,形成了完备的逻辑系统,这将有利于学生进行整体把握,容易建构模块之间的联系,面对简单的生活实际问题,能及时提取相应的知识方法。但在实际的学习过程中,却是一课一节,一单元一模块,以点状为显著特征,逐渐螺旋式循环上升完成整个高中数学学习的。高中生尽管抽象思维和逻辑思维已经发展得比较接近成年人,但其年龄特征决定了大部分学生还不能独立自主地做到连点成线,连线成面,由面及体。经过新授课的学习,学生大脑中的数学还是零散的,片面的,没有认清数学的全貌,不利于知识的贯通应用,数学对学生的育人价值也会大打折扣。高中数学复习课就是帮助学生形成新的认知结构,并创造性实现个人内化,还有自己的个性化认识,灵活运用,发展核心素养。一方面,高中数学复习课可以弥补学生本年龄段思维发展的特点,从一定高度来驾驭高中数学,形成新的认知结构,进一步理解数学;另一方面,通过复习重建,学生对各部分数学知识之间的关系有了更深的认识,这种互相联系,打通壁垒,重新整合的体验,满足了学生抽象思维、逻辑思维、辩证思维的发展需求,也是培育核心素养的必然选择。

2. 高中生身心发展与高中数学复习课的关系

我们学习数学知识与高中生的身心发展有什么关系呢?高中生身心发展与高中数学复习课又有什么关系呢?一种观点是数学教学的目的就是单

纯学数学知识,以便考试达标过关。认为高中生的身心发展是个自然的过程,就算是育人也是体育、德育和艺术课程的事,数学教学没法和育人或者德育等联系在一起。更有甚者还认为在教学过程中过多地关注这些价值实现,将有损数学知识的掌握,不利于教学目标的达成,影响学生数学成绩。

还有一种观点就是,数学的学习除了知识,还可以带给学生认识世界的独特视角,形成不同的思想方法,发展特有的思维模式。数学思考感悟和解题经验的积累,数学美的发现,在其他学科和实际生活中的应用,以及逐渐形成的数学精神,都会滋养生命,成为生命中的一部分。数学知识学习不是唯一目的,而是手段,会更好地促进学生身心健康发展。

本书同意第二种观点,数学知识的学习只是一个载体,学生不是任由填充的容器;知识的学习是一个平台,考试只是一种手段,学生不是冷冰冰的机器,是活生生血淋淋有情感的"人"。从更高远更厚重更长程的角度进行数学教学和学习,数学学习会游刃有余,也会更有意义,成绩自然会有所保证。

高中数学复习课作为数学教学中的一种常见课型,直接目的是形成数学知识网络结构,理解数学思想方法,在新情境中能应用知识方法解决问题。最终目的是培育和发展核心素养,促进高中生身心发展,提升能力,培育聪明的脑,有智慧;温暖的心,真善良;灵巧的手,要勤奋;能主动健康发展的时代新人。

二、高中数学复习课教学育人价值

高中数学教学的育人价值,可以具体体现在不同内容教学上,如函数教学的育人价值,几何教学的育人价值,概率与统计教学的育人价值等。也可以具体体现在不同任务课型教学上,如新授课、概念课、习题课、探究课、复习课、讲评课等。还可以具体体现在不同教学模式上,如翻转课堂,支架式教学,启发讲授式教学,基于问题解决的教学等等。本书选择不同任务课型的教学为分类标准,对高中数学教学育人价值进行具体研究,探讨复习课教学育人价值。

1. 高中数学任务课型教学的共有价值

把高中数学教学育人价值具体分解到不同任务课型教学层面。共有价值指的是新授课、概念课、习题课、探究课、复习课、讲评课教学等不同课型教学共有的育人价值。

（1）锻炼思维能力

数学是思维的体操，就像身体需要体育锻炼一样，大脑也需要锻炼思维。无论哪一种数学任务课型的教学都有锻炼学生思维能力、优化思维品质的价值。数学思维具有结构性、灵活性、发散性、严密性等特点，数学概念的学习是观察归纳，猜想验证，从特殊到一般的过程，锻炼了思维概括性；数学问题探究要寻找已知与未知的关系，不断进行转化，锻炼了思维的逻辑性、灵活性；及时复习整理，把知识方法串成链，结成网，到面成体，形成新的结构认知，强化了思维连贯性；通过评议不同解法，不断反思总结，加深对问题的认识，突出了审辩式思维。这些思维锻炼对于增强智力有重要价值。

（2）培养学习能力

学习能力是指对给定学习内容任务作出分析计划，理解获得，监控反思的能力。"学"什么？知识、技术、态度，注意真学到知识态度必不可少。然后是"实践"操作，学以致用，巩固所学。第三步是"习"，改进创新，形成精深专业。最后是"反思"，照镜子自我反思，还要他人给予真实的反馈。进入良性循环圈："学—实践—习—反思"，这样就叫学习能力培养起来。高中数学不同任务课型教学对于培养学生学习能力的价值主要有如下几点：①数学新授课、概念课教学，学生对知识概念主动预习，组织规划，心中有数，这个过程给学生提供了锻炼机会和平台。②学生经历概括、归纳数学概念、定理，复习整理建构的过程，提供用严谨的文字，直观的图形，有序的表格表达的机会，锻炼和激发学习能力。③无论是探究课，还是复习课、讲评课，教师引导有序，高效组织学生充分讨论，合作学习，学习能力得到锻炼提升。④数学知识新学、复习及时巩固后，面临着实践练习，然后优化做法，改进创新寻找最优解，再上升到理论水平，最后还要反思，自评与互评结合，这完全符合"学—实践—习—反思"循环圈。总之，基于任务课型的数学教学具有培养、提高学生学习能力的价值。

（3）潜力开发价值

潜力是基于现实表现，将来在某方面可能达到的能力或表现出相对应的特征。常说的人的潜力是无穷的，指的是人的潜力的多样性，一方面，需要具备合适的条件才能得以开发；另一方面，一些潜力的挖掘实现可能带动其他潜力的开发，也可能阻碍另外一些潜力的实现。学生身上有的潜力正在消逝，有的潜力正在增加，教师和学科的存在就是帮助学生实现现有潜力，开发面对未来新潜力。由前面研究的高中生年龄特征、数学知识特征以及两者的关系可知，高中生思维发展水平处于一个成熟过渡期，高中数学知识学习对学生认知和思维发展提出较高的要求。无论是哪一种课型的数学课，都需要学生抽象、推理、建模。这就恰好能接近学生的最近发展区，数学不同任务课型教学帮助学生实现现有潜力，发展核心素养。同时，不同课型的共同之处就是都对于最终内化数学结构框架，运用数学知识、思想方法解决新情境下的实际问题贡献了自己的力量，也就发挥了帮助学生开发面对未来的新潜力的价值。另外，高中数学教学任务完成后，大学如果不再学习高等数学，直到参加工作，哪怕学生把数学知识全部忘记了，可是数学精神将永远伴随认真学习过它的人。处理复杂问题的时候，也许就用到了高中数学的思想方法、思维模式，这就是数学对于学生未来潜力开发的隐形价值。

2. 高中数学复习课教学特有的育人价值

高中数学任务课型教学的共有价值是把高中数学教学育人价值落实到学生身上的第一层分解。接下来结合新授课、概念课、习题课、探究课、复习课、讲评课等每一种课型的特殊性，需要把第一层分解得到的不同任务课型教学共有价值进行第二次分解解读，才能使其落地。高中数学复习课教学育人价值就是根据复习课的特点，对任务课型教学共有价值的一种具体化、特殊化的分解解读，形成复习课特有的育人价值。

（1）高中数学复习课教学的特有功能

高中数学复习课教学对学生而言有着特有的功能，是数学教学育人价值在复习课教学上的二次体现与解读，也是区别于其他课型的教学。不同课型教学任务不同，新授课是对概念、定理、公式的第一次认知、吸收，培养学生观察发现的眼光，用数学的语言概括总结表达，其特有的价值其他课型无法代替；习题课是对学习知识内容的初步应用，提高学生发现、提出、分析和解决问题的能力，与新授课相向而行，相得益彰，有自己独特的育人价值。上述课型是对一两节课或者小阶段的知识结构进行的教学。当一大单元、一学期或者一学年后，知识结构的认知完整性、系统性、深刻性对于原来学习内容的进一步理解和应用是必要的，具有特殊的功能价值，这就是复习课教学内容综合、时空跨越等特点带来的特有功能,其育人价值也就更加独特。

此外,高中数学复习课教学特有功能与高中生年龄特征和高中数学知识特点密切相关。此阶段高中生对事物规律有更深的认识,但也容易走极端,趋于理论型整体综合思维,但还达不到完美。在这一阶段数学方法具有灵活性、复杂性、广泛性;数学思想具有统领性、深刻性、迁移性;数学逻辑思维更加严密,解题思维链较长,甚至需要系统思维。基于学习主体和学习内容的上述典型特征,作为联系双方的数学复习课教学,任务就是要架起一座沟通的桥梁,支撑学生对已学知识方法进行整体重构,内化为自己的认知结构,使之能创造性地应用迁移。同时也能帮助学生积累复习整理的经验,进一步发展数学抽象,逻辑推理,数学建模等核心素养,提升结构认知、综合思维、自主学习等各方面的能力,这是其他课型所不具备的复习课教学的特有功能。

简而言之,每一种任务课型教学都有自己特有的功能。高中数学复习课教学上述特有功能,决定了这一课型在具体解读任务课型教学共有育人价值时形成了自己特有的育人价值。

（2）高中数学复习课教学特有的育人价值

这些特有育人价值在复习课教学过程中,具体体现在三方面。

1）培育整体认知结构的能力

万事万物相互联系,数学概念、定理公式和其思想方法也紧密联系在一起,深刻揭示着数学规律及其背后的自然规律、社会规律。充满抽象、逻辑、严谨的数学,本身就具有独特的结构性。随着数学内容的增多,难度的加大,应用的广泛,数学的结构性、系统性更加明显。复习阶段,系统地把握这种数学结构性,进行认知重构,是复习学习的重要内容。另一方面,高中生思维发展的年龄特征决定了学生独立发展整体认知结构的能力是困难的,离不开教师在教学过程中的精心设计和针对性帮助指导,这就是复习课教学的价值所在。教师研究复习课教学设计原则,采用灵活有效的教学策略,提出适切的问题,动态把握教学生成资源,组织复习交流,及时评价反馈,将有利于培育学生整体认知结构的能力。

2）提高整体综合思维能力

高中数学复习课教学,系统整理复习学过的知识大致经过三个层级。第一层级就是,站在整体的高度找到知识点之间的联系,把零碎的知识组织在一起,形成知识串,方法链。第二层次,连线成面,二维平面,把链与链之间连接起来形成块。第三层次就是由面成体,条块叠加,三维立体,融为一体。三个层次总结为统领各个部分,从整体的高度综合把握各个部分的联系。虽然复习也分不同的阶段,各阶段任务也不同,但每一次建构整理都是对整体的、综合的、理性思维能力的提高。

3)培养学生自主学习的能力

毫无疑问,通过前面的论述,高中数学教学能够大力培养学生的学习能力。具体到高中数学复习课教学层面,主要是有利于培养学生的自主学习能力。也就是说更关注学习的自主、主动、个性能力。通过高中数学复习课教学,学生学会科学的复习方法,并自觉应用这些方法到新的单元复习实践中去,不断提升自主学习能力。

高一、高二年级是复习课教学教会学生复习方法的阶段。既要复习整理知识,助推学生认知结构化,还要指导学生整理建构的方法。这种引领学生整理建构的过程,达到了培养自主学习能力的目的。复习内容都已经学习过,学生对要整理的内容已经有所了解,但显然又不能非常清晰、熟悉地整理。数学知识相互逻辑联系,概念公式彼此支撑。有时要整体把握的内容可能需要联系到原来学习过的知识,超出了本阶段的知识。所以在复习过程中,教师总是引领学生把原来的和现在的知识关联起来进行整理。学生复习首先要面对原来学习的哪些内容与现在的能联系在一起? 其内部到底有怎样的关系? 如何选择把握? 事实上,在新授课教学阶段的课堂引入,教师都会进行上下连接过渡,这就是复习时可能涉及的前后内容。所以复习课上,教师要引导学生关注教师提供的信息,并培养学生主动进行个性化的记忆与加工能力,也就是自主学习能力,这是复习课教学的重要价值。另外,高中低年级学生虽然对复习整理的内容相对理解,但对于如何建立思维导图,以更好地呈现复习内容还比较陌生。这样进入复习课,学生面临的第二个问题就是,怎样更好地体现不同知识之间的结构,在导图中如何描述知识点? 由于学生思维发展水平不同,互相之间存在巨大差异,复习整理框架结构的选择,知识点的描述都不同。教师也不需要强制统一,相信在接下来的师生、生生碰撞交流中,学生会对自己的梳理和他人的表达进行比较。在教师的评价反馈和指导帮助下,学生自己会进行适当的调整,加深对知识结构的理解,主动进行反思、优化、重构。这些活动学生不会自发进行,教师的教学价值就得以充分体现。通过自我反思,同伴互助,调整重建,培养了自主学习能力。

高中低年级复习课教学教会学生复习方法,培养自主学习能力,到了高年级,把复习方法运用、实践,会进一步提升自主学习能力。不同模块内容的梳理范式,导图架构,细节描述的不同,需要学生灵活运用已掌握的复习方法。面临毕业升学阶段,要引导学生自我剖析,选择与自己的基础相适合的复习建构模式。要与老师深度会谈,询问老师对自己的反馈意见;也要在团体学习中与同伴进行交流碰撞。在不同的复习课教学阶段,通过不断的试验、探索,结合自己的现状,修改、补充整理复习过的内容,不断完善。学生尝试找到最佳复习整理方法,管理好自己的学习。复习对学生提出更高能力要求,也实现激发潜力的价值,能够大大提升自主学习能力。

总之,高中数学教学育人价值分解到复习课教学上,具体表现在培育整体认知结构的能力,提高整体综合思维能力,培养自主学习能力等方面。需要注意的是,复习课教学育人价值不仅仅局限于以上三方面,一定还有其他的育人价值,只是本书认为这三方面比较突出而已。另外,这三方面的育人价值,也可能不仅仅存在于高中数学复习课教学中;这里逐条研究了三方面的育人价值,但在实际教学过程中,这三方面难以做到界限分明,复习课教学育人自然地蕴含在教学过程中,常常是润物细无声,大爱无形,上善若水。

3. 高中数学常见三类复习课教学的具体育人价值

按照高中总的学习安排和教材体系的实施,教学质量评估的需要,高中数学学习每个单元要进行必要的复习,每学期期末前要期末备考复习,为了高考要进行接近一年的复习。单元、期末和高考复习课是三类常见的复习课教学类型,由于分布在不同的阶段,复习内容和任务不同,其具体育人价值也有所不同。

（1）单元复习课教学育人价值

学习完成一个单元以后,要及时巩固,复习整理学过的知识,这就是单元复习课,其内容少,容量小。高中数学知识与方法形成了完整的系统结构,不同单元编排学习的知识点所在模块在整个高中数学中的地位、作用不同。所以不同单元复习课教学程序和所依据的原则也不同。有的单元复习内容是所在模块的教学起点,有的单元属于知识模块的承上启下部分,有的单元知识是所属模块教学临时结束环节。高中数学教材第一册主题二"函数"第一单元"函数的概念与性质"是"函数"主题教学的起点。学生第一次从集合与对应的观点认识、理解函数，其构成要素、表示方法、常见性质以及函数研究一般步骤等对以后要学习的指数函数、对数函数、幂函数、三角函数、数列等起到研究向导的作用，特别是函数研究的思路方法、模型套路、结构步骤等具有教导复习方法的价值。尽管不同单元知识在所属教学模块中的地位、作用不同，带来教学原则和教学程序的不同，但同属单元复习课，存在共有的育人价值。

单元复习课教学培育整体认知结构的能力。我们已经知道高中数学复习课教学培育整体认知结构能力，单元复习课教学也不例外。首先，一个单元所涉及的知识点在相应模块中的地位不同，与本模块中的其他知识内容、思路方法、思维模式等方面有密切联系。通过教学对这一部分的复习整理，引导学生对知识所在模块的整体结构有一个大致了解；或者其他的单元复习认知结构经验，在新的单元复习中实现良好迁移，达到对相应模块整体结构的认识。所以，单元复习课使得学生更深刻地体会到整体中部分与部分的联系，并从这个视角反思整体的结构，更好地培育学生整体认知结构的能力。其次，由于内容少、容量小、好驾驭，通过对一单元知识点的整理复习，学会整体认知结构的思考和表达。培育整体认知结构的能力，单元复习课有自己的价值，也为单元教学法提供了思路。

单元复习课教学提高整体综合思维能力。学生要充分认识到，单元复习知识与前后学习内容有着千丝万缕的联系，比如思想方法相通，思维路径相似，方法结构嵌套等。单元复习课教学复习经验的积累有利于接下来的学期、高考复习课教学，也有助于对模块知识整体，甚至是对高中数学知识整体结构性的认识。教师要站在整体的高度，深远的角度，引领学生综合把握单元知识内容与所属模块教学的关系。单元复习课教学不仅仅是为了一单元的复习整理，更为学生提高整体综合思维能力提供挑战机会。

单元复习课教学培养提升自主学习的能力。在高中低年级单元复习课是最多的，几节课就一个单元，几个单元就月考，几次月考就期末。高频的单元复习课教学，可以带动学生对自己的自主学习能力进行实践和探索，能更好地培养自主学习能力。通过教师的耐心指导和反馈，单元复习课能提升学生的自主学习能力。

（2）期末复习课教学育人价值

一学期新授课教学任务结束，面对期末教学质量检测，对所有学习内容，进行复习整理，这就是期末复习课。期末复习课教学对每一个单元复习整理的内容进行横向联系，以更整体、更长远的眼光整合一学期所学，达到举一反三，由此及彼，融会贯通。能带领学生把本学期的内容嵌入整个高中数学知识体系结构中，做到纵向联系，激发学生状态，也实现对原来期末复习知识结构的补充与完善。学生也能初步感知到本学期学习内容在整个高中数学知识结构中的地位和作用。

从更加整体、长远的视角进行整理复习。开阔视野，将一学期学到的知识纳入已有的数学结构中，同时指导学生对原有结构认知进行反思，在互相融合中，完善个人整体认知结构。

期末复习课教学提高整体综合思维能力。由上所述，不同单元知识属于不同模块，学生往往先入为主，容易割裂地看待期末复习内容，形成散点状认知模式。所以，对于整体认知结构，既要横纵联系，还要打破散点状认知，从整体综合思维出发进行思考完善，实现其独特的育人价值。

期末复习课教学培养提升自主学习的能力。由于已经有单元复习课教学的基础，学生对知识复习整理，有了一定经验。站在更整体、更长远、更综合的视角，学生更容易自主地参与到期末复习课教学中。教师在期末复习课教学过程中，把学生自主学习能力的培养作为一个重要目标，在提供的实践平台上，接纳学生的差异，帮助学生自己创造性地完成学期知识梳理建构。比较两类复习课培养提升学生自主学习能力的不同，发现期末复习更综合，更关注到个性。

（3）高考复习课教学育人价值

到了高三，高中数学课程标准要求的新授课教学任务完成，到了高考总复习阶段，这时候进行的是高考复习课。经过前面两类复习课教学，学生对单元和每学期教学的知识形成了整体认知结构。虽然前面也重视复习的内容在整个高中数学中的地位，关注所属的知识模块的逐渐完善，但并没有从高中数学全局的高度来系统梳理。高考复习课的目标任务就是要整体把握高中数学知识，形成系统的数学思想方法，进一步落实数学核心素养，也必然提高高考成绩。下面对高考复习课教学育人价值进行简单分析。

高考复习课教学培育整体认知结构的能力。高考复习课站在高中数学整体的高度，对已建立的数学认知结构进行横到边、竖到沿、全覆盖的检索、改进和重构。只有高考复习课教学才能提供这种全程视野和整体高度，来引领学生对整体认知结构进行审视批判，补充重建，达到培育整体认知结构能力的目的。

高考复习课教学提高整体综合思维能力。高考复习课教学，从知识块之间的联系，从思想方法上的联系，从研究思路的联系，从模型应用的联系出发进行综合性框架建构，纵横交织，思维高度综合抽象。比如以数形结合思想为切入点，就几乎囊括所有的高中数学知识，跨模块跨领域的结构性思维导图，能提高整体综合思维能力。

高考复习课教学培养自主学习的能力。高考复习课教学，学生已经多次积累复习经验，具备了较强的复习学习能力。但由于知识内容多，思想方法活，思维抽象度高，使得学生自主探索复习方法困难，主动建构思维导图框架困难。战胜困难的过程就是自主学习能力提升的过程。

从不同任务课型复习课共有育人价值、复习课教学特有育人价值和三类常见复习课具体育人价值，以复习课教学为例对其育人价值进行了剖析。在实际教学过程中，复习课的内容、方法、思维不同；教师教学方法、模式、经验也不同，导致复习课教学的育人价值落实到课堂中有不同的解读。通过研究高中数学复习课教学育人价值，能够更好地指导教师教学，提高学习效率，发展学生核心素养。

第四节　基于育人价值实现的高中数学复习课教学

前面从理论层面剖析了高中数学复习课教学的育人价值，但具体实施还离不了课堂教学过程设计。进入实操阶段，基于育人价值实现的三种不同数学复习课教学设计也有所不同。本章结合教学实践，对每一种复习课的一般教学原则和教学设计建议进行探讨。

一、单元复习课教学原则和设计建议

单元教学内容有的处于所在知识模块的起点，有的是中间，有的是终点。为了更好地实现单元复习课教学的育人价值，根据单元教学内容不同，所处知识模块位置不同，给出单元复习课一般教学原则和具体教学设计建议等。并结合教学案例进行说明。

1. 单元复习课教学原则

尽管单元教学内容不同，所处知识模块位置不同，但为了更好地实现育人价值，单元复习课教学都应该坚持如下原则。

（1）主动性

单元复习课的重要任务就是帮助学生找到相对熟悉的知识点之间的联系，形成单元整体结构认知。同时要挖掘单元复习课教学过程的育人价值，也就是说除了整理复习获得知识认知价值，复习课教学过程也充满促进学生发展和健康成长的价值。这些价值不是教师直接给予或传授的，学生必须主动参与复习框架的规划，亲身经历对知识方法的整理建构，对不同的建构方式给出自己的个性化评价，创造性体验比较、反思、重建等。这样，才能发现知识联系，锻炼数学的眼光，提高自主学习能力，优化思维。借鉴语文课堂有课前演讲的做法，数学教师可以开展课前讲知识结构活动。学生在前一天晚上写到黑板上，大家都用专门的本子来积累，很好地锻炼学生的表达能力，积累整理复习方法，调动学生主动性。基于育人价值的实现，主动性是单元复习课的一般原则。

（2）基础性

从学生因素分析，要积极参与复习课教学过程，强调主动性。倘若从知识角度分析，教学要关注基础性，做到低重心教学，即牢牢把握单元教学内容在整个高中数学中的基础地位，拒绝偏难怪，追求精准稳。高二上学期选择性必修主题二"平面解析几何"中的第一章"直线和圆的方程"包括五节，前三节"直线"可以是一个单元。包括第一节"直线的倾斜角与斜率"（包括倾斜角、斜率的概念，斜率公式推导，两直线平行与垂直的判定等内容）、第二节"直线的方程"（包括点斜式、斜截式、两点式、截距式方程等内容）、第三节"直线的交点坐标与距离公式"（包括交点坐标、点点距、点线距、线线距等内容）。这些内容是解析几何知识的基础，是坐标法的入门课。首先，第一节"直线的倾斜角与斜率"从生活出发，用斜率刻画倾斜程度，用坐标表示斜率，用代数方法处理几何问题，是解析几何的精髓。第二节"直线的方程"从确定直线的几何要素出发，然后代数化，典型的坐标法，这是解析几何研究的第一类图形，是接下来研究学习的基础。第三节"直线的交点坐标与距离公式"是直线的方程，研究几何位置关系，度量坐标和距离，这种研究思路为以后的学习打了样，做了示范，意义重大。本单元的学习是解析几何初步，是入门学习，基础性地位可见一斑。高中历届教学中解析几何都是难点，一方面是压轴题原因，另一方面就是对其基础性认识不足，为复习而复习，只是溜瓜皮，做表面工作，人为制造了学习的障碍，学生在以后的学习中遇到困难也就不奇怪了。

（3）关联性

单元复习课教学中，无论是教师的教，还是学生的学，既要对一单元知识内容内部作互相关联的思考，还要从其所属知识模块教学整体高度和长远眼光来驾驭。特别是在高中低年级阶段，要学习的数学单元知识特征和学生年龄特征不同步，不协调，学生还是习惯点状思维、直线思维等低阶思维，缺少二维、三维以及非线性思维等高阶思维。教学重基础，学生要主动，教师要下大力气帮助学生关联单元知识到所属模块或整个高中数学，使得线性思维优化为非线性思维。例如，如果是知识模块起点的单元复习课教学，要考虑为后续学习作好必要的准备；如果是知识模块终点的单元复习教学，要与前面已学的知识进行关联,也为后面的学习整理作好准备和铺垫。如果单元复习内容恰好是知识模块之中间,更要承上启下,做好前后关联。站在学生的角度,注意整体关联性也是一种能力,也是复习课教学育人价值实现的需要。

（4）针对性

决战决胜脱贫攻坚,需要精准扶贫,单元复习课教学也要有针对性。教师结合高中生的特点,总结教学经验,对可能出现的盲点、疑点等问题进行个性化指导和帮助。常见的有,针对整理的方法结构、针对实际的应用、针对共性的困难等。这种针对性也包括学生自己有针对性地参与到课堂教学中,有针对性地对框架知识进行个性化建构；这种针对性还包括,对于学习困难的知识内容,要有针对性地强调说明或单独收集到错题本。

以上四个原则是单元复习课教学必须坚持的,在具体教学中还要灵活地进行具体化。值得注意的是,其他复习课也可能有这样的原则,单元复习课遵循这些原则有利于学生习惯的养成、育人价值的实现。

2. 单元复习课教学设计建议

不同的单元教学内容处于所在知识模块的位置也不同,有的是起点,有的是中间,有的是终点教学。下面结合一般教学原则,给出不同内容、不同位置的单元复习课教学设计建议。

（1）知识模块起点教学设计建议

要定位在整个知识模块教学的高度开展知识模块起点的单元复习课教学。想清楚这一单元知识所在模块与其他知识模块有什么不同,有哪些独特的地方。努力引导初次接触这一单元知识所属模块的同学掌握其基本概念和原理,初步了解其整体架构。感悟这一单元所蕴含的思想方法体系,形成范式并能迁移到新情境中灵活应用。针对知识模块起点单元复习教学设计,有如下几条建议。

①整理复习框架时形成开放、包容的知识结构图或思维导图,一开始就要有意识地感知与其他模块的关系,思考模块内各单元可能的关系。根据主动性和针对性原则,协调学生主体和教师主导之间的关系。实际学情是,刚开始一单元学习内容不多,学生普遍感觉到相对容易理解。但对于整个模块还不了解,复习时可以适当涉及模块整体方法、结构。

②把知识内容嵌入整理框架中,由于学生认知、思维发展不平衡,对知

识的理解有差异,建构图示与表述也不同。这里没有统一的标准答案,面对差异,教师在课堂上充分理解学生。要在教室巡视指导、帮助和鼓励同学,让每个人都在知识梳理的过程中提升。

③通过小组合作,碰撞交流,自我完善。展示一份自我复习整理,就可以得到全班其他同学的成果。师生和生生之间互相借鉴,互相请教,在相互比较过程中取人之长,学习能够自己驾驭起来的思维导图,在原有的基础上再加工,再建构,再描述。

（2）知识模块中间环节教学设计建议

处于知识模块中间环节的单元复习课显然具有承上启下的地位,纵向上使得前后知识串成链,横向上与其他知识内容并列建构在某一结构上。针对这一单元复习教学设计,有如下建议。

①依据关联性的原则,有意识地关注本单元内所学知识与前后单元所学知识的关系,努力朝着形成一个良性展开的系统结构而努力。

②关注所学单元知识蕴含的思想方法,分析同一知识模块不同单元思想方法之间的联系与区别。在复习本单元思想方法的同时,对前面的单元的思想方法进行了巩固、反思、提升,也对后续单元知识的研究提供思想方法上的支持,达到温故而知新的目的。

（3）知识模块终点教学设计建议

处于知识模块终点的单元复习课教学承载着对整个知识模块进行复习整理的功能,有助于学生初步建立整个模块的知识结构体系,所以对于模块整体教学有重要意义。这也为以后学期复习课、高考复习课积累整理复习的经验。

比如高二下学期"一元函数导数及应用"最后一个单元"导数的应用"。高中数学"函数"主题主要有概念与性质、一次、二次函数、幂函数、指数函数、对数函数、函数模型、三角函数、数列和一元函数导数及应用。"导数的应用"是"函数"主题模块最后一个知识单元,有举足轻重的地位。本部分知识的复习对于整个函数架构既有巩固原来所学又有引进函数研究新路径的双色镜的作用。如图2-1所示,如何把这一单元与整体模块主题的关系在图形中表达出来,是复习课教学的一个重要目标。针对这一单元复习教学设计,有如下建议。

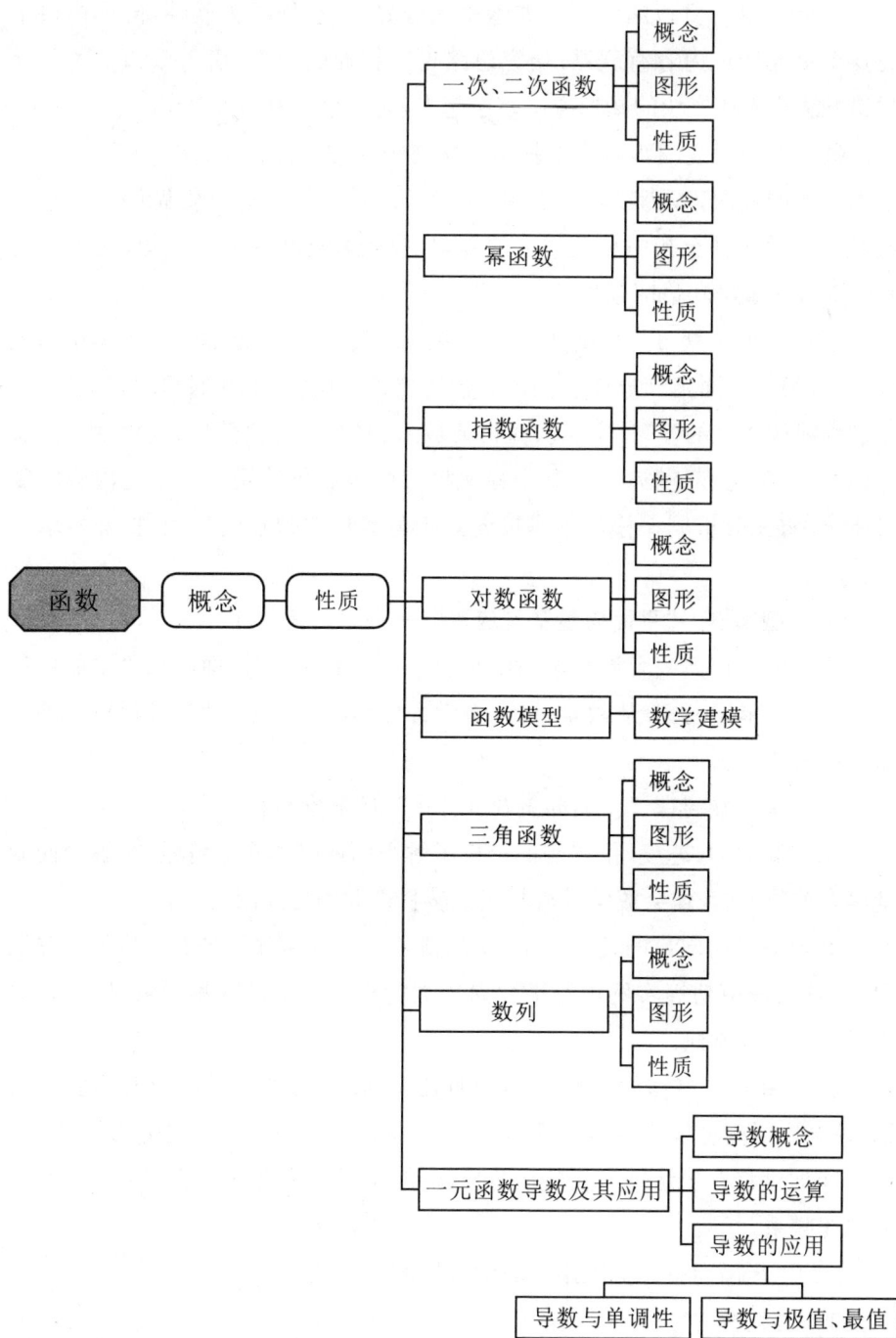

图 2-1　函数架构图

①这一单元复习的时候与课堂引入做好呼应,依据关联性,同一模块下的几个单元知识内容有联系,研究思路也有相通的地方。引入应该把本单元知识方法与所在模块的知识方法联系起来,为本单元复习服务。

②这一单元复习内容会牵扯出其所在模块的全部知识,实际复习常常超越本单元的局限,成为模块总复习,用时长,范围广。引导学生做好上一学年或者上一学期甚至初中相关学习的复习,找到教材和原来的笔记,实现单元复习课教学事半功倍的效果。

③这一单元复习与其所在模块复习结合在一起,一方面了解了模块的大致结构,另一方面把部分嵌入整体的合适位置,有利于更好的理解和把握。上述过程就像语言的学习,字、词、短语要放入到句子中、段落里、文章中才能更好地学习、记忆和迁移。梳理整个模块框架时重心仍然是这一单元内容的复习质量,对比分析同一模块下本单元知识与其他知识点的异同,抓好本单元知识的落实。

3. 典型案例:"平面向量及其应用"——单元复习课

为了说明单元复习课教学原则和教学设计的建议,下面就以"平面向量及其应用"单元为例,从教学目标、教学目标的制定依据、教学过程设计等方面具体展开。

(1)单元复习课"平面向量及其应用"的教学目标

①通过对力、速度、位移等的分析了解平面向量的实际背景,理解平面向量等有关的概念,体会数学学科与其他学科之间的相互渗透。

②理解平面向量的几何表示,从几何角度理解和掌握平面向量的运算法则,通过物理中功等实例理解平面向量数量积的概念及其物理意义,会计算平面向量的数量积。

③会用向量方法解决简单的平面几何问题、力学问题以及其他实际问题,体会应用向量解三角形问题,以及向量解决数学和实际问题中的作用。

④通过将向量运算与代数运算作比较,了解它们之间在研究方法路径上的内在联系。

(2)"平面向量及其应用"教学目标的制定依据

1)对教材的分析

平面向量位于人教 A 版必修四第二章,基于丰富的物理背景,向量理论具有深刻的数学内涵。教材的编写体现了知识的生成过程,目的是让学生经历将实际问题抽象成数学模型,并予以解决和应用的过程,为学生在探索和发现的活动中建构数学知识创造条件,所以本节课适应于学生发挥主观能动性。向量既是代数研究对象,也是几何研究对象,是沟通几何与代数的桥梁,是描述直线、曲线、平面、曲面以及高维空间数学问题的基本工具,是进一步学习和研究其他数学领域问题的基础,在解决实际问题中发挥重要作用,本单元的学习可以帮助学生理解平面向量的几何意义和代数意义,掌握平面向量的概念、运算、向量基本定理以及向量的应用,用向量语言方法表述和解决现实生活、数学和物理中的问题。平面向量的教学作为知识块起点的单元教学,对于整个知识块教学具有铺垫与引导的作用。与空间向量及其运算紧密联系,与复数及其运算也直接相关,在其他学科也有广泛应用。其研究方法也可以类比到复数及其有关的运算当中,为学生更好地理解和解决几何问题提供了一种工具 [29]。

2)对学生现状的分析

本课是平面向量的复习课,学生应该掌握平面向量概念,理解和掌握平面向量的运算规律,向量共线与分解知识。在教学中,发现学生对向量的基本概念掌握比较好,也能够正确运用公式进行运算,不过对向量共线以及向量分解把握不准。针对所教的两个班级属于偏理科班,学生的认知方式多属于场独立型,因此教学活动多以小组活动或者集体交流的方式进行,注重培养学生的独立思考能力、分析问题以及解决问题的能力。

(3)"平面向量及其应用"教学过程设计表

教学过程设计表如表 2-5 所示。

表 2-5　教学过程设计表

教学环节	教学过程	师生活动	设计意图
一、整体知识架构	问题1:研究数量时,都是从哪几个角度进行,在对平面向量进行复习时,需要从几个维度,如何架构知识体系? 引导学生从以下几个方面进行: 1.可以按照知识的生成过程,类比力、位移等物理量及其相关运算,推演向量及其有关运算; 2.知识方法的概述:一些概念(平面向量、单位向量、零向量;共线向量;相等向量、相反向量);两个定理(平面向量共线定理、基本定理);三个方法(基底法、坐标法、几何意义法);四种运算(加、减、数乘、数量积)	生先独立思考,回顾课本,建构知识,然后小组讨论,教师点拨。 提示:标注自己的易错点、难点	在复习整理知识框架的过程中体会各类数学对象在研究方法上的共通性。 1.类比物理中的矢量,研究向量概念,赋予运算。 2.从知识、思想、方法层面上系统把握整体知识
二、局部知识的理解与把握	问题2:根据拟定的复习框架,请对平面向量相关内容进行复习整理。 针对展示的成果,结合具体的问题,有针对性地进行点拨: 1.概念理解:对概念的表述不准确,对特殊向量理解不到位,忽视定义的标准以及分类的依据。 2.基本运算:对运算律仅有文字符号上的表述,缺乏代数上的逻辑推理,图形的感知和理解,如数量积的几何意义,注意引导结合几何意义去理解。 3.共线向量:忽视零向量的作用。 4.向量的坐标运算:向量是数学	生独立完成,师展示同学们的成果,鼓励同学之间相互点评。最后师适时点拨。 根据整理的知识,师给出例题,学生分析、解答或讨论交流。 学生对概念、运算律的复习整理问题不大,但缺乏对一些特殊向量的深度理解,引导学生找准分类标准(从长度上、方向上还是长度加方向)	针对基础知识回答问题,通过问题深化对概念的理解及应用,从做中体会知识从哪儿来、做什么、怎么做。 向量是数学结构的载体,引入向量的坐标表示可以使向量完全代数化,将数与形完全结合,

教学环节	教学过程	师生活动	设计意图
	结构的载体,向量的坐标表示为代数方法研究几何问题提供了可能,丰富了研究问题的范围和手段。 5.向量在几何中的应用:缺乏联系实际问题与数学问题的感知与体会,不习惯将实际问题、几何问题转化成向量问题解决	认识单位向量、零向量、共线向量。 通过例题,引导同学们体会坐标法解决向量有关问题的可操作性、简易性。 通过相关例题,解决有关长度、夹角、位置关系等问题。体会向量的工具性作用	利用向量方法解决几何问题,丰富了研究问题的范围和手段,提高了学生用数形结合思想解决问题的能力
三、自主整合拓展提升	问题3:请同学们针对以上讨论与交流的结果,补充和完善自己对平面向量的复习整理。 问题4:回顾本节复习课,同学们学到了哪些	生自主完成。师引导学生从研究架构知识网络的方法入手,对本节的教学进行归纳总结	引导学生们再次补充和完善整理结果,巩固知识及复习整理的方法,便于对复数、空间向量等后续相关知识进行复习整理

二、期末复习课教学原则和设计建议

临近学期结束,整合一学期所学的每个单元复习成果,再复习反思整理,把这一学期的内容嵌入整个高中数学结构,使之更加完善。为了期末学期复习课教学任务的顺利完成,实现其特有的育人价值,下面给出一般教学原则和教学设计建议。

1. 期末复习课教学原则

（1）整体性

通过前面分析知道，高中数学单元复习课遵循基础性原则。事实上，单元知识也是一个小整体，是模块的部分，也镶嵌在高中数学框架中。到期末复习课，教学中不仅要坚持基础性，更要关注整体性，始终以高中数学的整体高度来认识把握这一学期的知识和方法。高中数学教材主编章建跃博士在一篇文章中谈到"数学教学必须注重数学的整体性，把握好整体性，对内容的系统结构了如指掌，心中有一张'联络图'，才能把准教学的大方向，才能使教学有的放矢；也只有这样，才能使学生学到结构化的、联系紧密的、迁移能力强的知识；这种整体性，既体现在数学概念及其反映的数学思想方法的一体性上，又体现在各部分内容的有机联系上；从教的角度说，把握好整体性，才能有准确的教学目标，才能把数学教得本质而自然，教学行为才能'准''精''简'，才能充分发挥数学的育人功能；从学的角度看，注重整体性，才能了解知识的源头、发展和去向，才能掌握不同内容的联系性，既学到'好数学'，又学得兴趣盎然"[43]。

例如，复习解析几何中的"抛物线"，教学中常把课本中所有"抛物线焦点弦"问题放在起来，并将其设计成一节"探究课"。这样能把同类问题串联起来，有利于学生形成一种具有连续性的研究思路。但从数学整体性的要求看，由于只是以一个（或几个）题目为"源头"，没有从解析几何的学科整体上去把握，因此学生只能看到浅陋的"源"，同时也难以发现"流"向何方。现实中，以这种方式"追根溯源"的并不少见。各种杂志上，类似的文章比比皆是，备受推崇且被广泛用于教学。究其原因，主要还在于数学理解水平较低，特别是不能用高观点来看高中数学内容，致使教学视野狭窄，见木不见林，甚至只看到了稗草。这样的教学，浪费了学生的时间，也损害了学生对数学的认识。对于"与圆锥曲线焦点相关的问题"，最值得研究的应该是由焦点所反映的圆锥曲线的光学性质。"焦点"即是"光线聚焦之点"，让学生对这些光学性质进行"研究性学习"是天经地义的，这样不仅可以锻炼学生用坐标法研究问题的能力，而且还能使他们看到圆锥曲线的用处[43]。可见，注重整体的教学才是好的复习课。

（2）结构性

单元复习课教学遵循关联性，单元与模块的关联，可以补充已学单元，为后续单元奠基。期末局面是整个学期的多个单元学习已完成，复习更加关注本学期单元之间以及与所有已学其他知识模块之间的结构关系。进而要建构本学期所学与高中数学整个体系的结构关系，所以，学期复习课教学要坚持结构性原则。

放眼数学的学习，从小学就有复习课，到初中，再到高中，每一阶段都有经验与成果的积累。这是一个连续的螺旋式上升的过程，也一定会科学延续到大学及以后的数学学习。定位在高中数学复习课，高一是从初中到高中的过渡，要建立适应高中数学复习方法的关键阶段，所以复习课教学任重道远。随着知识学习的深入，学生心智成长，逐渐建构有别于初中的高中数学知识体系架构。这应该是一个良性发展、逻辑延伸的结构，随着后续学习的进行，可以不断扩展完善。这种扩充不是简单的线性罗列增加新学习的内容，而是对已有的结构和新的内容了然于胸，深刻把握，进行非线性思考后的重构。除了鼓励学生要积极参与、主动整理、合作借鉴之外，在高中低年级，教师要在指导尝试建立良性知识结构，学会总结科学复习方法等方面下大功夫。

（3）个性化

主动性是单元复习课教学的原则之一，数学核心素养的培育需要基本数学活动经验。适合的才是最好的，自己的才是最深刻的。自己亲身体验框架建构，自己与同伴一起改进提高，有意识地进行自我分析，优化自己的逻辑思维，构建的复习结构图或思维导图更个性化，也更合理。这是因为有了单元复习课积累的经验，学生可以利用已学会的复习方法选择合适的形式建构并及时调整知识框架。到了学期复习课，教师没必要要求全体学生复习建构整齐划一，而应进一步放权给学生，给学生创设交流的平台，充分发挥他们的能动性、创造性，实现知识内化。

要说明的是，上述原则也适用于其他复习课教学，学期复习课教学在不同情境下，还要坚持很多数学教学的其他原则，这里只是强调坚持这些原则有利于在学期复习课教学中实现其育人价值。

2. 期末复习课教学设计建议

处于单元复习课和高考复习课之间承上启下的期末复习课教学，对于学生建构高中数学知识体系有着特殊作用：总结提升单元复习成果,准备奠基高考复习课教学任务。结合一般教学原则,下面给出期末复习课教学设计建议,供参考。

①充分调研学生进入期末复习课前的单元复习课效果,指导做好期末复习课的复习。首先,整体上把握本学期的几个单元的知识内容,收集各单元原有复习成果,进行必要的完善。其次,总结单元复习的经验,巩固已学会的复习方法。最后,梳理单元复习中突出的数学思想方法。这些工作都要及时记录学生的变化和发展,必要的时候建立数学学习档案,一生一档。功夫在平时,学期复习课教学一定是整合单元复习后的一次飞跃,达到对本学期知识学习的融会贯通。

②引领学生建立本学期各单元之间的联系,并与上一学期或学年的知识框架进行沟通,把本学期的知识归属到高中数学框架体系中,进行合适的重组和调整。如高二第一学期复习,可以将"平面向量"与"数列"沟通起来。任意一个向量都可以用不共线的基向量来表示,而等差等比数列可以用基本量来表示,一般的本质是由递推公式加上首项或前几项也可以得到数列,本质都是二元方程的思想。这样就把初中的解方程体系进一步扩充。可以进一步联系以函数为未知数的方程、同角三角函数关系中的方程等等,丰富了方程的思想,以新的线索对原来的知识架构进行了重新梳理,通过几个学期的复习整理不断完善。所以重心仍然是本学期知识内容的复习,涉及其他的知识只是在其结构上补充,结构内部不会详细展开,否则就舍本逐末了。

③不同学生整理的本学期的框架图以及与其原来的体系沟通的情况各不一样,只要正确理解知识,鼓励多样性。这本身是学生认知差异的表现,也是自我理解的真实个性表达。教师要接纳每一个"作品",有针对性地给予指导,同学互相借鉴,促进个性化、创造性地复习整理。

以上是在对学期复习课教学原则思考的基础上通过教学实践给出的教学设计建议,在实际情境中应该随机应变,见机行事。

3. 典型案例："对数与对数函数"——期末复习课

上述原则和建议如何应用到实际教学中才能更好地实现学期复习课教学的育人价值,以高二第二学期复习"对数与对数函数"为例加以说明。

（1）教学背景分析

学期末复习课是学生学完了一个学期的课程，在期末考试前进行的复习课。一是温故知新，巩固、梳理已学知识，熟练技能，进一步促进知识结构化、系统化；二是迎接期末考试考出好成绩，提高学生运用所学知识解决实际问题的能力，也完善认知结构，提高综合思维，发展数学核心素养，培养自主学习能力。所以学期末这个时间节点，目标很明确，驱动力也强，学生是带着想考好的心态积极参与到复习中去的。如何设计复习计划，充分调动学生的积极性与主动性尤为重要。引导学生自己发现问题漏洞，自己主动360°无死角地扫除知识盲点，解决大部分问题。让学生自己当战士，自己上前线，老师当指挥。让学生当演员，自己去发挥，老师当导演。自己解决不了的，给时间创造机会求助小组同学，采取兵教兵策略，老师最后点拨提升，在构建知识结构的同时，规范解题步骤，引导适时总结归纳规律方法。对易错点、重难点强化针对性训练，使复习成为学生思维高度互动，优中促优、以优带弱，互相帮助的过程。

（2）教学目标分析

①理解对数的概念及其运算性质，知道用换底公式将一般对数转化成自然对数或常用对数，了解对数在简化运算中的作用。

②理解对数函数的概念及其单调性，掌握对数函数图像通过的特殊点，会画底数为 2，3 及其倒数 $\frac{1}{2}$，$\frac{1}{3}$ 的图像，知道它们之间的联系；能熟练由函数图像观察出性质并会应用。

③掌握以对数函数为载体的复合函数的有关性质，懂得解决函数问题要做到数形结合。

④通过复习，对对数函数有一个总体认识，能够形成知识网络，体会对数函数是一类重要函数模型。

⑤了解指数函数 $y=a^x$ 与对数函数 $y=\log_a x$ 互为反函数（$a>0$ 且 $a\neq1$）的关系，通过复习对数函数的运算、图像和性质，增强代数运算能力，培养研究函数问题的思维方法。

⑥体会数形结合、分类讨论、转化化归的思想方法，在逻辑推理、直观想象、数学运算等学科素养方面有提升。

（3）教学重点分析

①理解对数运算；②理解研究函数图像和性质的方法；③能准确地画出对数函数的图像，理解对数函数的性质；④利用对数函数的性质及图像初步解决一些有关求函数定义域、比较两个数的大小的问题。

（4）教学难点分析

①对数函数图像的准确作图及应用；②准确得到对数函数的性质，并利用对数函数的性质解决一些简单的问题。

（5）教材分析

①对数是学生高一上学期必修一第二章学习的内容，时间比较长，计算的形式具有一定的复杂性。以对数作为基础的对数函数是高中函数中学生最不易掌握的函数类型。

②函数是高中十分重要的概念，其中关于定义域、值域、单调性、奇偶性、对称性等函数的性质应有一个整体的认识，这在学习、解决函数问题的过程中显得十分重要，应在适当的时机对学生这种函数的整体观念加以培养，这节课的学习过程是一个可以把握的机会。

（6）对学生现状的分析

①学生初中和高一接触到了一些函数和研究函数的一些方法，可类比指数与指数函数的复习过程和方法进行研究。

②学生对于信息技术的使用有一定的熟练程度（主要指作函数图像）。

③学生在学习了反函数之后，有了研究新函数的一种新方法。

④由于对数运算的复杂性，学生有"谈对数色变"的畏难情绪。

（7）教法学法分析

①采用问题驱动式教学，通过问题引导学生类比探究、交流归纳、总结提升，并充分利用多媒体辅助教学。

②通过教师点拨，启发学生主动梳理、主动思考、动手训练、自主探究来达到对知识的发现和内化。

（8）"对数与对数函数"期末复习课教学设计表

教学设计表如表2-6所示。

表 2-6　期末复习课教学设计表

教学环节	教学过程设计	学生活动,设计意图
复习旧知设疑引路	1. 复习 （1）我们是如何复习研究指数与指数函数的? （2）指数与指数函数有哪些题型? 用到什么方法? 2. 引入 类比指数与指数函数的研究方法来研究对数与对数函数,有哪些点不同	唤起旧知识的记忆,为后续类比探究作好知识准备。 设问激疑,为学生探究本节课引路。
方法类比探究,梳理知识网	问题1:本节知识点有哪些? 能否以表格或思维导图形式形成知识网络? 先自己完成,再小组内交流分享学习。 生:取长补短,合作学习。 师:通过多媒体现场拍照展示优秀成果。 问题2:本节重点题型有哪些? 分别有哪些解决方法? 自己总结,小组交流,展示分享。 生:"兵教兵"先解决一部分问题,小组长去黑板展示,小组成员点评指正,写批语。 师:纠正错误,点拨思路,提升方法,引导总结	引导学生用类比的思维方法,自己梳理知识,建构知识网络。 让学生自己发现问题,解决问题,归纳方法,分享交流。 分小组去黑板展示各重点易错题型。 类比推理抓住了指数与对数的相似之处,而对于不同之处则重点强调
例题研究性质运用	预设例题,针对题型,强化训练,巩固知识。 **题组一　狂刷计算·练基础** 例1.（1）计算 $\lg\dfrac{4\sqrt{2}}{7}-\lg 8^{\frac{1}{2}}+\lg 7\sqrt{5}=$ _____。 （2）计算 $(\lg 2)^2+\lg 2\cdot\lg 50+\lg 25$ 的结果为 _____。 提升1. 设 $2^a=5^b=m$, 且 $\dfrac{1}{a}+\dfrac{1}{b}=2$, 则 m 等于（　） A.$\sqrt{10}$　B. 10　C. 20　D. 100	生先总结,师再点拨提升: 熟练运算法则,先拆分再同底合并。

续表1

教学环节	教学过程设计	学生活动,设计意图
例题研究性质运用	**题组二 熟悉图形·练方法** 例2. 已知 $\lg a + \lg b = 0$ ($a>0$ 且 $a\neq1$, $b>0$ 且 $b\neq1$),则 $f(x)=a^x$ 与 $g(x)=\log_b x$ 的图像可能是 ( ) **题组三 比较大小·多角度** 例3.(1)(课标Ⅱ,8)设 $a=\log_3 2$, $b=\log_5 2$, $c=\log_2 3$,则 ( ) A. $a>c>b$ B. $b>c>a$ C. $c>b>a$ D. $c>a>b$ (2)设 $a=\log_3 6$, $b=\log_4 8$, $c=\log_5 10$,则 a, b, c 的大小关系为_____。 提升2.(1)(2014辽宁,3)已知 $a=2^{-\frac{1}{3}}$, $b=\log_2\frac{1}{3}$, $c=\log_{\frac{1}{2}}\frac{1}{3}$,则 ( ) A. $a>b>c$ B. $a>c>b$ C. $c>a>b$ D. $c>b>a$ **题组四 解不等式·练全面** 例4. 已知 $0<a<1$, $0<b<1$,若 $a^{\log_b(x-3)}<1$,则 x 的取值范围为_____。 例5. 若 $\log_a\frac{3}{4}<1$ ($a>0$ 且 $a\neq1$),则实数 a 的取值范围是_____。 例6. 使 $\log_2(-x)<x+1$ 成立的 x 的取值范围是 ( ) A.$(-1,0)$ B.$[-1,0)$ C.$(-2,0)$ D.$[-2,0)$ **题组五 综合应用·练能力(选做五)** 例7. 若方程 $4^x=\log_a x$ 在 $\left(0,\dfrac{1}{2}\right)$ 上有解,则实数 a 的取值范围为_____。	点拨提升: 由对数函数的图像和性质、图形的变换得出。 点拨提升: 引导学生对对数比较大小的方法进行总结: 1. 化同底利用单调性; 2. 化同真数利用图像; 3. 借助中间量; 4. 通过运算转化。 点拨提升: 化同底; 真数大于零; 画图形。 点拨提升: 数形结合

续表 2

教学环节	教学过程设计	学生活动,设计意图
例题研究性质运用	提升 3. 当 $0 < x \le \dfrac{1}{2}$ 时，$4^x < \log_a x$，则 x 的取值范围是（　）。 A.$(0 , \dfrac{\sqrt{2}}{2})$　B.$(\dfrac{\sqrt{2}}{2} , 1)$　C.$(1 , \sqrt{2})$　D.$(\sqrt{2} , 2)$	
拓展深化小结归纳	引导学生自主总结： 知识:对数的运算与对数函数的图像及性质应用。 能力:运用类比法研究问题的能力,观察分析、合作探究的能力。 思想:数形结合、转化的思想	培养学生的抽象概括能力,使所学知识、能力和方法在学生的认知结构中内化成自己的能力,进而培养数学素养

三、高考复习课教学原则和设计建议

一般来说,高考复习课教学常常被分为三个阶段,俗称"三轮复习法",每一轮复习都有其特殊而具体的任务和使命:促进学生全面提升自我能力,对知识的再认识、再深化、再巩固,更深层面领悟知识的学习过程。

1.高考复习课教学原则

为了完成对整个高中数学的整理建构,实现其育人价值,高考数学复习课应该坚持如下几个教学原则。

（1）系统性

这里的系统性对应单元复习课教学的关联性和学期复习课教学的结构性,所要复习整理的内容越来越多,要求逐渐提高。从高中数学整个系统的高度把前面两种复习课教学的成果统一起来,引导学生高效完成对高中数学的整体复习。正如组织中的每个部门都很出色,但并不一定是一个优秀的组织,这就是系统出了问题。高考复习课教学系统性原则解决的不是每个单元或者学期复习的质量,而是把学期、单元组织起来形成整体,教师引领学生对这个

整体进行打量,不断反思"部门"间的沟通效果,追求更好,重构原来复习整理的"作品",形成良好的系统的结构。

（2）提升性

学生在高一、高二经历了不少数学复习课教学,已经全面了解了高中数学。但也要看到高中数学仍然是基础数学,是数学的一部分,也是高考选拔、区分度高的重要学科,人们对数学学科充满敬畏,教学中要坚持提升性原则。主要体现在知识拓展、结构关联升级、思想方法延伸、实际生产生活应用、跨学科综合等方面,每个学生都要在自己原有基础上得以较大提升,对于优秀生要加大提升力度,在原来学习的奥赛课程和预修大学数学课程的基础上建构高中数学结构的开放式拓展,实现不断开发潜力,提高自主学习能力的育人价值。这个阶段为了满足学生的成长发展、包括备战高考的需要,对于教师的教学水平、育人能力的要求也大大提高,教师与学生要一起提升。

在第一轮复习中更侧重系统性原则,在第二轮、第三轮复习中更侧重提升性原则。

2.高考复习课教学设计建议

聚焦数学复习课教学的育人价值在高考复习课上的实现,学生自主、主动站在高中数学整体的高度建构知识框架图,提高结构认知能力。具体到实践操作,下面分三个阶段给出相应的教学设计建议。

（1）高考第一轮复习课教学设计建议

第一轮复习课教学是在过去的单元与学期复习的基础上,进行重组再建,把握数学整体。这里不是对原来的知识的简单重复,而是从多个维度打破原来的知识模块边界,带给学生新的认知体验、综合思维和能力提高。教学中应注意如下几个问题。

①复习前,老师布置"预习"作业,即回顾、回忆学期复习课的整理框架,教师本人要认真研究课程标准和近几年的高考试题,以便更好地完成第一轮复习目标。

②教师指导学生在新的认知下自主做到查缺补漏,整合原有成果重构知识系统结构,由厚到薄,由每学期一张图,变成一轮复习一张图。教师要搭建班级交流平台,引导评价,头脑风暴,智慧众筹,补充完善。

③一轮复习一个也不能少,教师要全员关注学生,全覆盖高中数学知识

点,鼓励学生发挥创造性。比如有的学生从"数形结合"思想,有的从"不等式"的研究,有的从"数学文化"等不同维度统领各个模块的学习,创造性建立独特的知识结构体系,教师要给予指导和支持,保证结构合理、知识准确。

（2）高考第二轮复习课教学设计建议

经过第一轮的复习,学生对高中数学已经有了全面的认识和体悟。第二轮复习课教学主要是在数学全局的基础上削枝强干、突出重点、突破难点、解决疑点、打通堵点、关注热点,常采用的策略是进行"专题突破"复习课,可分为知识专题、思想方法专题和题型专题。比如可以设置如下六个知识性专题:三角与向量、数列、统计与概率、立体几何、解析几何、函数与导数。四个思想方法专题:分类与整合、数形结合、函数与方程、转化与化归。三种题型专题:选择题策略、填空题策略、解答题策略。根据实际情况,有时候也可以把后两种专题复习的内容有意识地融入知识性专题中。总之就是对知识内容和思想方法进行拓展延伸,打通模块间的联系,进行综合思维,深化对高中数学结构的主干认知。教学过程设计有如下几个建议。

①专题突破是建立在全面把握高中数学基础上的再提炼,有助于加深数学整体结构关联的认知,要适当补充一些必要的常见二级结论。如在"解析几何"专题,直线与圆的位置关系研究中很多结论可以类比到直线与圆锥曲线的位置关系研究,在坐标法和几何法的统领下求同存异;在解析几何综合问题的解决中体会到三角、向量、不等式、函数等知识的灵活应用。这些都帮助学生重新定位解析几何在高中数学结构中的价值,对教材中的常见概念定义、例题、练习中的知识点有了新的认识,升华思想方法,发展核心素养,实现育人价值。

②尽管是第二轮复习,也要关注基础性原则,对于拓展知识与内容要根据实际情境中学生的基础而定,适合的才是最好的。特别是对于一些骨干教师,教学理念从"教什么比怎样教更重要"向"不教什么比教什么更重要"转变。既要激发潜能,开发潜力,又不要太高估学生,把握真实学情,对学生进行差异教学,也就是因材施教,对数学学习,人人做最好的自己。如前面提到的解析几何中的二级结论,不要求所有学生记住,也不是数量越多越好,更重要的是理解,是推理过程,是研究质量。

③面对紧张的高考,教师要善于借势成事,利用多种方式提高教学效率,

践行"数学快乐,快乐数学",引领学生发现数学的魅力,实现数学复习课育人价值。第二轮复习阶段差不多距离高考还有一百天,可以引导学生在错题本的基础上,成立自己的"数学日记",就当天复习专题内容中的某一个点,谈体会,写感悟,把数学知识方法和生活道理结合起来,有的还能上升到哲学方面的思考。"数学日记"也可以每天一个高考题,针对其涉及的专题知识点和思想方法进行剖析,建立信心,提高能力,逐渐找到研究的乐趣。还有的就是写数学复习中的随笔,教师不用要求统一形式,因为就是日记,就是一个反思的平台,学生自主决定怎么写,写什么。下面分享三位同学复习期间的数学日记。

复习参数方程后有学生日记中写道:我们先学习圆的参数方程,最后学习直线的参数方程。我思考,圆是最完美、最理想的图形,代表着圆满,完美,幸福,充分表达出人们对美好生活的向往,研究起来也就很顺利,很理想,参数的意义也很容易找到。反观直线,尽管是最简单的图形,尽管是平面上两点间的距离直线段最短,但它很尖锐,有个性,伸向无限的远方,所以并不好控制,特别是生活中两点之间并不一定直线段最短,正如与自己的目标、梦想之间,绝不会是直接按照直线跑过去就能实现的。它一定是曲折的,复杂的,反复的,一段段地非常缓慢地接近目的地的。所以直线的参数方程并不是很简单,这也可以辩证地说明,简就是繁,繁就是简。

复习排序不等式,有学生的日记总结感悟:顺序和不小于乱序和,乱序和不小于反序和时,可谓"同大异小",而复合函数的单调性满足同增异减,一个对数当底数真数同范围就是正的,不同范围就是负的,即同正异负,我觉得这就是只要同心同德,团结一心就会产生正能量,就一定会成功,相反,离心离德、钩心斗角就会产生巨大的负能量,就会走向"失败"。

复习立体几何,有的学生日记中感慨:今天最大的收获是空间问题转化为平面问题来解决,在动态转化中超越自己。点动成线,线动成面,面动成体,做好一点。我只要做好一件事,坚持下去,由点及面做好更多的事;只要自己坚持做好,我们的社会就会更好,少埋怨,多从自身做起,让人们因为我的存在而感到更幸福。

教学过程设计充满了创造,紧张的高考面前,面对二轮复习,教师要抓住学生的心,燃烧学生的脑,给力学生,提高自己理解数学、理解教学、理解学生的能力,让数学好玩起来。

(3)高考第三轮复习课教学设计建议

这一阶段是考前最后一个月复习冲刺,复习课变少,习题课、讲评课为主。复习主要是做到由厚到薄到更薄,把高中数学结构从三张纸整合内化到在一张纸上展现。复习一方面聚焦在基础知识做到颗粒归仓,一方面聚焦在诸如"极值点偏移问题""定点、定值问题""外接球问题""新定义问题"等有所特指,非常典型,但又应用综合知识来分析解决的高考问题上。第三轮复习课教学过程设计建议如下。

①教师针对学生在解决问题中的知识、思维漏洞,及时进行复习补充。实践中,主要采取"扬白避黑主攻灰"的教学策略,"扬白"就是最后一次回归教材,熟练基础知识和方法,确保中低档题更熟练;"避黑"指的是对于确实超越学生实际的难题就大胆舍去,有舍才有得,要避开不能掌握的高难问题;"主攻灰"指的是对于还能拿下来的部分难点下力气最后攻克,特别是把时间主要用在中档题规范训练,追求满分。最后冲刺,强调复习后的知识应用,针对客观题、填空题、解答题情境,要能提取信息,把原来的复习成果灵活迁移转化,解决新问题。

②套题训练后,复习与讲评并存,对出现的问题进行归类处理,多角度归纳涉及的知识点、解题思路和一般规律。复习要关注实际问题的解决,做到借题发挥,以点带面,一题多解,体验复习过的静态的知识和方法是怎样在这类问题解决中活起来的,有哪些共性和个性,能不能形成一般的思维路径和解决策略。

③越是最后,越要坚持原则。最后的复习对教师要求很高,要精准判断哪些内容能成为教学课题;要有针对性,难易程度、内在逻辑要适应学情;做到教学开放,在解决问题中提升对问题本质、知识结构和思维策略的深刻认识。避免两种极端:一种是,马上要快考试了,学生水平定型了,靠学生自己了,教师不再讲了,很少讲了,放羊式复习,教师教学价值缺失;另一种是,快高考了,没几节课了,抓紧讲,大容量、高起点、快推进,满堂灌,仅仅追求讲了多少,不顾及学生,这是急功近利、教师焦虑的表现。有效教学应该是注重跟踪训练,及时补偿,对学生共性问题或疑难点做最后的复习,调动学生,善于倾听,给学生指明方向。要引导学生学会审题、独立思考,提升思考力,有自己的

理解感悟,学会沟通已知和未知,使学生思辨能力、逻辑推理和敏锐地捕捉信息能力得到全面提高。

3.典型案例:"解三角形"——高考第一轮复习课

上述原则和建议应用到不同阶段的高考复习课教学,其育人价值都有不同的具体表现,限于篇幅,下面以第一轮复习课题"解三角形"为例加以说明。

(1)"解三角形"的教学目标

①在归纳总结解三角形的解题工具的基础上,灵活运用正弦定理与余弦定理求任意三角形的未知边和角,正确理解已知两条边及其中一边对角的三角形解的个数问题;

②通过研究"边化角"与"角化边"两种不同的解题思路,提升综合思维能力,同时明确两种解题思路的共同目的都是实现"边角统一",为进一步求解奠定基础;

③总结归纳解三角形时常用的三角恒等变换,并会灵活运用正余弦定理和恒等变换解三角形;

④通过独立思考、小组讨论和集体交流各种形式的活动,培养学生自主学习的能力。

(2)教学目标的制定依据

1)教学分析

进入高中学习后,作进一步的定量研究,得到了解三角形的重要工具——正弦定理和余弦定理。通过本节的复习整合,使学生能够运用解三角形的常用工具,特别是正余弦定理解决相关的解三角形问题。

2)学生现状分析

本班学生是生物、政治、历史组合,数学基础相对薄弱。对于一些重要公式、解题技巧、解题方法学生已经遗忘了很多,所以解三角形对学生来说就比较困难,而引导学生合理选择定理进行边角互化,解决三角形的综合问题,则更需要通过课堂进一步复习整合,使学生能理解知识之间的联系,在构建系统知识框架的基础之上,掌握基本解题方法。

（3）"解三角形"教学过程设计表

教学过程设计表如表 2-7 所示。

表 2-7　教学过程设计表

教学过程			
教学环节	教学内容	师生活动	设计意图
高考定位 明确方向	展示近 3 年来的高考解三角形试题	师：引导学生把握高考方向，特别通过实际应用问题的展示，使学生了解所学知识的应用价值	通过考情分析，让学生熟悉高考考点，了解本节知识能够解决的实际问题
第一环节 整体结构性认知	问题1：解三角形的工具有哪些	师：提出问题，引导学生将中学阶段所学的解三角形的工具作一个整体的复习。 生：回忆思考	对三角形中的边角关系，回顾从初中阶段的定性分析到高中阶段的定量分析，从求解特殊三角形的工具到求解任意三角形的工具，通过对解三角形解题工具的归纳总结，使学生对解三角形有一个整体的认知
第二环节 循序渐进 提升认知	（一） 公式定理 基础应用　展示课前完成的自测练习题（简单基础）及变式训练	师：要求学生思考每道题考查的知识点是什么，并通过变式训练，使学生思考并总结如何解答三角形的解的个数问题。 生：独立思考，同桌交流	通过课前练习，使学生梳理公式及基本考点，对本节课的复习内容有一个初步的回忆，通过课堂上回答提出的问题，进一步深化对正余弦定理的理解

续表

教学环节		教学内容	师生活动	设计意图
	（二）边角互化多向思维	展示课前完成的自测练习题（简单基础）及变式训练	师：要求学生思考每道题考查的知识点是什么，并通过变式训练，使学生思考并总结如何解答三角形的解的个数问题 生：独立思考，同桌交流	通过课前练习，使学生梳理公式及基本考点，对本节课的复习内容有一个初步的回忆，通过课堂上回答提出的问题，进一步深化对正余弦定理的理解
	（三）恒等变换综合提升	展示例题与变式训练。 问题2：解三角形的恒等变换有一些常用的结论，请归纳总结并写下来	师：投影学生的解答过程，并要求其讲解自己的做法，老师总结，并提问是否有不同的解法。 生：独立完成，小组交流	引导学生认识到三角恒等变换在解三角形中的重要性，并学会在应用正余弦定理解三角形的同时，注意灵活运用恒等变换的公式，从而提升综合解题能力
第三环节综合练习巩固提升		针对性训练	独立完成，小组交流	通过实际问题的解决，帮助学生再一次体会对知识和思想方法的整体认知的重要性
小结		问题3：请你结合以上问题的解决过程，总结归纳解三角形的解题思路及用到的思想方法	师：组织学生从解题思路和思想方法两个方面回顾本节课复习的内容。 生：个别回答	对本节课的知识与方法作一个整体的归纳总结，加深学生对解三角形的解题思路和正、余弦定理的应用的认识

四、结 语

重复是学习的一个显著特点。我们一直在和遗忘作斗争,重复是一个常见办法,但又不能是机械的重复,这就要研究怎样重复更有效,重复有哪些价值。也因此各学科各学段的学习都会进行及时复习巩固,这就产生了复习课,高中数学也不例外。可见,高中数学复习课是一类重要而又特殊的数学学习课型。

根据"新基础教育理论",课堂教学的价值是以知识传递为载体,"育主动健康发展之人"。每个学科教学都有自己独特的育人价值,高中数学教学的育人价值可以具体体现在不同数学内容教学上,也可以具体表现在不同课型的数学教学中。聚焦在复习课课型上,高中数学复习课教学有哪些特有而具体的育人价值? 教师要清楚地认识和把握这些育人价值,更新教学观念,优化教学设计,改变教学行为,实现教学价值,促进学生主动健康发展,为党育人,为国育才。

本章从复习课的功能和目前存在的问题出发,以高中数学教学中任务课型教学的共有育人的价值统领,阐释了高中数学复习课教学特有的育人价值,讨论了三类复习课教学的具体育人价值,并据此给出了一般的教学原则和教学设计建议,同时提供了三个典型案例供参考。

通过近一年的研究,开始提出的问题已经在动态变化中,很多教师充分认识到育人的重要性,学生主体地位不断加强,但是复习课教学效率仍然比较低。这说明高中数学复习课育人价值的实现周期可能比较长,很难在短期内有明显变化;也可能教学中除了教学理念、教学设计、师生互动外还有教师学历、教师专业发展、课程课时设置、教材编写体系、课程评价、学生价值观等很多教学过程本身的因素还没有得到充分的关注;也可能影响复习课育人价值实现的因素除了数学教学之外还有更多,比如家庭教育、初高中衔接、社会价值取向、数学应用等。受到时间、空间、实践和个人研究能力的限制,还没有从更宽的视野,系统地对高中数学复习课教学育人价值进行研究把握,这也影响着复习课育人价值的开发和实现,这也是本研究的遗憾之处。

进一步反思,所给出的典型案例每一个实践环节是如何与理论紧密结合的? 高中前的数学复习课对高中复习课教学育人价值有哪些影响? 高中数学复习课育人价值研究对大学高等数学的学习有没有促进作用？高中数学复习课和其他学科复习课育人价值有哪些异同？这里的数学复习课育人价值与德育、数学文化、核心素养等有什么关系？充分发挥高考指挥棒的作用，如何实现育人价值的评价与高考选拔评价接轨？能不能开发基于育人价值实现的高中数学复习课量规？除了定性研究外，如何开展复习课育人价值的定量研究？这一个个问题考量着笔者，说明我们对数学育人价值、对数学复习课育人价值的研究才刚刚起步。一定有很多不足，同时问题就是进一步研究的方向，笔者愿与更多教育同仁一起沿着这些新"生长点"继续深入完善数学教学育人价值研究。

参考文献

[1] 叶澜."新基础教育"研究引发的若干思考 [J]. 人民教育，2006（07）：4-7.

[2] 李政涛. 什么是"新基础教育"研究 [J]. 中国教育学刊，2017（06）：3-5.

[3] 叶澜. 重建课堂教学价值观 [J]. 教育研究，2002（05）：4-7，16.

[4] 叶澜. 重建课堂教学过程观——"新基础教育"课堂教学改革的理论与实践探究之二 [J]. 教育研究，2002（10）：24-30，50.

[5] 叶澜. 新基础教育发展性研究报告集 [M]. 北京：中国轻工业出版社，2004.

[6] 萨如拉. 初中数学复习课教学育人价值研究 [D]. 上海：华东师范大学，2011.

[7] 杨慧娟. 高中数学新课程实验教科书使用调查研究 [D]. 重庆：西南大学，2012.

[8] 祁平，任子朝，陈昂，等. 基于数学文化视角的命题研究 [J]. 数学通报，2018，57（09）：19-24.

[9] 卜玉华. 我国课堂教学改革的现实基础、困局与突破路径 [J]. 教育研究，2016（3）：110-118.

[10] 叶澜. 让课堂焕发出生命活力 [J]. 教育研究，1997（9）：3-8.

[11] 卜玉华.我国课堂教学改革的现实基础、困局与突破路径 [J].教育研究，2016（3）：110-118.

[12] 刘济良，乔运超.走向生命化的课堂教学 [J].课程·教材·教法，2020（1）：62-67.

[13] 徐兆兰.普通高中课堂教学价值取向与定位研究 [J].教育理论与实践，2018（20）：13-15.

[14] 朱建明.高中数学复习课例题设置的思考——以"直线与方程的单元复习"为例 [J].教学与管理，2013（34）：53-54.

[15] 张俊.高三数学微专题复习的实践与思考 [J].教学与管理，2020（04）：55-57.

[16] 王坤.例谈基于问题解决的高中数学复习 [J].数学通报，2017，56（07）：46-49，56.

[17] 钟进均.数学高考备考中的高效复习实验研究 [J].数学教育学报，2013，22（04）：80-84.

[18] 叶事一."学案导学"在高中数学复习教学中的实践研究 [D].杭州：杭州师范大学，2015.

[19] 唐逸泉.思维导图在高三数学复习中的应用设计与实践 [D].上海：华东师范大学，2018.

[20] 郭君.高中数学复习课教学中培养学生整体性学习策略的探究与实践 [D].济南：山东师范大学，2018.

[21] 刘清昆，周丽峰.高中数学探究型复习课的样式及实践 [J].教学与管理，2015（19）：60-62.

[22] 张聪.核心素养视角下高中数学复习课的教学设计与实践研究 [D].石河子：石河子大学，2020.

[23] 蒋智东.从提高学生运算能力的角度谈数学核心素养的培养——以高三复习为例 [J].中学数学，2016（21）：13-15.

[24] Fauvel J，Maanen J van（eds.）.History in mathematics education [M].Dordrecht：Kluwer Academic Publishers，2000.

[25] Grattan_Guinness I .Companion encyclopedia of the history and philosophy of mathematical sciences（Vol .I）[M].London：Routledge，

1994：11 - 12.

[26] 汪晓勤,林永伟.古为今用：美国学者眼中数学史的教育价值 [J].自然辩证法研究，2004（06）：73-77.

[27] Kline M.Mathematics texts and teachers : a tirade [J].Mathematics Teacher，1956，49（3）：162-172.

[28] Kline M.The ancients versus the moderns : a new battle of the books[J] .Mathematics Teacher，1958，51（6）：418-427.

[29] 中华人民共和国教育部.普通高中数学课程标准（2017 年版）[M].北京：人民教育出版社，2018.

[30] 马明.数学文化过程及其育人价值（上）[J].学科教育,1998（07）：2-4，13.

[31] 马明.数学文化过程及其育人价值（下）[J].学科教育,1998（07）：5-8.

[32] 徐南昌.浅谈数学的辩证法因素对学生的素质教育功能 [J].数学通报，1993（9）：2-5.

[33] 谢明初.情境认知理论对数学教育的意义 [J].教育研究,2009（8）：69-73.

[34] 黄秦安.数学的人文精神及其数学教育价值 [J].数学教育学报，2006（11），6-10.

[35] 吴亚萍."新基础教育"数学教学改革指导纲要 [M].桂林：广西师范大学出版社，2009：310.

[36] 吴亚萍.拓展数学学科的育人价值 [J].教育发展研究，2003（03）：48-52.

[37] 叶澜.试论当代中国教育价值取向之偏差 [J].教育，1989，8：63-67.

[38] 徐章韬.数学单元小结课的认识及其教学设计 [J].课程·教材·教法，2016（12）：61-65.

[39] 伍春兰.例谈高三数学复习课的改进 [J].数学通报,2014,53（10）：33-34，62.

[40] 熊厚坚.高中数学专题复习课的教学探讨——以高中数列求和的常

用方法复习教学为例 [J]. 福建教育学院学报，2016（7）：41-43.

[41] 孙刚. 在高中数学复习课中如何进行"问题探究" [J]. 中国教育技术装备，2009（7）：104-105.

[42] 杨结东. 深化分析 培养能力 [J]. 数学通报，2010（9）：26-29.

[43] 章建跃. 注重整体性才是好数学教学 [J]. 中小学数学（高中版），2012（04）：50.

第五节　高中数学中"智慧课堂，问题解决"复习课教学模式探究

摘要：基于"智慧课堂"的数学复习课在具体实施时，"问题解决"教学模式是个不错的选择。这种模式问题是根本驱动力，促使学生思考、研究的发生，实现知识的自主构建、能力的自主提升，提出真正问题、引导真实研究、组织火热交流、深刻反思总结是其四个主要环节。文章理论联系实际给出详细的操作流程。

关键词：复习课；智慧课堂；问题解决；教学模式

复习课是学生学科能力提高的主要课型，通过复习达到巩固完善、综合提高的目的。教师的备课分三个阶段：课前备课，对复习内容有一个整体认识，高度把握，精心设计课前自测，精益求精选择例证题；课中备课，教师及时获得学情，反馈学情，即时动态备课，现场生成上课内容；课后备课，根据学生课上的反馈情况，梳理上课的得失，用心编制针对性的练习套餐，形成文字论述，记录下来。

一、课型

高中数学复习课。

二、教学目标

形成知识网络,思维导图;掌握主要题型,归纳总结;查缺补漏,解决疑难;举一反三,拓展提升。

三、教学建议

对于教学采用"自主互助、合作探究"的形式,对于重点解答题,易采用学生板演,学生批改,教师点评的形式进行;课下作业分为 A,B,C 层,不同层次的题目对应不同的能力。

四、教学流程及操作细节(教学模式)

1.教学流程

智慧先行(第一大环节):自我检测,自主纠错,提出问题,合作共赢,全班汇报,教师点评。

智慧生成(第二大环节):提出问题,代表板演,学生改错,方法收集,教师点评,变式拓展(一题多解,多题一解),总结提升。

智慧巩固(第三大环节):课下作业。

2.操作细节实施方法

智慧先行(第一大环节)

(1)编制自我检测

教师首先准备一套高质量的自我检测题,此检测题以选择题和填空题为主,解答题以中低档题目为主。

操作意图:这是教师备课的一个重要环节,一道好题,胜过十道庸题,对题目一定要精挑细选,优中选优,这是打造智慧课堂的一个重要推手,这也是多数教师忽略的环节,不愿花时间去做的环节。

(2)完成自我检测【约40分钟】

操作意图:这一环节的设置,实际上贯彻了先学后教的思想,问题是数学的心脏,在巩固知识的同时,能够发现问题,提出问题,解决问题。

(3)同桌互改,自我纠错【约4分钟】

下发答案,同桌互批,教师巡视,个别指导。

操作意图:同桌互改,这种做法一是调动了学生的积极性,二是能够把别人的解答当成一面镜子,照亮自己,达到自我纠错。教师的任务一是个别指导,另一重要的任务就是收集学生的信息,掌握学情,进行即时动态备课。

(4)提出问题,分享智慧

小组内轮流发言,提出自己的问题和见解,并合作答疑,鼓励抢答,帮助他人就是成就自己,同时学会做一个倾听者;【约8分钟】教师巡视,收集问题,小组指导,参与讨论。

操作意图:小组内的同学轮流发言,可以是自己的问题,也可以是自己的心得体会,如果是问题,小组的任何一个成员都可以帮助他去解决,是心得体会,其他同学应该积极吸收、借鉴变成自己的东西;这种做法的好处:①能够培养小组同学的合作精神和合作能力[1];②能够培养学生的思辨能力以及积极进取的精神;③让每位同学都能有所收获,解决问题的同学提高了,提出问题的也提高了,这正是智慧课堂所倡导的人人获得智慧;④能够让学生学会倾听,在倾听中思考、进步;⑤能够让教师进一步掌握学情,为即时动态备课提供信息,迅速生成备课内容;⑥能够拉近学生之间的关系,增进学生的友谊,也有利于形成和谐的师生关系,促成有活力的智慧课堂。

(5)全班汇报,智慧发言

由小组代表学生汇报,谈自己的收获或疑问(以3～5人为佳)【约5分钟】。

操作意图:(4)环节是从个人的学习到小组的合作,(5)环节是面向全体学生;在这一环节中,一是可以了解学生新掌握了哪些方法和能力,二是一些小组内不能解决的问题,在这个环节可以提出,共同解决,这些问题往往具有一般性。这一环节对学生各方面的智慧都有所促进和提高,根据学习的金字塔理论,能讲给别人听是最有效的学习方式,同时对教师也提出了更高的要求,要求教师能迅速形成接下来的最有效的智慧点评。

(6)动态备课,教师点评

教师根据学生的智慧发言,对某些问题,提出自己的见解【约3分钟】。

操作意图：教师的点评，起着至关重要的作用，对于它的作用我们打个比方，学生就像一枚烟花，教师的点评好比把烟花点燃，烟花再好，没人点燃，也不会有绚丽的色彩绽放。只有有了教师的点评，才能激发学生的潜能，进行青春的绽放。

这里需要注意的是：首先不要评判学生的错误。让学生自己发现错误，并纠正，这样才不会打击学生的增智系统，并促使学生独立思考。其次要抓住简单问题中的思维亮点提问。如：复习函数单增性时，一般学生都能看出随着 x 的增大，y 也增大，或看出"曲线是逐渐升高的"，这样可以让学生对单调性有感性的认识，但如果我们在此时加问"增大多少呢？"学生可能就答不出来，此时就可以继续引导[2]。让学生通过这个问题自己考虑到用代数符号表示图像上的点，用"作差"来求"大多少"，使学生就有了"符号化"的思想。简单的小问题往往包含了重要的思维方法，这些细节问题要重视起来。

对于思维中出现的亮点要及时肯定，一定要及时表扬。对于有些学生思维慢的，基础差的，也要鼓励，让他们看到自己在探索中同样也取得了成果，形成全班所有同学都能积极参与的氛围。

智慧生成（第二大环节）

（7）提出问题，学生板演

学生板演解答题，以 1～2 道题为佳，每题两人同时进行；教师巡视，指导部分学生。【约 12 分钟】

操作意图：这一环节对学生、对教师都有很大的帮助。对学生而言，①能够进行限时训练，提高做题的效率；②能够激发学生的表现欲，积极展现自己；③能够使学生通过他人，清楚地看到自己的不足和自己的优势，合理地自我评价。

对教师而言，①学生的做题过程展现在教师面前，能够使教师了解学生的每一个做题细节，对全面、细致地掌握学情是一次难得的机会；②能够有较多的时间对学生进行一对一的指导，这又是很难得的机会，这是在这种班级授课制中珍贵的因材施教的机会，我们应当好好把握。

这里需要注意的是要保证提出的问题是"智慧问题"。首先要服从于教学内容，要与复习的教学内容接轨，偏难怪的问题坚决摒弃。其次是以学生思维实际为出发点，要让学生"跳起来摘桃子吃"，激发学生的研究兴趣，促进学生深刻思考。也就是教师要搭设支架,设计渐进性问题,形成台阶,引导学生逐步深入研究。把困难的问题分解为容易的小问题,符合学生的最近发展区,或者把问题解决的过程变成几个步骤,学生体会各步骤的联系,形成系统解决问题的思维体验。最后,选择的智慧问题有一定的探究价值,不简单的是知识、技能、方法的训练,要有提升学生思维能力的功能,如此实现师生生命的共成长。

（8）学生改错,方法收集

学生批改点评,收集多种解法,尝试解法归纳;教师倾听。【约5分钟】

操作意图:这一环节对学生的表达能力、收集数据的能力是一种有效的训练,同时对多种解法的获得,能够拓展学生的思路,拓宽学生的视野,对学生的能力培养是一次难得的机会,这是一节课的制高点,是真正生成大智慧的核心,是学生和教师的智慧达到高潮的助推器、孵化器。

在"智慧课堂,问题教学"教学模式具体操作时,教师要清楚学生认知能力水平各不相同,个性特点不同,我们应该鼓励他们自主构建,充分接受学生解决同一问题的差异,并利用好。对于问题的解决,独立思考和小组合作后,每个小组都要有代表充分展示,这样的集体智慧,大家都很尊重,也不会互相嘲笑。集合大家的不同做法,也实现思维碰撞,研究氛围更加浓厚,不断巩固复习效果,学生积极性得以最大的调动,自主拓展学习到课外,到自己的生活中。

（9）教师点评,变式拓展【约6分钟】

操作意图:通过教师的点评,使学生的思维进一步得到提升,明白一种方法可以解决一类问题,一类问题可有多种思维方法,这对学生的归纳能力是一种训练,同时,能够让学生用更少的时间掌握更多的知识和方法,这正是智慧课堂的体现。

为了真正实现知识结构内化,在探索完成后,"千金难买回头望"也是必不可少的。在具体操作时,教师一定要和学生一起反思总结,引导学生将经历转化为能力,将收集的信息转化为他们自身的知识,让学生的外部感受转化为自己内部的能力。这才是整个教学的最根本的目的,因此这个环节是十分重要的,要经常反思问题解决的过程,中间得出了什么结论,在以后的问题中又该如何应用[3]。

（10）思维导图，总结智慧【约2分钟】

操作意图：一图胜千言，这一环节能够使学生将收获记录下来，最终变成自己的东西。思维导图的画法，需要教师的指导，一旦形成习惯，这对学生的发展是极其有利的。图像给人以形象直观的感觉，同时又能高度地概括和抽象。

智慧巩固（第三大环节）

（11）智慧选择，分层作业

操作意图：这一环节至关重要，课上学习到的新知识、新方法、新思想、新能力等，怎样才能转化为自己的成果，内化为自己的智慧呢？这就需要及时的反馈，把智慧留住，作业的作用是不可替代的，有些学生之所以学不好，就是没有及时、有效地巩固反馈，导致智慧与自己擦肩而过。当然，作业的质量关乎反馈效率的高低，这也是值得我们研究的，一般来说，请学生在 A、B、C 三个套餐中选择进行智慧巩固提升。

五、结论

高中数学复习课"智慧课堂，问题解决"模式以问题驱动学生思考，通过问题解决，达到认知重构并内化，培养学生自主学习能力，提高其综合思维水平，发展智慧。在"智慧课堂，问题解决"实施的各个环节中，教师要发挥自己的智慧，选择合适的问题，创造探究情境，引领学生逐渐攀登高峰，感受思想，优化思维，发展核心素养，打造智慧课堂。

参考文献

[1] 陈元平. 新课标下合作学习在科学教学中的应用 [J]. 中国科教创新导刊，2009（15）：21.

[2] 葛广俊. 关于数学研究性学习的思考 [J]. 安徽电子信息职业技术学院学报，2005（06）：48-49.

[3] 许毅. 高等数学课从应试教育向素质教育的转轨 [J]. 金融理论与教学，2005（04）：67-68.

第三章 挖掘育人价值，发展核心素养

第一节 数学教学中的育人元素

2013—2016 三年，我一直带文科奥赛 1 班和理科奥赛 4 班。一文一理，教学要不断调整，我只有全力以赴。两个班的高考数学成绩也很喜人，高翼考了满分 150 分，孔令超 149 分，高晨光 149 分，145 分以上 14 人，140 分以上 38 人。在全省文科高分人数出现了断崖式下滑的情况下，我们仍取得了突出成绩：全市文科前 5 名，我班有第 1、2、4、5 名，4 人，全市前 10 名，我班有 8 人。最高分吕一凡 631 分，聊城市文科状元，列全省第 43 名，距北大仅一步之遥。被人大、南大、上海交大、浙大、中山大学、厦门大学等名校录取 8 人，达到山大录取分（592 分）的 22 人，985 大学录取 25 人，211 大学录取 40 人，实现了文科多人上名校的历史性突破。

有很多人问我，为什么能一直保持激情？我们都想找到符合自己兴趣和有激情的工作，这是非常困难的，就算是正好有这样的工作，大多数情况是一开始觉得很好，一旦遇到困难，兴趣就会减弱，激情随之降低，所以兴趣与工作正好融合，最后也未必有激情。我觉得还是要在克服困难中培养自己的工作兴趣，激发自己的激情。也就是干一行，爱一行，研究一行。我愿意思考，乐于思考，边教学边研究，乐在其中，所以激情满满。

比如我们校训中的珍爱生命，给我的思考是要珍爱自己和学生的身体，生理健康,更要心理健康,心灵充实丰盈,快乐幸福,有成就感和价值感,也就是马斯洛的五个需要都要满足。这是一个很高的标准和境界。这就要求我努力创设智慧课堂,走进学生的内心,激发思维,浸润灵魂,做到真正地珍爱生命,从而也实现了求真创新,以人为本,以生为本。

比如我们高三楼前的小花园,刚修建的两条长廊,南头小亭,我觉得就像状元帽,还像龙头,中间小山有点像蟾蜍,我就思考,高三楼的教室是,开门见山,寓意开山之作,创历史先河。两条长廊寓意双龙戏珠,文理交融,都会大丰收,蟾蜍呢,寓意蟾宫折桂,舍我其谁? 生活很有奔头,充满希望,无限激情。

比如开车,我们的仪表盘上速度最高是 220 公里每小时,可是一般开到 110 左右,谁又能经常开到 150,160,180 呢? 车的潜能没有被挖掘出来,我们自己又何尝不是如此? 都说人的大脑能够装进半个图书馆,可是事实呢,我们的潜能真的是大大地被一些琐事浪费掉了,所以应该最大限度地把自己的能量发挥出来,人尽其能,物尽其用,实现价值。

比如,经常听评课,感觉各个学科都太棒了,学习就是享受,就是迷醉。由衷感慨中华文化辉煌灿烂,数学函数令人惊叹,外语相通世界为伴,物理悟理天上人间,化学反应千变万幻,生物基因代代相传,政治格局风云突变,历史经典传为美谈,地理自然我想去看! 学无止境走向前沿!

而我们高中数学高度抽象,逻辑推理极强,数学建模很广,学生感到困难彷徨。为激发学习兴趣,我坚持践行"快乐数学,数学快乐"理念,使学生思维养成时时处在浮想联翩、思潮如涌、八方联系、浑然一体的状态,下面举几个与德育相关的案例。

比如研究函数,学生经常忘定义域,事实上定义域是一种品质,要优先考虑,正如开车,上车就系安全带,拉下手刹,它是一切之前提,没有它,后面的研究就出问题,甚至没意义,正所谓皮之不存,毛将焉附?

讲到函数图像的渐近线,我说世界上最远的距离不是天涯海角,而是我就在你的身边,你却丝毫没发现,珍惜拥有的,珍惜缘分,学会感恩父母、老师! 渐近线是底线、高压线、红线,不能触碰,要守规矩,讲规则。

学习底数大于 1 的对数函数图像,当 x 大于 1 时,底数越大图像越低,一句话底大头沉,于是水到渠成地体会越有学问有水平的人越低调,越沉潜,这正如饱满的麦穗总是低下头来,学然后知不足,教然后知困,要谦虚谨慎。

学习立体几何，点动成线，线动成面，面动成体，做好一点。渗透给学生只要做好一件事，养成坚持的习惯，就能由点及面做好更多的事；只要自己坚持做好，我们的社会就会更好，少埋怨，多从自身做起，让人们因为我的存在而感到更幸福。

讲到线面平行的判定定理时，面外的线与面内的线平行就好。我们总结为里应外合，攻城拔寨，成就大业；或者反面的可以形容为内外勾结，势如破竹。

学习中国古代刘徽利用割圆术求圆周率的近似值，我们齐声读到，割之弥细，所失弥少，割之又割以至于不可割，则与圆周合体而无所失矣，真的是美美地体会到以直代曲，无限逼近的妙处。

讲到排序不等式，顺序和不小于乱序和，乱序和不小于反序和时，我们总结为同大异小，又联想到复合函数的单调性满足同增异减，一个对数当底数真数同范围就是正的，不同范围就是负的，即同正异负，我思考是只要同心同德，团结一心就会产生正能量，就一定会成功，相反离心离德，钩心斗角就会产生巨大的负能量，就会走向"失败"。

讲到直角坐标系、极坐标系、柱坐标系、球坐标系的时候，我联想到现在人们往往人云亦云，一不小心就谣言满天飞，不经考证，没有核实就充当了别人的传声筒，失去自我，缺乏个人主见，没有了自己的思考力。我问自己有看待事物的坐标系吗？我觉得比守身如玉更重要的是守脑如玉。

讲参数方程时，我们先学习圆的参数方程，最后学习直线的参数方程。我思考，圆是最完美、最理想的图形，代表着圆满，完美，幸福，充分表达出人们对美好生活的向往，研究起来也就很顺利，很理想，参数的意义也很容易找到。反观直线，尽管是最简单的图形，尽管是平面上两点间的距离直线段最短，但它很尖锐，有个性，伸向无限的远方，所以并不好控制，特别是生活中两点之间并不一定直线段最短，正如你与自己的目标、梦想之间绝不会是直接按照直线跑过去就能实现的。它一定是曲折的，复杂的，反复的，一段段地非常缓慢地接近目的地的。所以直线的参数方程并不是很简单，我们放在最后研究，这也可以辩证地说明，简就是繁，繁就是简。

我们学习导数，本来很简单的题，学生有时也觉得困难，我思考一句话：简单也是难。因为解题需要导数这个工具，比如摘桃子吃，跳一跳摘到，那还可以。可是明显够不到，就需要杆子，那打下来，也是摔烂了，所以最好是做一个布袋子,然后拴在头上,把桃子正好放进去,杆子最好是能伸缩的,携带方便;当然也可以用梯子,注意安全,所以会用工具就厉害。同样去北京,可以跑着、自行车、汽车、高铁、飞机去,这就是交通工具带来的巨大差别。努力创造性地学会用工具,为我所用。

讲数列,除了第一项,第二项以后是等差。我思考第一项是有个性,不随波逐流,坚守自我,做最好的自己。

我们数列题代入前三项,就可以找到方向,我说钱学森、钱三强、钱伟长,我们有前三项,这种思维模式,也是一种精神。向老一辈科学家学习,立志创新思维,有所作为。

知道首项、公比,就可以表示任何一项,还有知任意两项也可以,这就是向量的基底一样,前面相当于单位正交基底,坐标表示更方便。

学习向量,一个非零的向量可以生成所有与之共线的向量,两个不共线的向量,生成平面上的所有向量,可谓一生二,二生三,三生万物,这就是加法人生。

求距离二次根下一个整数最近的整数,就是这个整数左右距离不超过0.5,我说就是猴山有猴王,在单位一把手,一定都有核心意识,看齐意识,大局意识,不能太远,特别是思想上,向党中央看齐,不能超过0.5。

类似的案例几乎每节课都有,数学冰冷的美丽,经过师生火热的思考焕发出它独特的魅力,学生进入数学的智慧王国而流连忘返。每年高考后,我的很多学生填报数学及相关专业的志愿,十几年来,有一批学生上清华,到北大,去南开,出国门,攻硕读博,有的立志做出点东西来,这真是我当老师的骄傲。

努力提升自己的专业素养,业务能力,构建智慧课堂,坚持教学反思,充分挖掘数学的育人价值,立德树人,做一个受学生欢迎,家长满意,同事认可的人民教师。

第二节 对培养学生创造性思维能力的认识

摘 要：培养学生创造性思维能力是我们数学教学的主要任务之一。教师要有先进的教育教学理念，重视情感态度价值观的引领，还能创造性地监控学生学习。培养创造性思维能力，学生要有良好的知识储备和认知结构，灵活的观察发现和积极探究的精神，还要具备智商之外的很多品质，特别是独立思考的能力。

关键词：创造性思维能力；认识；认知结构；独立思考

一、培养学生创造性思维能力首先是教师要有创造性

教师的创造性直接影响着学生的创造性，新时期的教师必须不断地充电，绝不能吃老本，思维僵化，模式化，要与时俱进，开拓创新。

1. 要有先进的教学理念

教师不但在班级传授知识，还要因材施教，促进学生个性发展；不但重视学习的结果，更要重视思维发生的过程；不但做好例题练习的教学，更要注重概念原理的阐述与引导；不但批阅作业，还要有更多的得到学生信息反馈的渠道；形成自己独特的具有创新性的教学风格。

2. 要有丰富的教学素养

创新型教师常常是一个全方位，多角度，全面发展的有着丰富素养的人。一是有扎实的数学业务知识，学科能力。二是掌握足够的教育学心理学原理，能把握学生的心理认知，按规律办事，落实情感态度价值观的教学目标；具备计算机的应用能力，几何画板，Excel都应熟练掌握；能进行校本课程的开发，结合科学，文史等不同的领域进行数学教学，相互促进，互相提高。

3. 要有创造的监控方式

在教学设计、课堂生成、作业检查、考试分析、学法指导等教学的各个环节都要精心准备，勇于创新，使得课堂教学、学习过程真正转变成自我创造、

积极思考、不断生成的动态的良性的循环过程。

二、培养学生创造性思维能力关键是引领学生努力创新

创造性思维是各种思维品质的集中的再表达,是厚积薄发的产物,学生的创新意识要不断地保护引领。

1. 引导学生形成良好的知识储备和认知结构

创造是大脑提取信息、加工信息、产生推理的质变的过程。引领学生把知识方法像处理电脑一样,分好不同的盘,分门别类地进行存储,进而形成较好的认知结构。根据建构主义的观点,学生的每一次存放和提取都是一次加工创造,唯此才能更好地把握本质,把书本上的东西变活,内化成自己信手拈来的东西。

2. 引导学生灵活地观察发现并坚持积极探究

正如著名心理学家鲁宾斯指出的那样,"任何思维,不论它是多么抽象的和多么理论的,都是从观察分析经验材料开始"。观察是智力的门户,是思维的前哨,是启动思维的按钮,观察的深刻与否,决定着创造性思维的形成。观察到苹果落地,牛顿提出疑问,最终发现了万有引力。而灵活性是创造的最显著的特点。有时直接证明有困难,可以采取反证法思想,或者证明其逆否命题等,这就是灵活地、创造性地解决问题。

正如著名心理学家布鲁纳指出的那样:"探究是数学的生命线。"发现问题,提出问题,解决问题,这里的每个环节都是探究,是创造,都需要引导学生努力坚持探究下去。质疑、发现问题是创新的起点,正如爱因斯坦所说:"提出一个问题往往比解决一个问题更重要。"进一步对矛盾的中心提出突破的方向性问题,是创新的关键;结合各种条件把一个崭新的问题解决,就会得到创新的成果。

3. 引导学生多元智能,注重智商之外的品质养成

多元智能理论表明非智力因素的作用不可小视,智商之外很多品质的养成对创造思维能力的培养有重要意义。计算机之父数学家冯诺伊曼经常进入忘我的工作境界,甚至连约会之类的事情都忘记了。他成名后,仍早出晚归,分秒必争。我们就应该引导学生养成百折不挠的工作态度,为人类科学事业献身的精神,谦虚谨慎、团结合作的优秀品质,这些都与创新的工作能力密不

可分,是培养创造性思维能力的重要环节。

三、培养学生创造性思维能力要大力促进学生独立思考

独立思考是一个人思维的最基本、最常见的一种综合能力,但并不是所有人都具备这种能力,需要不断训练培养。一是要设计活动,让学生积极参与其中;二是进行方法指导,找到思维的突破口,总结解决的方式方法等;三是引导学生养成先独立思考,再对答案或者与别人交流的习惯,必须是先积极思考再热烈讨论,否则就扼杀了脑细胞的创造性,学习变得被动。

1. 引导学生享受独立思考的快乐

一个问题,大家合力解决一般不会有很大的愉悦感觉,而一个问题的独立思考后的个人解决往往伴随着巨大的成就感,大力提倡学生独立思考去解决问题,享受独立思考的快乐,例如求证 $1+\dfrac{1}{1}+\dfrac{1}{1\times2}+\dfrac{1}{1\times2\times3}+\cdots+\dfrac{1}{n!}<3$,有的同学独立地想到 $1+\dfrac{1}{1}+\dfrac{1}{1\times2}+\dfrac{1}{1\times2\times3}+\cdots+\dfrac{1}{n!}\leqslant1+\dfrac{1}{1}+\dfrac{1}{1\times2}+\dfrac{1}{2\times3}+\cdots$

$+\dfrac{1}{(n-1)n}=1+1+\dfrac{1}{2}+(\dfrac{1}{2}-\dfrac{1}{3})+(\dfrac{1}{3}-\dfrac{1}{4})+\cdots+(\dfrac{1}{n-1}-\dfrac{1}{n!})=1+1+\dfrac{1}{2}+\dfrac{1}{2}$

$-\dfrac{1}{n}=3-\dfrac{1}{n}<3$。还有的同学独立地想到 $\dfrac{1}{n!}\leqslant\dfrac{1}{1\times2\times2\times2\times\cdots\times2}=(\dfrac{1}{2})^{n-1}$,所

以 $1+\dfrac{1}{1}+\dfrac{1}{1\times2}+\dfrac{1}{1\times2\times3}+\cdots+\dfrac{1}{n!}\leqslant1+1+\dfrac{1}{2}+(\dfrac{1}{2})^{n-1}=1+\dfrac{1\times\{1-(\dfrac{1}{2})^n\}}{1-\dfrac{1}{2}}$

$=3-2(\dfrac{1}{2})^n<3$。这样的同学内心的满足感无以言表,充分地体会到思考创新的乐趣,相当长的时间都充满了学习数学的动力。

2. 引导不同的学生都能独立思考

教学中要做到普遍的关注,因人而异,全面提高学生的独立思考能力。面对尖子生要大胆地放手,让他们"吃饱",给予足够的独立思考的时空;一般的学生则运用强化激趣的方法,根据最近发展区的思想,提供跳一跳"摘到桃子"的问题,促进其独立思考;学困生就多鼓励,多启发,多给予信心,逐步

尝到独立思考的甜头；这样，使得全部学生都能养成独立思考的习惯，并最大限度地实现学生的创造性思维能力的培养。

创造性思维能力短期内是不能很快形成的，也不是一两个注意事项就能培养起来的，更不是几个典型问题的解决就能达到的，必须是课堂教学的每一个环节，都渗透创造性思维能力的培养，长期坚持，循序渐进，不断总结，经常升华才能形成能力。

参考文献

[1] 田万海. 数学教育学 [M]. 杭州：浙江教育出版社，2002.

[2] 陆书环，傅海伦. 数学教学论 [M]. 北京：科学出版社，2004.

[3] 奚定华. 数学教学设计 [M]. 上海：华东师范大学出版社，2002.

[4] 刘兼等. 数学课程设计 [M]. 北京：高等教育出版社，2003.

[5] 张奠宙等. 数学教育学导论 [M]. 北京：高等教育出版社，2003.

[6] 张奠宙，宋乃庆. 数学教育学概论 [M]. 北京：高等教育出版社，2005.

本文发表在《数学学习与研究》2015 年第 13 期

第三节　例谈数学创新能力的培养

摘　要：数学创新能力，是学习数学过程中的归纳、类比、猜想以及独创性的，发散性的对数学问题的解决能力。培养数学创新能力，可以通过发展学生的发现力、猜想力、发散力、概括力等途径来实现。

关键词：数学创新能力；发现猜想；发散概括

一、培养创新能力的第一途径：发展发现力

在人们的内心深处都有一个根深蒂固的需要，那就是成为一个发现者，一个探索者。创新能力的培养首先就是要启动思维的按钮，发现有价值的信息。创新能力的形成，首先看发现得全面不全面，深刻不深刻，独特不独特。面对一个问题不要完全硬套已有的经验模式，而应先仔细观察发现相同之处之外还有什么特殊之处，题目的个性怎样，命题人的意图是什么，本题新在何处等等。

例 1 求（lg tan1°）（lg tan2°）…（lg tan89°）的值。

一眼看上去，本题好像有什么规律，但一时又想不起来，发现不了。探索中可以想到倒序的方法，但并不是求和，而且也不能解决。这就是惯性思维的负迁移，没有发现出本题的窍门，或者说没有找到题眼。老师可以与学生一起思考，争取有重大发现。这里并不是找规律，而是找到问题的个性。最终发现问题的解决在于式子中含有特殊角的正切值，从而就会有特殊的数值的对数值，即关键的 lg tan 45°=0，一下子柳暗花明。在这个发现中，问题迎刃而解。

二、培养创新能力的第二途径：发展猜想力

教师要充分利用发现归纳猜想的认知规律，要在关键时刻忍住自己的发现，自己的思考，自己的结论，努力呈现一个积极尝试的，正在与学生一起学习的大朋友状态，这样才能激发学生的积极性，主动性，探索性，让"秘密"从学生的眼里发现，心里想通，大脑里猜想出来。引导学生做学习的主人，让学生大胆设问，让学生各抒己见，让学生猜想解决的模式，猜想结论的形式，充分发挥小组的讨论，推动其思维的主动性。在具体的实践中，可以从特殊到一般，从特殊到特殊，不但能进行归纳猜想，还能进行类比猜想，把猜想真正发展成为学生的一种能力，一种自动化的思考力，这样创新能力就慢慢培养起来了。

例 2 正三角形的中心到一个顶点和到对应边的距离之比是 2:1，那么正四面体的中心到一个顶点和对应底面的距离比是多少？

这是一个类比猜想的题目，学生可以大胆地猜想答案，一不小心就不是类比而成了乱比。教师要引导学生每一次猜想都有根据，如空间的问题解决，一般可以转化为平面的问题来解决。这样，连接正四面的体 *A-BCD* 的中心

O 与一个顶点 A 的直线交对应面于一点 M，连接 BM 交 CD 于点 E，则 AM : ME=2:1，连接 AE，过 O 作 AE 的垂线交于 F 点，则 OM=OF，sinMAE=OF : AO=ME : AE=1:3，所以答案为 3:1。

　　还可以猜想，能不能把两段距离都求出来呢？如平面图形的结论是怎么得到的，怎么证明的，那么到空间呢？方法可以类比吗？一般设棱长为 2，构造直角三角形，连接 OB，在直角△OBM 和直角△AME 中，设 OA=x，OM=y，有 $x^2-y^2=\dfrac{4}{3}$，$(x+y)^2=\dfrac{8}{3}$，两式作商得到答案 3:1。

　　进一步引导学生，联想两段距离的几何意义，你还能发现什么？本质即是三角形的外接圆与内切圆的半径的比为 2:1，那么要解决的就是正四面体的外接球与内切球的半径的比值是多少。由面积法推广到体积法，设正四面体的内切球半径 r，外接球半径 R，高为 h，每个面的面积为 S，则 $V=\dfrac{4}{3}\times 4S\times r=\dfrac{1}{3}Sh$，所以 $r=\dfrac{1}{4}h$，所以 $R=\dfrac{3}{4}h$，所以答案为 3:1。

　　甚至还可以引导学生，猜想如能不能建立空间直角坐标系，完全用坐标表示顶点，进而求出两段距离。这时写四个点的坐标，最好联想到正四面体可以放入正方体，从而设正方体的棱长为 1，则四个顶点的坐标，O 点，M 点的坐标都容易求得，从而得解。

　　这样随着猜想的不断变化，深入，有的学生又想到了向量工具，并积极地研究起来。通过发展猜想力，学生的主动性被充分地调动起来，思维活动随着猜想而不断地创新，创新能力得到很好的培养。

三、培养创新能力的第三途径：发展发散力

　　发散思维是创新能力的主要形式，谁的思维"发散"得越开，谁的创造性思维和创新能力就越强。学生在学习过程中不断积累经验，逐步形成了一定的解题套路，能有效地解决熟悉的问题。但如果只会按照题型对号入座，那就限制了思路的开拓，学生的求异意识也会因此泯灭。在教学中，教师要提倡一题多解，比较优劣，开阔学生的视野，把创新能力的培养渗透到真实的课堂教学解题中来。

　　例 3　已知数列 $\{a_n\}$，前 n 项和是 S_n，若满足 $a_1>0$，$S_3=S_{11}$，且 $\{a_n\}$ 是

等差数列，求使 S_n 最大的 n 值。

法 1 因为 $a_1>0$，$S_3=S_{11}$，所以数列的项先正后负。列式 $\begin{cases} a_n>0, \\ a_{n+1}>0 \end{cases}$ 即可得到 n 值。

因为 $S_3=S_{11}$，解得 $d=-\dfrac{2}{13}a_1$，从而 $a_n=a_1-\dfrac{2}{13}a_1(n-1)$。这样 $a_n>0$，有 $n<\dfrac{15}{2}$，$a_{n+1}\leqslant 0$ 有 $n\geqslant\dfrac{13}{2}$。判断得出 S_n 最大的 $n=7$。

法 2 显然 $S_n=a_1n+\dfrac{n(n-1)}{2}d$ 为关于 n 的二次函数，因此根据二次函数的性质。因为 $S_3=S_{11}$，可知 $d=-\dfrac{2}{13}a_1$，这样 $S_n=-\dfrac{1}{13}a_1n^2+\dfrac{14}{13}a_1n=-\dfrac{1}{13}(n-7)^2+\dfrac{49}{13}a_1$，所以 $n=7$。

另外，$S_n=-\dfrac{1}{13}a_1n^2+\dfrac{14}{13}a_1n$，也可以利用 $y=-\dfrac{1}{13}a_1x^2+\dfrac{14}{13}a_1x$ 的对称性解之，因为 $S_3=S_{11}$，直线 $x=7$ 是函数的图像的对称轴，所以 $n=7$。

法 3 联想到等差数列下标和的结论，已知 $m+l=s+t$，那么 $a_m+a_l=a_s+a_t$（$m,l,s,t\in\mathbf{N}$），这里 $S_3=S_{11}$，写成具体的项的和的形式得，$a_3+a_4+a_5+a_6+a_7+a_8+a_9+a_{10}+a_{11}=0$。我们知道 $a_4+a_{11}=a_5+a_{10}=a_6+a_9=a_7+a_8$，得到 $4(a_7+a_8)=0$，有 $a_7+a_8=0$，根据题意数列 $\{a_n\}$ 的项先正后负，为递减数列，也就是说 $a_7>0$，$a_8<0$，所以 S_n 最大时 $n=7$。

四、培养创新能力的第四途径：发展概括力

创新一种是原创，在充分准备积累的前提下，厚积薄发，独创一种理论方法，或者一项发明。比如牛顿与莱布尼茨都独立地创立了微积分，比如笛卡尔创立了直角坐标系，等等。除了原创还有一种就是在原有的基础上拓展，推广，或者嫁接，即完善现有的理论方法，推广到不同的领域。无论哪一种创新都需要概括已有的经验，已有的理论本质，只有在概括的基础上才能升华，才能质变，可见概括力是创新能力的培养与形成的最后法宝。在数学课堂教学中，引导学生概括题目编制的创新，思考解决方法的创新，形成能力。学习完一章以后可以引导学生建立章节结构图，或者是思维导图，或者写出小论文，这本身就是一种创新，每个学生的作品都是自己智慧的结晶。

参考文献

[1] 刘兼等 . 数学课程设计 [M]. 北京：高等教育出版社，2003.

[2] 陆书环,傅海伦 . 数学教学论 [M]. 北京：科学出版社，2004.

[3] 张奠宙,宋乃庆 . 数学教育学概论 [M]. 北京：高等教育出版社，2005.

本文发表在《文理导航》（中旬），2018 年第 09 期

第四节　中学数学证明中的信息运用价值

摘　要：证明是数学知识得以确证的唯一方式,在中学数学中占有重要的地位,而要顺利地证题,必须捕捉题目中蕴含的各种信息,一种完美、流畅的证明思路,是以成功获取信息为前提的。本文主要阐述了中学数学证明中的信息运用及不同信息量的数学证明的教育价值,意在通过数学证明,训练和培养学生的逻辑思维和非逻辑思维能力。

关键词：证明；信息运用；信息获取；信息加工

一、数学证明中的信息运用

1. 数学证明中的信息获取与加工

数学证明的关键在于"理解题意"。按信息论的观点,理解题意就是从问题的情境中"如何获取信息"和"如何加工信息"。

"理解题意"的第一步是从题意中获取信息,获取信息的主要方法是检索信息和搜索信息。检索就是辨析,就是对众多的信息加以区分和辨认。搜索则是抽取和捕捉闪烁于题设字里行间的不很明确的信息。在检索和搜索信息的过程中,每一个名词符号都是信息,每一句语义都是信息,所涉及的各种对象之间的关系也是信息,要真正弄清它们的意义,就要辨认哪些信息是自己

熟悉的，哪些信息是自己所知道但不很明了的，哪些信息是自己不明了的，尤其注意不要被信息的表面形式所迷惑。对熟悉的信息要展开广泛的联想，不要遗漏信息的每一种含义，对不很明了或不明白的信息，属于概念性知识性的，要重温课本，钻研教材，分析原因，属于问题新出现的名词概念，要反复阅读问题，深入钻研问题内容，发掘新名词概念的含义。

加工信息，就是以发散性加工或收敛性加工的方式解释、组织和转化信息。数学问题一般都以十分严谨而精炼的数学语言表达。因此，解释信息就成为理解题意的一项非常重要的工作。首先要用自己的语言重述问题，即用自己熟悉的方式对问题重新编码，使得许多问题成分变成自己熟悉的信息。"组织信息"就是将获取的信息重新加以组合，常常是按照原来的信息组织并不能看出其中对解题有价值的联系，而重新组合以后，一些有价值的联系就变得一目了然。"转化信息"，就是对信息进行变形、改造，因为题设中有的信息并不能直接用来解决问题，必须从记忆储存中提取有关信息使获取的信息转化成新的信息，才能成为达到问题目标的有价值的信息。

例1 如图 3-1 所示，已知两直线被第三条直线所截，外错角相等，证明两直线平行。

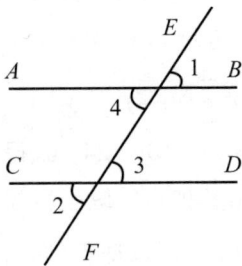

图 3-1

分析：①获取有用的信息。包括从题目的叙述及题目的附图两个方面去获取信息，这共有 3 条信息：

从题目的文字叙述中获取"符号信息"：$\angle 1 = \angle 2$ ①

从题目的图形中获取"形象信息"：$\angle 1$ 与 $\angle 3$ 为同位角   ②

$\angle 2$ 与 $\angle 3$ 为对顶角   ③

②加工信息。通过对信息的解释、组织转化及从记忆储存中提取有关信

息,对获取信息进行发散性加工,得到三条信息:

对顶角相等　　　　　　　　　　　　　　　　　④

等于第三个量的两个量相等　　　　　　　　　　⑤

同位角相等,则两直线平行　　　　　　　　　　⑥

③把两方面的信息(共6条)进行有效组合,即得到了推理证明过程

证明 $\left.\begin{array}{l}\angle 1=\angle 2 \\ \angle 2=\angle 3\end{array}\right\} \Rightarrow \angle 1=\angle 3 \Rightarrow AB\parallel CD$。

从这个例题的分析中我们可以看到信息的获取与加工对证明起着至关重要的作用,所以应注意加强对信息运用的认识和重视程度。

2. 数学证明中信息运用的特性

(1)信息运用的整体性

有一些问题所含的信息量大,证题者在获取信息进行编码时,注意力往往只集中在那些典型的"重要"信息上,那些非典型的"不显著"信息容易被忽略,从而阻碍了对问题信息的完整编码,导致无法证得结论。此情况比较容易察觉到,遇到了就需耐心地重新检索信息,查找遗漏信息。

(2)信息运用的准确性

例2 已知动点 $P(x,y)$ 到定点 $A(3,4)$ 的距离比 P 到 x 轴的距离多一个单位,证明动点 P 的轨迹方程为 $x^2-6x-10y+24=0$。

错解　由题意得 $\sqrt{(x-3)^2+(y-4)^2}=y+1$　　①

两边平方化简得　　$x^2-6x-10y+24=0$,得证。

形成原因和纠错:以上错解把点的纵坐标与点 P 到轴 x 的距离两者混淆了,但此题隐含了这样的条件,故可以证得结论,应把①式右边的 y 改为 $|y|$,然后化简。

例3　若 $x+y+z=1$,求证: $x^2+y^2+z^2 \geqslant \dfrac{1}{3}$。

错解　设 $x=\dfrac{1}{3}-t,\ y=\dfrac{1}{3}-2t,\ z=\dfrac{1}{3}+3t\ (t\in \mathbf{R})$

则 $x^2+y^2+z^2=(\dfrac{1}{3}-t)^2+(\dfrac{1}{3}-2t)^2+(\dfrac{1}{3}+3t)^2=\dfrac{1}{3}+14t^2 \geqslant \dfrac{1}{3}$,当 $t=0$ 时,等号成立。

形成原因：在上述证明中，变量代换实际上增加了题目没有的信息 $y=-\dfrac{1}{3}+2x$，$z=\dfrac{4}{3}-3x$，从而导致了"潜在假设"。

正确解法：设 $x=\dfrac{1}{3}+\alpha$，$y=\dfrac{1}{3}+\beta$，$z=\dfrac{1}{3}+\gamma$，其中 α，β，$\gamma\in\mathbf{R}$，则 $\alpha+\beta+\gamma=0$，于是

$$x^2+y^2+z^2=(\dfrac{1}{3}+\alpha)^2+(\dfrac{1}{3}+\beta)^2+(\dfrac{1}{3}+\gamma)^2=\dfrac{1}{3}+\alpha^2+\beta^2+\gamma^2\geqslant\dfrac{1}{3}。$$

以上两个例题虽然"歪打正着"把题目证出来了，但正因为如此才容易忽视其中的问题，如例 2 中对基本知识点理解不准确导致证明失败，例 3 中增加了题目中没有的信息，导致了错误，所以在证明过程中要充分把握信息的准确性，不能一叶障目，片面理解，而且应强调数学的推理步步有据，说理充分，没有证明的或未知的信息不可随便采用，否则就会犯错误。

（3）信息运用的深刻性

对于上面给出的几个例子，问题的信息大部分是直接给出了，比较容易利用和加工，但在一些比较复杂的题目中，有些信息"隐居幕后"，须由解题者搜索、挖掘或多次地进行信息转化，才能充分搜索、挖掘出其中隐含的信息，最终使信息得以顺利运用。

例 4　如图 3-2，已知线段 AB 在直线 $x=2$ 上移动，O 为原点，$\angle AOB=\theta$，$\theta\in(0,\dfrac{\pi}{2})$，动点 P 满足 $\overrightarrow{PA}^2=\overrightarrow{PB}^2=\overrightarrow{PO}^2$，证明动点的轨迹方程为 $\dfrac{(x-\frac{2}{\sin^2\theta})^2}{\frac{4\cos^2\theta}{\sin^4\theta}}-\dfrac{y^2}{\frac{4}{\sin^2\theta}}=1$ $(x\leqslant\dfrac{2-2\cos\theta}{\sin^2\theta})$。

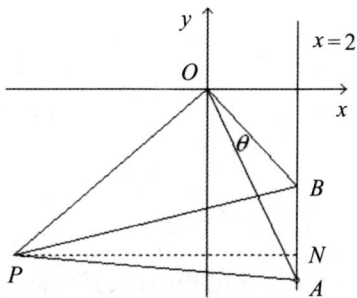

图 3-2

证明： 由 $\overrightarrow{PA}^2 = \overrightarrow{PB}^2 = \overrightarrow{PO}^2$ 得 $|\overrightarrow{PA}| = |\overrightarrow{PB}| = |\overrightarrow{PO}|$，知 P 为 $\triangle AOB$ 的外心，设 $P(x，y)$，作 $PN \perp AB$ 于点 N，由平面几何知识，$\angle APB = 2\angle AOB = 2\theta$，且 N 为 AB 的中点，进而得到 $\angle APN = \theta$。

在 Rt $\triangle APN$ 中，

$$\cos\theta = \left|\frac{PN}{PA}\right| = \left|\frac{PN}{PO}\right|$$

所以

$$\cos\theta = \frac{|x-2|}{\sqrt{x^2+y^2}}$$

化简，得

$$\sin^2\theta \cdot x^2 - \cos^2\theta \cdot y^2 - 4x + 4 = 0$$

即

$$\frac{(x - \frac{2}{\sin^2\theta})^2}{\frac{4\cos^2\theta}{\sin^4\theta}} - \frac{y^2}{\frac{4}{\sin^2\theta}} = 1$$

又

$$x < 2$$

所以

$$x \leqslant \frac{2 - 2\cos\theta}{\sin^2\theta}$$

故所求的点的轨迹方程为

$$\frac{(x - \frac{2}{\sin^2\theta})^2}{\frac{4\cos^2\theta}{\sin^4\theta}} - \frac{y^2}{\frac{4}{\sin^2\theta}} = 1 \ (x \leqslant \frac{2 - 2\cos\theta}{\sin^2\theta})$$

解决本题的关键是抓住了题设中的两个隐含信息：一是由 $\overrightarrow{PA}^2 = \overrightarrow{PB}^2 = \overrightarrow{PO}^2$，得 $|\overrightarrow{PA}| = |\overrightarrow{PB}| = |\overrightarrow{PO}|$，知 P 为 $\triangle AOB$ 的外心；二是平面几何中"同一个圆中，同

弧所对圆周角是圆心角的一半"。通过隐含信息的挖掘，在所求点与已知角之间找到了相应关系的信息，使问题得以转化、解决。

二、不同信息量的数学证明的教育价值

1. 信息含量少的数学证明——多联想可得一题多解

证明题提供的直接信息少，同样设置的思维限制也就少，受到思维习惯的约束也就少。对于同一道题，若从数学的不同分支出发考察对象，广泛联想，可能会得出不同的启示，从而引出多种不同的解法．一题多解强调的是有个性的学习活动过程。在这一过程中可以获得丰富多彩的学习体验和个性化的创造性表现。一题多解也有益于对已学知识的联系、整合、应用与丰富，有助于提高观察能力、探索能力和创新能力，也揭示了事物内在的联系，带给世界五彩纷呈的多样性。

例 5　已知 $a>0$，$b>0$，$c>0$，

求证：$\sqrt{a^2+b^2}+\sqrt{b^2+c^2}+\sqrt{c^2+a^2}\geqslant\sqrt{2}\,(a+b+c)$。

思路 1　题目结构中 a，b，c 具有轮换对称性，可将右式分成三个部分，

易证 $\sqrt{a^2+b^2}\geqslant\dfrac{\sqrt{2}}{2}\,(a+b)$，$\sqrt{b^2+c^2}\geqslant\dfrac{\sqrt{2}}{2}\,(b+c)$，$\sqrt{c^2+a^2}\geqslant\dfrac{\sqrt{2}}{2}\,(c+a)$，

三式相加即证。

思路 2　左边三个根式，每个根式可视为某个复数的模，联想复数的有关知识，得 $|a+b\mathrm{i}|=\sqrt{a^2+b^2}$，$|b+c\mathrm{i}|=\sqrt{b^2+c^2}$，$|c+a\mathrm{i}|=\sqrt{c^2+a^2}$，由复数的模的性质，得

$$|a+b\mathrm{i}|+|b+c\mathrm{i}|+|c+a\mathrm{i}|\geqslant|a+b\mathrm{i}+b+c\mathrm{i}+c+a\mathrm{i}|,$$

故有

$$\sqrt{a^2+b^2}+\sqrt{b^2+c^2}+\sqrt{c^2+a^2}\geqslant\sqrt{2}\,(a+b+c)。$$

思路 3　$\dfrac{\sqrt{2}}{2}$ 是三角函数的特殊值，联想三角知识，可以从右边证到左边。

由于

$$\frac{\sqrt{2}}{2}\,(a+b)=a\sin\frac{\pi}{4}+b\sin\frac{\pi}{4}=\sqrt{a^2+b^2}\,\sin(\frac{\pi}{4}+\varphi)\leqslant\sqrt{a^2+b^2},$$

所以

$$\sqrt{a^2+b^2} \geqslant \frac{\sqrt{2}}{2}(a+b),$$

同理可得

$$\sqrt{b^2+c^2} \geqslant \frac{\sqrt{2}}{2}(b+c), \quad \sqrt{c^2+a^2} \geqslant \frac{\sqrt{2}}{2}(c+a),$$

三式相加即得证。

2. 信息充裕的证明——多反思可得一题多结论

波利亚说：即使是相当好的学生，当他得到问题的解答，并且很干净利落地写下论证后，就会合上书本，找点别的事干干，这样做他们就错过了解题的一个重要而有益的方面，那就是反思。特别是对于信息充裕的证明题，利用由题意获取的和加工的信息，不仅能证明题目中要求的结论，而且通过反思，把原题作为基本题，然后以它为中心，进行拓宽引申，往往可使一题变一串题。增加了探索性反思这一过程不仅能拓展思路，提高应变能力，而且能培养发散思维能力，提高分析问题、解决问题和研究问题的能力，加深对问题认识的深度和广度。

下面举解析几何的一道证明题来说明。

例6（基本题）过抛物线 $y^2=2px(p>0)$ 的焦点的一条直线和抛物线相交于两点 $A(x_1, y_1)$ 和 $B(x_2, y_2)$，求证：$y_1y_2=-p^2$。

证明：①若直线斜率存在，且不为零，设过焦点的直线为

$$y=k\left(x-\frac{p}{2}\right),$$

即

$$x=\frac{1}{k}y+\frac{p}{2},$$

代入

$$y^2=2px$$

得

$$y^2=\frac{2p}{k}y+p^2,$$

所以

$$ky^2 - 2py - kp^2 = 0,$$

由题设得，y_1，y_2 是方程的两根，于是由根与系数的关系，可得

$$y_1 y_2 = -\frac{kp^2}{k} = -p^2;$$

②若直线斜率不存在，则

$$x = \frac{p}{2},$$

代入

$$y^2 = 2px$$

得

$$y^2 = p^2,$$

从而

$$y_1 y_2 = (-p) \cdot p = -p^2;$$

综合上述两种情况，得

$$y_1 y_2 = -p^2$$

另外通过题目所提供的信息，经过反思探索可以得到以下结论：

在基本题中，因为 $x_1 = \frac{y_1^2}{2p}$，$x_2 = \frac{y_2^2}{2p}$，所以 $x_1 x_2 = \frac{(y_1 y_2)^2}{4p^2} = \frac{p^2}{4}$，于是有

结论 1 过抛物线 $y^2 = 2px(p > 0)$ 的焦点的一条直线和抛物线相交，两交点的横坐标分别为 x_1 和 x_2，则 $x_1 x_2 = \frac{p^2}{4}$。

由基本题和结论 1 知，$x_1 x_2 = \frac{p^2}{4}$，$y_1 y_2 = -p^2$，可得 $\frac{y_1}{x_1} \cdot \frac{y_2}{x_2} = -4$，于是有

结论 2 过抛物线 $y^2 = 2px(p > 0)$ 的焦点的一条直线和抛物线相交于两点，则两交点与原点连接线的斜率之积为 -4。

从基本题的证明过程中，可知

$$y_1 + y_2 = \frac{2p}{k},$$

从而

$$2p(x_1 + x_2) = y_1^2 + y_2^2 = (y_1 + y_2) - 2y_1 y_2 = \frac{4p^2}{k^2} + 2p^2,$$

于是

$$x_1 + x_2 = \frac{2p}{k^2} + p$$

由此得

结论 3　过抛物线 $y^2 = 2px\,(p > 0)$ 的焦点,且斜率为 k 的直线和这抛物线相交,两焦点的横坐标分别为 x_1 与 x_2,纵坐标分别为 y_1 与 y_2,则

$$x_1 + x_2 = \frac{2p}{k^2} + p, \quad y_1 + y_2 = \frac{2p}{k}。$$

由抛物线定义及结论 3 知,弦长为

$$|AB| = x_1 + x_2 + p = \frac{2p}{k^2} + p + p = 2p\left(\frac{1}{k^2} + 1\right) = \frac{2p}{\sin^2 \alpha}$$

其中 α 为直线 AB 的倾斜角,于是有

结论 4　过抛物线 $y^2 = 2px\,(p > 0)$ 的焦点,倾斜角为 α 的直线和这抛物线相交,则截得的弦长为 $\dfrac{2p}{\sin^2 \alpha}$。

参考文献

[1] 罗增儒. 数学解题引论 [M]. 西安:陕西师范大学出版社,1998.

[2] 黄加卫,徐晓红. 数学解题正确结论下的"迷雾"[J]. 数学教学,2005,2:31.

[3] 谭本远,陈国庆. 关于数学信息的转换策略 [J]. 数学通报,2003,11:18.

[4] 王华民. 浅谈发掘数学信息的隐性特征 [J]. 中学数学教学,2001,3:8-10.

本文发表在《数学教学通讯》2015 年第 21 期

第五节 对一类不等式极值问题的探讨

原题引入：

若 a，b，c 为任意正实数，且满足 $a+b+c=3$，

求证：$a^2+b^2+c^2+abc \geqslant 4$。

解决这个问题有着众多方法，这里给出一种在笔者看来最为巧妙的一种。

证明：不难发现取等条件为 $a=b=c=1$

由抽屉原理我们有：a，b，c 3 个数中必有两个数同大于等于 1 或者同小于等于 1

不妨设为 a，b，则 $(a-1)(b-1) \geqslant 0$，即 $ab \geqslant a+b-1$。那么我们有

$a^2+b^2+c^2+abc$

$\geqslant a^2+b^2+c^2+c(a+b-1)$

$\geqslant a^2+b^2+c^2+c(a+b+c)-c$

$=a^2+b^2+c^2+2c$

$\geqslant 2ab+2c$

$\geqslant 2(a+b-1)+2c$

$=2(a+b+c)-2$

$=4$

以上方法利用取等条件巧妙构造抽屉，让人充分体会到了数学之美。在解决掉这个问题后，不由让人思考，这个不等式有没有一个更普遍的形式呢？

推论一：若 a，b，c 为任意正实数，且满足 $a+b+c=t$，

则 $a^2+b^2+c^2+\dfrac{3}{t}abc \geqslant \dfrac{4t^2}{9}$。

这个推论是非常浅显的，我们同原题一样，利用 $\dfrac{t}{3}$ 来构造抽屉，应用几

乎完全一样的证明方法与步骤，即可证明。在推论一中，我们令 abc 的系数为 $\dfrac{3}{t}$，当如果分子并非是 3，而是其他的数呢？第一反应，取等条件仍然为 $a=b=c=\dfrac{t}{3}$，猜测不等式的结构应该是这样的：

若为任意正实数，且满足 $a+b+c=t$，

则 $a^2+b^2+c^2+\dfrac{k}{t}abc \geqslant \dfrac{k \cdot t^2}{27}+\dfrac{t^2}{3}$。

然而，仔细思考一下，当 $k \to -\infty$ 的时候，很明显 a，b，c 中若有一个甚至多个值为 0 时，自然要比 $a=b=c=\dfrac{t}{3}$ 时的值小得多。结合我们已知的情况，我们可以知道，这个不等式的极值随着 k 所属区间变化也会发生一定的取等性质的改变。那么我们所需要寻找的这个引发变化的临界是多少呢？

基于对称性的考虑，我们猜测取等条件有可能是以下三种情况。

情况一：取等条件为 $a=b=c=\dfrac{t}{3}$，

则 $a^2+b^2+c^2+\dfrac{k}{t}abc=\dfrac{k \cdot t^2}{27}+\dfrac{t^2}{3}$。

情况二：取等条件为 $a=0$，$b=c=\dfrac{t}{2}$ 及其轮换对称时，

则 $a^2+b^2+c^2+\dfrac{k}{t}abc=\dfrac{t^2}{2}$。

情况三：取等条件为 $a=b=0$，$c=t$ 及其轮换对称时，

则 $a^2+b^2+c^2+\dfrac{k}{t}abc=t^2$。

考虑到 t 是条件中给定的一个常数，而 k 才是引起变化的变量，下面作出 $a^2+b^2+c^2+\dfrac{k}{t}abc$ 的值关于 k 的函数图像，如图 3-3 所示。

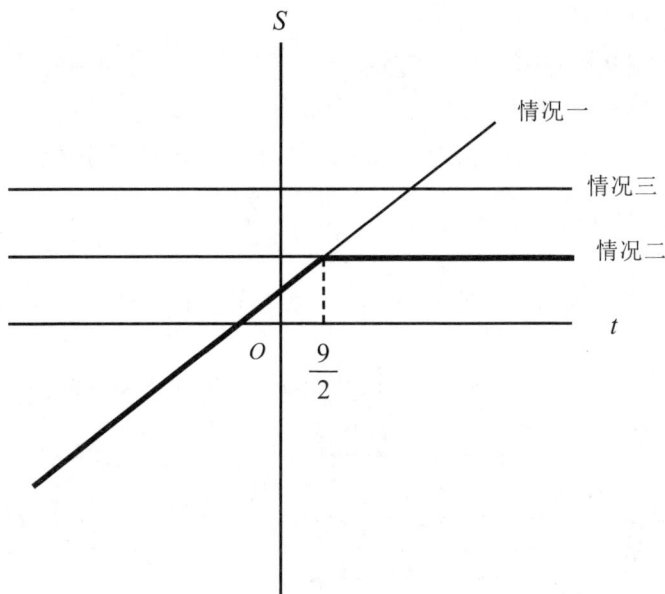

图 3-3

自然，我们猜测要证的方向就是我们加重的区域。

推论二：①当 $k \geqslant \dfrac{9}{2}$ 时，有 $a^2+b^2+c^2+\dfrac{k}{t}abc \geqslant \dfrac{t^2}{2}$ ；

②当 $k \leqslant \dfrac{9}{2}$ 时，有 $a^2+b^2+c^2+\dfrac{k}{t}abc \geqslant \dfrac{k \cdot t^2}{27}+\dfrac{t^2}{3}$ 。

证明：

①$\because a^2+b^2+c^2+\dfrac{k}{t}abc = a^2+b^2+c^2+\dfrac{k}{a+b+c}abc$ 为齐次式。

故不妨设 $t=3$ ，即证 $a^2+b^2+c^2+\dfrac{k}{3}abc \geqslant \dfrac{9}{2}$ 。

下面分两种情况证明：

a. 当 $k \geqslant 6$ 时，不妨设 $c=\max\{a,\ b,\ c\}$ ，则 $c \geqslant 1$ ，

设 $a'=0$ ，$b'=a+b$ ，$c'=c$

下面需证 $a^2+b^2+c^2+\dfrac{k}{3}abc \geqslant a'^2+b'^2+c'^2+\dfrac{k}{3}a'b'c'$ ，

等价于 $a^2+b^2+c^2+\dfrac{k}{3}abc \geqslant a^2+b^2+c^2+2ab$ 。

当 $a=0$ 时,其是恒等的。

当 $a \neq 0$ 时,化简有 $kc \geq 6$。

由初始假设有 $kc \geq 6$,$c \geq 1$,故有其成立。

那么,原问题就转化为:若 $a+b=3$,求 a^2+b^2 的最小值。

由柯西不等式有 $a^2+b^2 \geq \dfrac{(a+b)^2}{2}=\dfrac{9}{2}$。

故分类 a 成立,当 $b=c=\dfrac{3}{2}$,$a=0$ 及其轮换对称时取等。

b. 当 $\dfrac{9}{2} \leq k \leq 6$ 时,不妨设 $a=\min\{a,\ b,\ c\}$,则 $a \leq 1$。

令 $a'=a$,$b'=\dfrac{b+c}{2}$,$c'=\dfrac{b+c}{2}$,

下面同样需证 $a^2+b^2+c^2+\dfrac{k}{3}abc \geq a'^2+b'^2+c'^2+\dfrac{k}{3}a'b'c'$。

化简有 $2 \times \left(\dfrac{b-c}{2}\right)^2 \geq \dfrac{k}{3} \cdot a \cdot \left(\dfrac{b-c}{2}\right)^2$。

当 $b=c$ 时,其是恒等的。

当 $b \neq c$ 时,化简有 $ak \leq 6$,

由初始假设有 $k \leq 6$,$a \leq 1$,故有其成立。

下面等价于求函数在 $0 \leq x \leq 1$ 时,

$$f(x)=x^2+2x\left(\dfrac{3-x}{2}\right)^2+\dfrac{k}{3} \cdot x \cdot \left(\dfrac{3-x}{2}\right)^2=\dfrac{k}{12}x^3+\dfrac{(3-k)x^2}{2}+\left(\dfrac{3k-12}{4}\right)x+\dfrac{9}{2}$$

的最小值。

$$\because f'(x)=\dfrac{k}{4}x^2+(3-k)x+\dfrac{3k}{4}-3=\dfrac{k}{4}(x-1)\left(x-3+\dfrac{12}{k}\right)$$

$$又\because \dfrac{1}{3}=3-12\times\dfrac{2}{9} \leq 3-\dfrac{12}{k} \leq 3-\dfrac{12}{6}=1$$

结合二次函数的性质可知:

$f(x)$ 在 $[0,1]$ 上恒增或先增后减,故只需求 $\min\{f(0),f(1)\}$,

$\because f(1)=\dfrac{k}{3}+3 \geq \dfrac{9}{2}\times\dfrac{1}{3}+3=\dfrac{9}{2}$,$f(0)=\dfrac{9}{2}$,

故分类 b 成立,当 $a=c=\dfrac{3}{2}$,$c=0$ 及其轮换对称时取等。

对于②，当 $0 \leqslant k \leqslant \dfrac{9}{2}$ 时，同样应用磨光变换法可证；当 $k \leqslant 0$，直接应用平均值不等式即可证明，取等条件为 $a=b=c=\dfrac{t}{3}$。

结语：在面临问题和疑惑时，要仔细分析，善于归纳，大胆联想，就能够有所收获。这也是我们学习动力的源泉。

本文发表在《数学通讯》2016 年第 07 期

第六节　探索不等式证明中的柯西求反技巧

引理：设 a，b，c，d 是任意非负实数，则有

（1）$a+b \geqslant 2\sqrt{ab}$；

（2）$(a+b+c+d)^2 \geqslant 4(da+ab+bc+cd)$ ［将 $(a-b+c-d)^2 \geqslant 0$ 展开移项即为该不等式］。

在条件不等式的证明中，常常会出现一种情况，那就是对于该不等式，从它的分母来说有着强烈的应用基本不等式的想法，但往往会因为它处在分母上，利用基本不等式会使其不等号方向与所要求证的方向相逆。

但是，作为众多不等式的证明基础的基本不等式，其简洁而强大的形式在不等式的证明上会带来巨大的优势，如果无法应用它，从某些题目或者某种程度上不得不说是一种遗憾。

那么，如何使这看似不可能去应用基本不等式变为可能呢？下面，将提出柯西求反的技巧，让这不可能变得触手可及。

例 1：若 a，b，c，$d>0$，$\dfrac{1}{a}+\dfrac{1}{b}+\dfrac{1}{c}+\dfrac{1}{d}=4$，

求证：$\dfrac{a^2}{1+a^2}+\dfrac{b^2}{1+b^2}+\dfrac{c^2}{1+c^2}+\dfrac{d^2}{1+d^2} \geqslant 2$。

证明:对于第一项,有 $\dfrac{a^2}{1+a^2}=1-\dfrac{1}{1+a^2}\geqslant 1-\dfrac{1}{2a}$。

同理,有另外 3 项不等式,相加得

原式 $\geqslant 4-\dfrac{1}{2}\left(\dfrac{1}{a}+\dfrac{1}{b}+\dfrac{1}{c}+\dfrac{1}{d}\right)=2,$

即为所证。

也许这道题用其他方法也并不难证,但利用柯西求反技巧将其符号由正转负,从而拥有了应用基本不等式的能力,不得不说这是一种赏心悦目的证明方式。

那么,这时我们的大脑里会自然而然地产生一个疑问:为什么要用 1 作为被减量来应用柯西求反技巧呢?用 a 或 $\dfrac{1}{a}$ 等其他的量作为被减量来使用柯西求反技巧是否还具有这一漂亮的形式呢?首先,a 作为一个与题目条件关联性不强的量,引入的意义不大,可以说是引走了解题路上的一只猛虎,却又引入了另一只。其次,具体分析,原式可化为 $a-\dfrac{a^3-a^2+a}{1+a^2}$,其应用的价值也不算太大。那么 $\dfrac{1}{a}$ 呢?它与题干所给出的条件有着非常强的关联性,但是比较遗憾的是虽然关联性强,可同样分析 $\dfrac{1}{a}-\dfrac{1}{a^3+a}$,其利用价值也几乎是微乎其微。所以对于本题来说,用 1 来作为被减量应用柯西求反技巧是个极好的选择,那么用常数甚至是常数 1 就一定是最好的选择吗?其实并不尽然。

例 2:若 $a,b,c,d>0$,$a+b+c+d=4$,求证:

$$\dfrac{8-3a}{a^2+4}+\dfrac{8-3b}{b^2+4}+\dfrac{8-3c}{c^2+4}+\dfrac{8-3d}{d^2+4}\geqslant 4。$$

证明:对于第一项,有 $\dfrac{8-3a}{a^2+4}=2-\dfrac{2a^2+3a}{(a^2+1)+3}\geqslant 2-\dfrac{a(2a+3)}{2a+3}=2-a$。

同理,有另外 3 项不等式,相加得

原式 $\geqslant 2+2+2+2-(a+b+c+d)=4,$

即为所证。

例 3:若 $a,b,c,d>0$,$a+b+c+d=4$,求证:$\dfrac{d^2}{1+a^2}+\dfrac{a^2}{1+b^2}+\dfrac{b^2}{1+c^2}+$

$\dfrac{c^2}{1+d^2} \geqslant 2$。

证明：对于第一项，有 $\dfrac{d^2}{1+a^2} = d - \dfrac{a^2 d}{1+a^2} \geqslant d - \dfrac{a^2 d}{2a} = d - \dfrac{1}{2}ad$。

同理，有另外 3 项不等式，相加得

$$原式 \geqslant (a+b+c+d) - \dfrac{1}{2}(ba+ab+bc+cd)$$

$$\geqslant 4 - \dfrac{1}{2} \times \left[\dfrac{1}{4}(a+b+c+d)^2\right]$$

$$= 4 - 2 = 2,$$

即为所证。

例 4：若 a，b，c，$d > 0$，$a+b+c+d=4$，求证：

$$\dfrac{d+1}{a^2+1} + \dfrac{a+1}{b^2+1} + \dfrac{b+1}{c^2+1} + \dfrac{c+1}{d^2+1} \geqslant 4。$$

证明：对于第一项，有 $\dfrac{d+1}{a^2+1} = d+1 - \dfrac{(d+1)a^2}{a^2+1} \geqslant d+1 - \dfrac{a}{2} - \dfrac{ad}{2}$。

同理，有另外 3 项不等式，累加得

$$原式 \geqslant \dfrac{1}{2}(a+b+c+d) - \dfrac{1}{2}(ba+ab+bc+cd) + 4$$

$$\geqslant \dfrac{1}{2}(a+b+c+d) - \dfrac{1}{2} \times \left[\dfrac{1}{4}(a+b+c+d)^2\right] + 4$$

$$= 4,$$

即为所证。

在上面，特意选择了几道形式极其相近的不等式来作为例题，借此来体会所引入的被减量的不同点与相同点。

在这三道题中如果再选择常数甚至常数 1 就显然差强人意了。

由此看来，被用来应用柯西求反的被减量与要证的代数式的分子有着极强的联系，那么，该利用一个什么样的量，就必须进行一定的分析（一般的原则是要确保形成的分式的分子是进行基本不等式放缩后分母的一定倍数关系，而且所引入的被减项的次数往往是原式分母的次数与分子的次数之差）。在这一点上，必须多加尝试与总结，相信一定会有所收获和体会。

在最后,必须要强调,柯西求反技巧确实有着强大的功能,但其也并非万能的,对于一些题不能盲目应用,并且与此同时一定要关注不等式的取等条件,万不可因为可以应用柯西求反技巧而忘了最本质的东西,这样反倒会陷入迷途。

参考文献:

[1] 范建雄.不等式的秘密(越南)[M].哈尔滨:哈尔滨工业大学出版社,2014.

本文发表在《数学教学》2016 年第 02 期

第七节　函数方程的解法

摘　要:常用的函数方程解法有定义法,换元法,解方程组法,赋值法,待定系数法,递推法,列举法,数学归纳法,参数法,利用函数性质的方法,辅助函数法,不动点法,微积分法等,并且举例说明解函数方程的思路。

关键词:函数方程;解法

在说函数方程的解法之前,先说说要用到的基础知识。含有未知函数的等式叫作函数方程,如 $f(x)=x$, $f(-x)=f(x)$, $f(-x)=-f(x)$, $f(x+2)=f(x)$ 等,能使函数方程成立的函数叫作函数方程的解,如 $f(x)=x+1$,求函数方程的解或证明函数方程无解的过程叫作解函数方程。

函数的定义:两个非空集合 A,B 在对应法则 f 下,集合 A 的任意一个元素在 B 中都有唯一的一个象与它对应。各类不同的函数有各自本身的性质,例如,六类基本函数的对称性、奇偶性、周期性、增减性、最值性都各有不同。

如指数函数和对数函数，指数函数是对数函数的反函数，但它们却有不同的增减性。函数方程本身概括了某个或某类函数的基本性质，反映了函数的本质特征，因此在求解函数方程时，函数的性质可作为解题的着手处和切入点。

下面我们来看看这些解法是如何定义的，并通过一些例题看一下其一般的解题过程。

一、定义法

定义法是把所给函数的解析式，通过配方、凑项等方法使之变形为关于"自变量"（或"原象"）的表达式，然后用 x 代替"自变量"即得函数 $f(x)$ 的表达式。

例 1　已知 $f\left(\dfrac{1+x}{x}\right) = \dfrac{x^2+1}{x^2} + \dfrac{1}{x}$ ，求 $f(x)$。

解：把解析式按"自变量"——" $\dfrac{1+x}{x}$ "变形，得

$$f\left(\frac{1+x}{x}\right) = \left(\frac{1+x}{x}\right)^2 - \frac{1+x}{x} + 1$$

以 x 代 $\dfrac{1+x}{x}$ ，得 $f(x) = x^2 - x + 1(x \neq 1)$ ，

经检验知，它是原方程的解。

例 2　解函数方程 $f\left(\dfrac{1}{x}\right) = x + \sqrt{x^2+1}$ ，其中 $x > 0$。

解： $f\left(\dfrac{1}{x}\right) = x + \sqrt{x^2+1}$

$$= \frac{1 + \sqrt{1 + \dfrac{1}{x^2}}}{\dfrac{1}{x}}$$

故 $f(x) = \dfrac{1 + \sqrt{1+x^2}}{x}$ $\quad (x > 0)$。

说明：①对所求得的函数 $f(x)$ 必须注明定义域。

②解得函数是否函数方程的解必须检验。

二、换元法

换元法是将函数的"自变量"或某个关系式代之以一个新的变量（中间变量），然后找出函数对中间变量的关系，从而求出函数的表达式。

例3 已知 $f(2^x) = x + \sin x$，求 $f(x)$。

解：令 $2^x = u\ (>0)$，则 $x = \log_2 u$，于是

$f(x) = (\log_2 u)^2 + \sin(\log_2 u)\ (u > 0)$，

以 x 代 u，得 $f(x) = (\log_2 x)^2 + \sin(\log_2 x)\ (x > 0)$。

三、解方程组法

此方法是将函数方程的变量（或关系式）进行适当的变量代换（有时需要几次代换），得一个或几个新的函数方程，然后与原方程联立，解方程组，即可求出所求的函数。

例4 $f(x)$ 是定义在 $(0, +\infty)$ 的实值函数，且 $f\left(\dfrac{1}{x}\right) = f(x)\lg x + 1$，求 $f(x)$。

解：以 $\dfrac{1}{x}$ 代 x 得 $f(x) = f\left(\dfrac{1}{x}\right)(-\lg x) + 1$，

由 $\begin{cases} f\left(\dfrac{1}{x}\right) = f(x)\lg x + 1, \\ f(x) = f\left(\dfrac{1}{x}\right)(-\lg x) + 1, \end{cases}$ 　消去 $f\left(\dfrac{1}{x}\right)$ 得 $f(x) = \dfrac{1 - \lg x}{1 + \lg x}\ (x > 0)$。

例5 试解函数方程 $f(-\tan x) + 2f(\tan x) = \sin 2x$，

其中 $x \in \left(-\dfrac{\pi}{2}, \dfrac{\pi}{2}\right)$。

解：用 $-x$ 代替 x，得

$f[-\tan(-x)] + 2[\tan(-x)] = \sin(-2x)$

即 $2f(-\tan x) + f(\tan x) = -\sin 2x$

由以上两式联立得 $\begin{cases} f(-\tan x) + 2f(\tan x) = \sin 2x, \\ 2f(-\tan x) + f(\tan x) = -\sin 2x, \end{cases}$

解得 $f(\tan x) = \sin 2x = \dfrac{2\tan x}{1+\tan^2 x}$

从而 $f(x) = \dfrac{2x}{1+x^2}$，$x \in \left(-\dfrac{\pi}{2}, \dfrac{\pi}{2}\right)$。

四、赋值法

此方法是在函数定义域内，赋予变量（一个或几个）一些特殊值，使方程化简，从而使问题获得解决。

例6 设 $f(x)$ 是定义在 R 上不恒等于零的函数，$f\left(\dfrac{1}{x}\right) = 0$，且对于任意 x，$y \in$ R，

恒有 $f(x) + f(y) = 2f\left(\dfrac{x+y}{2}\right)f\left(\dfrac{x-y}{2}\right)$。

证明：① $f(x + 2\pi) = f(x)$；

② $f(-x) = f(x)$；

③ $f(2x) = 2f^2(x) - 1$。

证明：①在 $f(x) + f(y) = 2f\left(\dfrac{x+y}{2}\right)f\left(\dfrac{x-y}{2}\right)$ 中，以 $x+\pi$，x 分别代 x，y

则 $f(x+\pi) + f(x) = 2f\left(x+\dfrac{\pi}{2}\right)f\left(\dfrac{\pi}{2}\right) = 0$

所以 $f(x+\pi) = -f(x)$

所以 $f(x+2\pi) = f[(x+\pi)+\pi] = -f(x+\pi) = f(x)$。

②在 $f(x) + f(y) = 2f\left(\dfrac{x+y}{2}\right)f\left(\dfrac{x-y}{2}\right)$ 中，令 $x=y=a$，

则 $f(a) + f(a) = 2f(a)f(0)$，因 $f(x)$ 不恒等于 0，故必有 x_0，使 $f(x_0) \neq 0$。

不妨设 $a=x_0$，则 $f(x_0) + f(x_0) = 2f(x)f(0)$，可得 $f(0) = 1$。

于是 $f(x) + f(-x) = 2f(0)f(x) = 2f(x)$，

所以 $f(-x) = f(x)$。

③在 $f(x) + f(y) = 2f\left(\dfrac{x+y}{2}\right)f\left(\dfrac{x-y}{2}\right)$ 中，以 $2x$，0 分别代 x 和 y，得

$f(2x) + f(0) = 2f(x)f(x)$

所以 $f(2x) = 2f^2(x) - 1$。

五、待定系数法

待定系数法适用于所求函数是多项式的情形,当我们知道了函数解析式的类型(如有理整函数或对数函数等)及函数的某些特征(如某些点的函数值或函数的对称性、周期性等),用待定系数法来解函数方程较为简洁。一般首先设出多项式的系数,写出它的一般表达式,然后由已知条件,根据多项式相等的条件确定待定系数。

例7 已知 $f(x)$ 为多项式函数,且 $f(x+1)+f(x-1)=2x^2-2x+4$,求 $f(x)$。

解:由于 $f(x+1)$ 与 $f(x-1)$ 不改变 $f(x)$ 的系数,而它们的和是二次的,所以 $f(x)$ 必为二次的,故可设 $f(x)=ax^2+bx+c$,则

$$f(x+1)+f(x-1)=a(x+1)^2+b(x+1)+c+a(x-1)^2+b(x-1)+c$$

$$=2ax^2+2bx+2(a+c)$$

由已知得 $2ax^2+2bx+2(a+c)=2x^2-2x+4$

比较等式两端同次项系数,得

$$\begin{cases} 2a=2, \\ 2b=-2, \\ 2(a+c)=4, \end{cases} \quad 解之得 \begin{cases} a=1, \\ b=-1, \\ c=1。 \end{cases}$$

所以 $f(x)=x^2-x+1$。

六、递推法

设 $f(x)$ 是定义在自然数集 N 上的函数。$f(1)=a$(确定的常数),如果存在一个递推(或递归)关系 S,当知道了前面 k 项的值 $f(n+t)$,$t=1,2,\cdots,k$。由 S 可唯一确定 $f(n+t+1)$ 的值,那么称 $f(n)$ 为 k 阶递归函数,递归(或递推)法是解决函数方程的重要方法。

例8 已知函数 $f(x)$ 定义在自然数集 N 上,且对任意 $m,n \in N$,都满足 $f(m+n)=f(m)+f(n)+mn$,$f(1)=1$,求 $f(x)$。

解:令 $m=1$,得 $f(n+1)=f(n)+f(1)+n=f(n)+(n+1)$

在上式中依次令 $n=1,2,\cdots,n-1$,有

$$f(2) = f(1) + 2$$

$$f(3) = f(2) + 3$$

...

$$f(n) = f(n+1) + n$$

以上 $n-1$ 个式子相加得

$$f(n) = 1 + 2 + 3 + \cdots + n = \frac{n(n+1)}{2}, (n \in \mathbf{N})$$

即 $f(x) = \dfrac{x(x+1)}{2}(x \in \mathbf{N})$

七、列举法

求定义在自然数集 $\mathbf{N}$ 上的函数 $f(n)$，实际上就是求数列 $\{f(n)\}$ ($n = 1, 2, \cdots$) 的通项。列举法就是利用等比数列、等差数列的有关知识（通项公式、求和公式等），求定义在 $\mathbf{N}$ 上的函数 $f(n)$。

例9 已知 $f(1) = a$（常数），$n \in \mathbf{N}$，$n > 1$，有 $f(n) = pf(n-1) + q$，$(p, q$ 为常数且 $p \neq 1)$，求 $f(n)$。

解：由 $f(n) = pf(n-1) + q$

得 $f(n+1) = pf(n) + q$

上面第二式减去第一式得 $f(n+1) - f(n) = [f(n) - f(n-1)]p$，

所以 $\dfrac{f(n+1) - f(n)}{f(n) - f(n-1)} = p$，

所以数列 $\{f(n) - f(n-1)\}$ 是首项为 $f(2) - f(1)$，公比为 $p(\neq 1)$ 的等比数列，

通项为 $f(n+1) - f(n) = [f(2) - f(1)]p^{n-1}$。

将 $f(n+1) = pf(n-1) + q$ 及 $f(1) = a$，$f(2) = pf(1) + q = ap + q$ 代入上面的通项中并整理，得 $f(n) = \left(a + \dfrac{q}{p-1}\right)p^{n-1}(n \in \mathbf{N})$。

例10 函数方程 $f(n+1) = 2f(n) + 1$，且 $f(1) = 1$，求 $f(n)$。

解：因为 $f(1) = 1$

$$f(n+1) = 2f(n) + 1$$

在上面两式中,等号两边分别加 1,得

$$f(1) + 1 = 2$$

$$f(n+1) + 1 = 2[f(n) + 1]$$

所以　　$f(1) + 1 = 2$

$$\frac{f(n+1)+1}{f(n)+1} = 2$$

从而知 $\{f(n)+1\}$ 是首项为 2,公比为 2 的等比数列。从而有

$$f(n) + 1 = 2 \cdot 2^{n-1} = 2^n$$

所以　　$f(n) = 2^n - 1$。

八、数学归纳法

数学归纳法是解决函数方程的重要方法。

例 11　函数 $f(n)$ 的定义域是正整数集,值域为非负整数集,所有正整数 m,n 满足:

$f(m+n) - f(m) - f(n) = 0$ 或 1,$f(2) = 0$,$f(3) > 0$,$f(9\,999) > 3\,333$,求 $f(1\,982)$。

解:由 $f(1+1) - f(1) = 0$ 或 1 得

$0 = f(2) \geqslant 2f(1)$,所以 $f(1) = 0$。

由 $f(2+1) - f(2) - f(1) = 0$ 或 1 得　　$f(3) = 0$ 或 1。

因为 $f(3) > 0$,所以 $f(3) = 1$,

同理可推得　　$f(3 \times 2) \geqslant 2$,$f(3 \times 3) \geqslant 3$,…

已知　　　　　$f(9\,999) = f(3 \times 3\,333) = 3\,333$

猜想　　　　　$f(3k) \geqslant k$,$(k \leqslant 3\,333)$

下面用数学归纳法证明之。

由上可知,$k = 1$,2,3 时结论成立,假设对于小于 k 的一切自然数结论成立,则

$$f(3k) = f[3(k-1) + 3k] \geqslant f[3(k-1)] + f(3) \geqslant k-1+1 = k$$

即　　　　$f(3k) \geqslant k(k \leqslant 3\,333)$

与题设矛盾，所以 $f(3k)=k$。

显然　　$660 \leqslant f(1\,982) \leqslant 661$

若 $f(1\,982)=661$

则 $f(9\,999)=f(5 \times 1\,982) \geqslant 5f(1\,982)+f(89) \geqslant 5 \times 661+f(89) \geqslant$
$3\,305+29 > 3\,333$，

与题设矛盾，所以 $f(1\,982)=660$。

九、参数法

此方法通过设参数、消参数得出函数的对应关系，从而求出表达式。

例 12　已知 $f(2-\cos t)=5-\sin^2 t$，求 $f(x)$。

解：设所求函数 $y=f(x)$ 的参数表达式为

$$x=2-\cos t$$
$$y=5-\sin^2 t$$

得到　　$\cos t=2-x$

$$\sin^2 t=5-y$$

由后两个式子可消去参数 t，得

$$y=x^2-4x+8$$

即 $f(x)=x^2-4x+8$，$x \in [1,3]$。

例 13　试解函数方程 $f\left(x+\dfrac{1}{x}\right)=x^6+\dfrac{1}{x^6}$。

解：设所求的函数 $y=f(x)$ 的参数方程为

$$\begin{cases} x=t+\dfrac{1}{t}, \\ y=t^6+\dfrac{1}{t^6}. \end{cases}$$

因　　$t^6+\dfrac{1}{t^6}=\left(t^2+\dfrac{1}{t^2}\right)^3-3\left(t^2+\dfrac{1}{t^2}\right)$

$$=\left[\left(t+\dfrac{1}{t}\right)^2-2\right]^3-3\left[\left(t+\dfrac{1}{t}\right)^2-2\right]$$

所以 $y=(x^2-2)^3-3(x^2-2)=x^6-6x^4+9x^2-2(|x|\geq 2)$。

十、利用函数的基本性质

利用函数的周期性、奇偶性、对称性、单调性等,可使函数方程的解法大大化简。

例 14 设 $f(n)$ 是定义在整数集上的函数,且满足条件:

① $f(0)=1,f(1)=0$;

② $f(m+n)+f(m-n)=2f(m)f(n)$,

对任意的 m, $n\in \mathsf{N}$ 都成立,试求 $f(n)$。

解:在②中令 $n=1$ 得

$$f(m+1)+f(m-1)=2f(m)f(1)$$

在上式中用 $m+2$ 代替 m, 得

$$f(m+3)+f(m+1)=2f(m)f(1)=0$$

用第二个式子减去第一个式子得

$$f(m+3)=f(m-1)$$

再用 $m+1$ 代替该式中 m,得

$$f(m+4)=f(m)$$

由 $f(m+4)=f(m)$ 知 $f(n)$ 是周期为 4 的周期函数。

由 $f(0)=1$,在 $f(m+1)+f(m-1)=2f(m)f(1)$ 中,令 $m=1$,则 $f(2)=-1$。

又 $f(1)=0$,在 $f(m+1)+f(m-1)=2f(m)f(1)$ 中,令 $m=2$,则 $f(3)=0$。

从而知

$$f(n)=\begin{cases}0 & (n\text{为奇数}),\\ 1 & (n=4k,\ k\in\mathsf{Z}),\\ -1 & (n=4k+2,\ k\in\mathsf{Z})\end{cases}。$$

十一、辅助函数法

构造辅助函数有利于函数方程的求解。

例 15 $P(x)$ 表示 x 的 n 次多项式，且当 $k=0,1,2,3\cdots,n$ 时 $P(k)=\dfrac{k}{1+k}$，试求 $P(x)$ 的表达式。

解：因 $P(k)=\dfrac{k}{1+k}$，故 $(k-1)P(k)-k=0$

$$Q(x)=(x+1)P(x)-x$$

显然 $Q(x)$ 是 x 的 $n+1$ 次多项式，从已知条件知它有 $n+1$ 个根 $0,1,3,4,\cdots,n$，故可设 $Q(x)=ax(x-1)(x-2)\cdots(x-n)$，

令 $x=1$ 代入 $Q(x)=(x-1)P(x)-x$ 中，得 $Q(-1)=1$。

从而 $(-1)^{n+1}\cdot a\cdot(n+1)!=1$

由此可得 $a=\dfrac{(-1)^{n+1}}{(n+1)!}$。

所以 $Q(x)=\dfrac{(-1)^{n+1}}{(n+1)!}x(x-1)(x-2)\cdots(x-n)$

故 $P(x)=\dfrac{Q(x)+x}{x+1}=\dfrac{(-1)^{n+1}x(x-1)(x-2)\cdots(x-n)+(n+1)!\,x}{(n+1)!\,(x+1)}$

十二、不动点方法

设 $f:A\to B$，若存在一点 $x^*\in A$ 使得 $f(x^*)=x^*$ 成立，则称 x^* 为函数 $y=f(x)$ 在集合 A 中的不动点，而集合 $\{x|f(x)=x,\ x^*\in A\}$ 称为函数的不动点集。利用函数的不动点研究函数方程是一种很有效的方法。

例 16 已知 $f:\mathbf{R}^+\to\mathbf{R}^+$，且满足条件：

①对任意 $x,y\in\mathbf{R}^+$，$f(xf(y))=yf(x)$；

② $x\to+\infty$ 时，$f(x)\to 0$。

试求函数 $f(x)$，其中 $\mathbf{R}^+=\{x|x>0\}$。

解：令 $x=y$，有 $f(xf(x))=xf(x)$

可见 $xf(x)$ 是 $f(x)$ 的不动点，其不动点集为

$$\{xf(x)|x\in\mathbf{R}\}$$

将 $x=y=1$ 代入条件①, 有

$$f(f(1))=f(1)$$

再将 $x=1$, $y=f(1)$ 代入条件①, 有

$$f(f(1))=f^2(1)$$

于是有 $\begin{cases} f(f(1))=f(1), \\ f(f(1))=f^2(1), \end{cases}$

得

$$f(1)=f^2(1)$$

所以　　$f(1)=1$, $f(1)=0$（舍去）

这说明 1 是 $f(x)$ 的不动点。

下面用反证法说明 $f(x)$ 的不动点是唯一的。

假设有 $a=f(a)$, $a \neq 0$,

①若 $a>1$,

有 $f(xf(x))=xf(x)$

令 $x=a$, 得　$f(af(a))=af(a)$

故 $f(a^2)=a^2$,

所以 $f(a^4)=a^4...f(a^{2n})=a^{2n}$。

而这与 $x \to +\infty$ 时, $f(x) \to 0$ 矛盾。

②若 $0<a<1$,

有下面的式子成立:

$$1=f(1)=f\left(a \cdot \frac{1}{a}\right)=f\left(\frac{1}{a}f(a)\right)=af\left(\frac{1}{a}\right)$$

得　　$f\left(\dfrac{1}{a}\right)=\dfrac{1}{a}$ 。

这与 $a=f(a)$ 且 $0<a<1$ 矛盾。从而 $a=f(a)$, $a \neq 1$ 不成立。

故只有 $a=1$ 这一个不动点。

所以 $xf(x)=1$, 即 $f(x)=\dfrac{1}{x}$, $x \in \mathbf{R}$。

十三、微积分法

对某些类型的函数方程,有时可利用导数的定义,或者先求导数,再设法转化为形如 $f'(x)=g(x)$ 的形式［其中 $g(x)$ 可积］,然后通过积分求得 $f(x)=\int g(x)\mathrm{d}x+c$,最后根据条件求出表达式。

例 17　解函数方程 $f(x+y)=f(x)+f(y)$。

解：（法一）求此方程的可微解,令 $y=0$,得 $f(0)=0$,故

$$\frac{f(x+y)-f(x)}{y}=\frac{f(y)-f(0)}{y}$$

当 $y\to0$ 时,上面两边取极限,即得微分方程

$$f'(x)=f'(0)$$

所以 $f(x)=f'(0)x+c$。

将上式代入方程 $f(x+y)=f(x)+f(y)$,

使其有解: $f(x)=cx$,

这里 $c=f(0)$。

（法二）在题设条件两端对 x 求导,可知

$$f'(x+y)=f'(x)+f'(y),\ x\in\mathbf{R},\ y\in\mathbf{R}$$

即可得出 $f'(x)=c$（常数）,

即 $f(x)=cx+d$。

又由于 $f(0)=0$　［在 $f(x+y)=f(x)+f(y)$ 中取 $y=0$ 可得］,

故有 $d=0$,

从而有 $f(x)=cx$,其中 $c=f(1)$。

这些方法在解函数方程中有举足轻重的作用。通过系统全面总结,使得我们更清楚地认识函数方程是如何求解的。

参考文献

[1] 陈传理,张同君 . 竞赛数学解题研究 [M],北京：高等教育出版社,2000.

[2] 姚开成. 函数方程的几种解法 [J]. 新疆石油教育学院学报, 2000(1): 46-47.

[3] 胡昱. 函数方程的一些解法 [J]. 西昌师范高等专科学校学报, 2002 (3): 78-80.

[4] 王向东, 戎海武, 李文荣. 函数方程及其应用 [M]. 上海：科学技术文献出版社, 2003.

第八节　对一道高考数学试题创新解法赏析

题目（2016 年高考数学山东卷理科第 20 题）

已知 $f(x) = a(x - 1nx) + \dfrac{2x-1}{x^2}$，$a \in \mathbf{R}$。

（Ⅰ）讨论 $f(x)$ 的单调性；

（Ⅱ）当 $a=1$ 时，证明 $f(x) > f'(x)x + \dfrac{3}{2}$ 对于任意的 $x \in [1, 2]$ 成立。

解答：（Ⅰ）同标准答案。

（Ⅱ）解法一：通性通法，移项构建一个"大函数"，研究其最小值大于零即可。

具体思路是：要证 $f(x) > f'(x)x + \dfrac{3}{2}$，我们令 $F(x) = f(x) - f'(x)x - \dfrac{3}{2}$，只需证明 $F(x)$ 的最小值大于 0。

$$F(x) = x - 1nx - \frac{2}{x^3} + \frac{1}{x^2} + \frac{3}{x} - \frac{5}{2}, \quad F'(x) = \frac{6}{x^4} - \frac{2}{x^3} - \frac{3}{x^2} - \frac{1}{x} + 1 =$$

$$\frac{x^4 - x^3 - 3x^2 - 2x + 6}{x^4}, \quad x \in [1, 2]。$$

令 $g(x) = x^4 - x^3 - 3x^2 - 2x + 6$，$x \in [1, 2]$。这个四次函数研究起来并不困难。

$g'(x) = 4x^4 - 3x^2 - 6x - 2, g''(x) = 4(2x^2 - x - 1)$ 在 $[1, 2]$ 上单调递增，

$g''(x) \geqslant g''(1) = 0$，所以 $g'(x)$ 在 $[1, 2]$ 上单调递增，又 $g'(1) = -7 < 0$，$g'(2) = 6 > 0$，所以存在 $x_0 \in [1, 2]$ 使得 $g'(x_0) = 0$，

当 $x \in [1, x_0]$，$g'(x) < 0$，$g(x)$ 单调递减；当 $x \in [x_0, 2]$，$g'(x) > 0$，$g(x)$ 单调递增。

又 $g(1) = 1 > 0$，$g(2) = -2 < 0$，所以存在 $x_1 \in [1, 2]$ 使得 $g(x_1) = 0$，

当 $x \in [1, x_1]$，$g(x) > 0$，$F'(x) > 0$，$F(x)$ 单调递增；

当 $x \in [x_1, 2]$，$g(x) < 0$，$F'(x) < 0$，$F(x)$ 单调递减；

所以 $F(x) = \min\{F(1),\ F(2)\}$，而 $F(1) = \dfrac{1}{2} > 0$，$F(2) = 1 - \ln 2 > 0$，从而 $F(x)_{\min} > 0$。

$F(x) > 0$，即 $f(x) > f'(x) + \dfrac{3}{2}$ 对于任意的 $x \in [1, 2]$ 成立。

解法二：灵活处理，利用第（Ⅰ）问的研究，构建两个"小函数"，寻找不等式成立的充分不必要条件。

具体思路是：借助第（Ⅰ）问单调性的讨论，充分发挥台阶意识，由一般到特殊，当 $a = 1$ 时，$f(x)$ 在 $[1, \sqrt{2}]$ 上单调递减，在 $[\sqrt{2}, 2]$ 上单调递增；所以 $F(x)_{\min} = F(\sqrt{2}) = 2\sqrt{2} - \ln\sqrt{2} - \dfrac{1}{2}$，这样可以把不等式两端分别看作两个"小函数" [不妨令 $g(x) > f'(x)x + \dfrac{3}{2}$]，寻找不等式成立的充分不必要条件，即证明当 $x \in [1, 2]$ 时，$f(x)_{\min} > g(x)_{\max}$ 成立即可。

而 $g(x) = f'(x) + \dfrac{3}{2} = 1 - \dfrac{1}{x} - \dfrac{2}{x^2} + \dfrac{2}{x^3} + \dfrac{3}{2} = \dfrac{2}{x^3} + \dfrac{2}{x^2} - \dfrac{1}{x} + \dfrac{5}{2}$，令 $t = \dfrac{1}{x} \in [\dfrac{1}{2}, 1]$，$h(t) = 2t^3 - 2t^2 - t + \dfrac{5}{2}$，$t \in [\dfrac{1}{2}, 1]$，显然为熟悉的三次函数，求导数容易研究得到 $h(t)_{\max} = \max\{h(\dfrac{1}{2}),\ h(1)\} = h(\dfrac{1}{2}) = \dfrac{7}{4}$，只需证明 $2\sqrt{2} - \ln\sqrt{2} - \dfrac{1}{2} > \dfrac{7}{4}$，即证 $2\sqrt{2} - \dfrac{9}{4} > \ln\sqrt{2}$，即证 $4\sqrt{2} - \dfrac{9}{2} > \ln 2$，即证 $8\sqrt{2} - 9 > \ln 4$。因为

$8\sqrt{2}-9>2$，$1<\ln 4<2$，所以 $8\sqrt{2}-9>\ln 4$ 成立，原不等式得证。

解法三：经验积累,利用熟悉的不等式,适当放缩,寻找不等式成立的充分不必要条件。

具体思路是：不等式 $f(x)>f'(x)+\dfrac{3}{2}$，即为 $(x-\ln x)+\dfrac{2x-1}{x^2}>1-\dfrac{1}{x}-$

$\dfrac{2}{x^2}+\dfrac{2}{x^3}+\dfrac{3}{2}$，$x\in[1,2]$，把熟悉的 $x-\ln x$ 看作一个整体，则不等式变形为

$x-\ln x>-\dfrac{2x-1}{x^2}+1-\dfrac{1}{x}-\dfrac{2}{x^2}+\dfrac{2}{x^3}+\dfrac{3}{2}=\dfrac{2}{x^3}+\dfrac{2}{x^2}-\dfrac{1}{x}+\dfrac{5}{2}$，而 $x-\ln x\geqslant 1$，实际

上，很容易求导研究得到在 $x\in[1,2]$ 时单增，所以 $x-\ln x\geqslant 1$，这样 $(x-\ln x)$

缩小为1，接下来只需证明 $1\geqslant\dfrac{2}{x^3}+\dfrac{2}{x^2}-\dfrac{1}{x}+\dfrac{5}{2}$ 在 $x\in[1,2]$ 上恒成立（等号

不同时成立）即可，同样令 $t=\dfrac{1}{x}\in[\dfrac{1}{2},1]$，问题转化为证明 $1\geqslant 2t^3-2t^2-t+\dfrac{5}{2}$

在 $[\dfrac{1}{2},1]$ 上恒成立（等号不同时成立），这很容易求导证明成立，并且，当

$t=\dfrac{1}{2}$，即 $x=2$ 时取等号，而 $x-\ln x\geqslant 1$ 取等号，而且仅当 $x=1$ 时取等号，所以

等号不同时成立。

本文发表在《中学数学教学参考》2016 年第 25 期

第四章　育人评价导向，逆向教学设计

第一节　奖惩性和发展性教师评价的理论与实践

　　摘　要：中小学教师评价是加强教师队伍建设的重要环节。本节分析了以奖惩为手段的奖惩性教师评价和以促进教师发展的发展性教师评价的理论，并通过具体实践，发现两者有机结合能更好地实现教师管理和教师专业发展。

　　关键词：奖惩性教师评价，发展性教师评价，理论，实践

一、相关概念

教师评价是教育教学改革的热点研究课题，也是改革的难点、痛点。

1. 评价

美国教育评价标准委员会给评价的定义：评价是对某些现象的价值如优缺点的系统调查。斯塔弗尔比姆 (Stufflebeam,D.L.) 认为，"评价最重要的意图不是为了证明 (prove)，而是为了改进 (improve)"，"为决策提供有用信息的过程"[1]。彼得·德鲁克说，"如果你不能评价，你就不能管理"[2]。可见教育评价的重要性。

2.教育评价

一般来说,教育评价是在系统调查与描述的基础上对教育活动满足社会与个体需要的程度作出判断的活动,是对教育活动现实的(已经取得的)或潜在的(还未取得,但有可能取得的)价值作出判断,以期达到教育价值增值的过程。

3.教师评价

教师评价是评价主体收集分析被评教师各种信息,运用一定的手段、方法和工具,根据特定的评价标准,对被评教师进行事实判断和价值判断的过程。教师评价是保证和提高教师质量的重要手段,是加强教师队伍建设的重要环节,是教育管理的重要组成部分,也是促进教育教学质量的有力抓手。根据教师评价的效果和评价的理念,主要分为两种评价制度:传统的奖惩性教师评价和发展性教师评价制度。

二、奖惩性教师评价

1.定义与理论

奖惩性教师评价制度,通过对教师过去表现的结果评价,对教师进行分类、甄选,作出解聘、降级、晋升、评先、加薪等奖惩性决定,是一种终结性评价,自上而下进行。依据可测的准则,对德、能、勤、绩进行量化,建立可比性的指标体系,要求教师对学生的学习结果负责,通过学生的学习结果评价教师的教学效能。其直接评价目的是为奖惩提供依据。

其理论基础是古典管理理论,从组织的立场出发优化管理活动,提高效率,建立自上而下的权力等级系统,把评价作为一种管理手段,统一标准化的程序,推崇经济奖励和惩罚。代表人物是美国泰勒、英国的厄威克和德国的韦伯。

2.奖惩性教师评价的思考

(1)带来较大压力

很多教师一提到评价就很敏感,多是消极的感受,甚至是反感。好像只要评价就意味着被动、焦虑、害怕、恐惧,个人利益可能受到损害。这就是长期传统的奖惩性评价带来的后遗症。这种评价意味着比较,意味着被划入不同的等级,可能不合格,或者末位淘汰,只有一部分人能得到奖励,成为榜样,受到激励。但是这一部分人也对评价没有多少好感,原因是他下一次就不一定安全，教学上没有常胜的将军就是这个道理。每年的教师节表彰都是双刃剑，几家欢喜几家愁，又熬过一年，大家都是满满的压力。而且惩罚等级靠后的教师对表现突出的教师照样起到了很强的震慑作用。这就是一种带有控制性的评价，它更多地出自教师管理的需要，而不是实现学校组织工作目标的需要，不是实现教师专业发展的需要，严重的甚至将这种评价作为实现长官意志的工具。

（2）向学生评价看齐

当前对学生的评价要求减少考试，杜绝排名，更不能张贴公示，以避免不必要的心理问题，努力做到以人为本，尊重学生的人格和个性。对学生减少了考试评价，其他综合评价并没有少，要看到学生的发展性、成长性，对学生的评价向前看，要作出面向未来、对学生终身发展负责的评价。这就对教师的评价素养提出了较高的要求，但是如何能真正地落到实处，重在教师评价。教师也是一个发展中的人，所以教师要与学生一起成长。不仅仅是年龄方面的成长，更是教师专业的成长，如知识、能力、理念等各方面。教师不是靠奖惩逼迫实现专业发展，而是自我成长，主动发展，价值实现。要像重视对学生评价制度改革一样，更加突出重视对教师评价制度的改革。有高度专业发展的教师，才有身心健康、全面发展的学生。教师是教育教学改革中的关键一环，而课程改革必然伴随着教师评价改革，要和学生评价改革配套。

（3）以人的高度评价教师

关爱学生首先教师要受到关爱，要受到尊重，保证教师是一个身心健康不断发展的人，而不是提高教育教学成绩的工具，也不简单的是学校的资源，而应该和学生一样，是学校的主人。要站在人的高度来对教师进行评价，使学校成为教师展示自我的平台，成为专业成长、专业发展的精神家园。

当前对教师的评价还停留在传统的奖惩性评价为主的阶段，还是统一标准，没有分层，刚参加工作的、有经验的骨干教师和教育家型教师都是一个要求，导致对有的教师目标太高，对有的教师难以调动其积极性。更有甚者，有的学校为了实现可比性，就只能看教学成绩，通过考查学生考试成绩考评教师，美其名曰打破大锅饭，杜绝论资排辈。这种评价缺乏道德，没有把教师看成专业发展的人。作为被评价对象，教师对评价内容、标准、流程、公平性、结果的申辩等都没有话语权，成为弱势群体，处于被监督、被管制的地位。很难调动大多数教师的积极性，也容易挫伤教师的感情，引起广大教师的不满，产生强烈的抵触情绪。

三、发展性教师评价

1. 定义与特征

20世纪80年代中期开始，英国对奖惩性教师评价进行改革，探索构建发展性教师评价制度。这种新的评价制度在20世纪90年代由英国引入我国。该评价制度强调教师评价不应看重来自上级、同事、学生和家长的决定性压力，应关注教师在教学上的进步和提高。大部分教师是能胜任自己的工作的，评价的目标应该是帮助教师改进教学。这种评价以教师为核心，注重个人价值，诊断问题，总结经验，以促进教师专业发展为目的。评价目标和评价计划由评价者和被评价人结合工作实际协商、沟通、合作而制定。通过评价让教师充分了解学校的期望，激励教师发展需求，为教师发展创造条件，提供支持，提高工作胜任能力，进而促进学校发展目标的实现。发展性教师评价是一种形成性评价，面向未来的评价，不与奖惩挂钩的评价。反对评价者像"一个不动感情的，只按照某种抽象的公式性的条例办事的审判官"的评价制度。发展性教师评价在大多数教师中产生共鸣，甚至在调查中，很多教师认为"参加发展性教师评价是一种享受"。

2. 发展性教师评价的理论基础

（1）麦格雷戈 Y 理论

麦格雷戈（MeGregor）提出著名的 X 理论和 Y 理论，不同组织机构看待自己员工的观念可能相反。X 理论认为，官本位严重和等级明显的组织机构认为他们的员工厌恶工作，生来好逸恶劳，总是想偷懒逃避工作，没有雄心大志，只有强制、监控、指挥和威胁，用惩罚方式管理才能保持正常的工作。这有点像我国古代荀子性本恶的观点，奖惩性教师评价受这种管理理论的影响。相反，Y 理论认为，人天性不是讨厌工作，不是被动的，动机支配行为，条件满足前提下，人们自然就会努力工作，总是想取得更好的成就。只要有条件，在完成组织目标的过程中，将会自觉履行职责，自己明确方向和自我调控，争取完成任务，以便获得奖励。这与孟子性本善的观点接近。Y 理论是发展性教师评价的主要理论依据之一。

（2）需要理论和动机心理学

马斯洛的人类需要层次理论认为人的需要分为 5 个层次：生理需要、安全需要、社交需要、尊重需要和自我实现需要。而且人的需要影响行为，实现学校目标要调动教师的积极性，通过发展性教师评价找出不足，提出专业发展建议，满足自我价值实现、受到尊重的需要，激励教师提高教育教学质量。

动机心理学也认为，个人在组织受尊重和自我实现的需要是持久动力，教师作为专业工作者，综合素质较高，尊重和自我实现的需要更强烈。正所谓，女为悦己者容，士为知己者死。

（3）人本主义理论

人本主义理论促进了教师评价人本化。人有价值和尊严，人有自由意志与自我导向，自我完善、价值实现，人是万物的尺度。组织目标实现过程中，必须考虑每个成员的发展目标，才能最大程度发挥成员的主动性、积极性。发展性教师评价受这一理论支持。

3.英国发展性教师评价变革

但是实践表明，发展性教师评价也不是万能的，完美的。由于评价标准的模糊性和评价的温和性，目的性差等原因，实施后并没有取得预期的效果，几乎到了崩溃的边缘。20 世纪 90 年代末，英国将奖惩性教师评价和发展性教师评价结合，提出了薪金与绩效挂钩的（简称 PRP）教师评价制度，既能按照量化指标决定教师薪水，又能促进教师专业发展。2000 年，英国又对 PRP 教师评价制度进一步完善，发布《中小学绩效管理》，推出新的教师评价制度，即绩效管理评价制度。是一种以学校为单位，集教师队伍建设、评价和专业发展于一体的校本教师评价制度。

四、奖惩性和发展性教师评价的结合

1.国家政策倡导两者有机结合

英国教师评价制度改革的历程和经验，对我们教师评价制度改革有很多有意义的启发。早在 2001 年 6 月，教育部印发的《基础教育课程改革纲要（试行）》中指出："建立促进教师不断提高的评价体系。强调教师对自己教学行为的分析与反思，建立以教师为主，校长、教师、学生、家长共同参与的评价制度，使教师从多方面获得信息，不断提高教学水平。"看得出，国家在 21 世纪初已经倡导发展性教师评价。20年过去了,发展性教师评价并没有取代奖惩性教师评价制度,当前在吸收借鉴发展性教师评价的基础上,我们也正在逐渐形成两种评价制度有机结合、相互补充、适合我国国情的教师评价制度。

2016年8月,教育部印发《关于深化高校教师考核评价制度改革的指导意见》中指出:"把握教师考评原则,全面考核教师的师德师风、教育教学、科学研究、社会服务、专业发展等内容。根据教师所处职业生涯的不同阶段,分类分层次分学科设置考核内容和考核方式,健全教师分类管理和评价办法。坚持发展性评价与奖惩性评价相结合,充分发挥发展性评价对于教师专业发展的导向引领作用,合理发挥奖惩性评价的激励约束作用,形成推动教师和学校共同发展的有效机制。"意见非常明确地把两种评价制度结合起来,一个前面拉,一个后面推,同时把教师发展和学校发展放在了同等重要的地位。

2. 评价指标体系促进专业发展

2018年1月,中华人民共和国成立以来第一次以党中央名义专门印发《中共中央 国务院关于全面深化新时代教师队伍建设改革的意见》,意见指出:"到2035年,教师综合素质、专业化水平和创新能力大幅提升,培养造就数以万计的教育家型教师。教师管理体制机制科学高效,实现教师队伍治理体系和治理能力现代化。教师主动适应信息化、人工智能等新技术变革,积极有效开展教育教学。尊师重教蔚然成风,广大教师在岗位上有幸福感、事业上有成就感、社会上有荣誉感,教师成为让人羡慕的职业。"意见强调:"建立符合中小学教师岗位特点的考核评价指标体系,坚持德才兼备、全面考核,突出教育教学实绩,引导教师潜心教书育人,激发教师的工作活力。不简单用升学率、学生考试成绩等评价教师。"意见对未来教师的专业化发展指明了方向,教师积极自主发展、自我完善,专业成长,价值实现,与学生、学校、社会、技术等和谐共生,充满活力和幸福。

在人性问题上,孟子主张性本善,荀子主张性本恶。在人性向善的方法上,孟子主张通过教化,扶植和培养善的萌芽,使善性得以发扬光大;荀子主张通过教化,限制恶的趋势,使人性之恶向善转化。两者本质都是实现人性向上向善向好,并不绝对矛盾。奖惩性教师评价和发展性教师评价也必然走向有机结合。

五、两者有机结合的实践

1.利用奖励又淡化奖励

目前上级管理部门的评先树模活动,如教育系统劳动模范、优秀教师、先进教育工作者、职称评定等,也客观上促进教师的发展。学校利用奖惩性评价激励教师的同时,要淡化奖励的象征意义,更多地关注专业发展。如上述称号获得者的专业发展水平是不是真正与荣誉匹配,评上以后要进一步引导向着更高的发展方向成长,要在教育教学实绩和教育研究的道路上大步向前。决不能评上了就万事大吉,不思进取了,走上奖惩性评价功利主义的道路,职业倦怠就会加速,教学幸福感降低,价值实现无望,痛苦不堪,对自己对学校组织都是极大的伤害。

2.关注指向发展的奖励

我们可以把奖惩机制指向更多的发展,如设置达标奖,综合发展奖,单项发展奖等。比如,有的老师就是自己学习信息技术,自觉参加希沃软件学习培训,并考级过关,熟练掌握了绘图、动画、视频剪辑等技能,大大提高教学效率,但在学生学业终结性成绩评价中体现并不直接,不明显,也可能时间还不长。我们就可以给这位老师颁发一个"信息技术发展奖",这就是发展性评价,能及时补充奖惩性评价之不足。既促进了这位老师进一步的发展,也带动周围的老师自觉地利用业余时间学习信息技术。类似地,对于加强学习,考取在职研究生的也应该大力表彰,这都促进教师和学校同时发展。

3.听评课从奖惩走向自我发展

开展同伴互助,备课组和班级组以及教研组都是很好的发展团队,在奖惩性评价量表中要体现团队的分数,鼓励合作,互相评价,改进提高。比如备课组每周都有一位教师讲公开课,大家都先听他说课,说课时间要不少于15分钟,大家一起研讨,优化教学设计;然后再去听课,围绕关注点进行课堂观察;课后再进行评课,首先是上课教师说反思感悟,然后一个主评教师评课时间不少于10分钟,大家再补充评价。经过说、听、评课后,讲课教师整理形成课例文档。这样大家在课堂教学上都实现了专业成长。对于地市级优质课、教学能手课的参选选手,更是借助于奖惩性评价极大地促进了自己的课堂教学能力的提升,这种准备过程中邀请本学科专家和同事听课指导的过程就是最好的发展性教师评价要达到的目的。

另外,校本教研是促进教师专业发展的有力手段,多进行过程性课堂观察评价。如果没有公开课、赛课等要求,学校自己有课题研究作为引领,教师们自愿参加不同的学习研究小组,或者共同读书交流,或者磨课研课上课,或者培训讲座交流,那教师的内驱力就激发出来,教师自己的专业发展和学校的组织发展就都实现了。时间一长,学校就形成了深厚的文化,教师们淡泊名利,追求卓越,专业发展,超越自己,乐在其中,价值实现,学生也一定会成为最幸福的人。

4. 从教学反思到教育叙事

在奖惩性评价制度下,教师本来的发展自觉也可能被消耗殆尽,功利色彩严重,向社会期望不断妥协,分数第一,成绩最重,忙于事务性琐碎工作。奖惩性评价要求教师写教学反思,大多是浅层次表面化,是隐形的反思,回忆性的,偶发性的,教师对教学中发生的案例的详细描述和深刻反思相对较少。引入发展性教师评价后,学校和教师一起做好三年发展规划,并阶段性评价实施情况,评价主体主要是教师自己,评价人包括领导、同事、学生还有家长,尽量提供自己收集的信息,引导教师进行反思,自我评价,自我改进,学校只是给予教师发展的评价支持。有了发展规划目标和评价诊断,教师就走上了教育叙事的行动研究之路,档案袋不断丰富,反思越来越深刻,也逐渐有了自己的成果。这就是发展性教师评价大有可为的地方。

5. 给教师分田当家作主

学校领导要经常走进教室,走进备课组,走近教师。了解教师的专业发展需求,给予支持和帮助,送去人文关怀,把教师当成学校的宝贝。比如有的教师参加工作十几年,没有外出培训过一次,内心非常渴望学习,得到指导,得到提升,得到发展,得到成长,但一直没有平台,没有资源,没有机会。甚至有的教师等不及了,不抱希望了,懈怠了,没劲了。作为学校领导,学科组长,身边的同事要是了解这种情况,一定要及时反映,沟通交流,学校作为教师的组织一定要让这样的教师得到发展的满足,并不断地进行评价反馈。农村家庭联产承包责任制,分田到户,农民种田积极性大大增加。因此,不能只是管控教师种集体的大田,要把教师自我专业发展的小田分下去,充分调动教师积极性,才能实现大丰收。每个月的固定一天,全体教职工都可以提出自己的需要,对学校领导的建议或者"金点子"，投入评价箱中，这一天可以叫"金点子日"，如果被采纳，将给予适当的奖励，这就是发展性教师评价和奖惩性评价的结合，兼顾人事管控与专业发展的双重目标。

6.量化部分专业发展情况

把教师专业发展能够量化的部分计入考评方案，如学生评教、继续教育学分、论文、课题成果、全员导师制等。弥补发展性评价的温和性的不足，引导教师进行专业成长，也弥补了奖惩性评价的不足。

（1）学生评教

每学期进行两次评教，评教办法参照《教师教学情况学生问卷调查方案》。

教师教学情况学生问卷调查方案（满分100分）

为进一步做好任课教师教学工作，特制订本标准，要求每半个学期至少举办一次，调查实行网上问卷，调查情况要客观、公正、真实。

（一）基本要求

1.工作态度。工作严谨负责，爱岗敬业，教书育人，尊重学生与严格要求相结合，上课和自习不接打手机，对学生能够做到言传身教，为人师表，师德高尚。

　　A.非常好　　　B.较好　　　C.一般　　　D.不满意

2.课堂教学水平。教学水平高，能激发学生积极思考，鼓励学生大胆提问，培养学生的探索精神；留给学生思考的时间和空间，能够照顾到优、中、弱各个层次的学生。

　　A.非常好　　　B.较好　　　C.一般　　　D.不满意

3.课堂教学改革。教师的课堂教学能以调动学生的积极性为核心，能充分让学生观察、动手、思考、表达、总结等，教师的语言富有启发性，每节课教师讲授的时间较少，注重合作交流，注重培养学生的情感、态度和价值观，能真正体现学生的主体地位，课堂效率高。

　　A.非常好　　　B.较好　　　C.一般　　　D.不满意

4.对学生态度。不急不躁，关注个性，耐心辅导，关心鼓励，高度负责，一视同仁，把"爱"贯穿于教育教学的始终，没有讽刺、挖苦和"体罚"现象。

　　A.非常好　　　B.较好　　　C.一般　　　D.不满意

5. 综合评价（由学生从本班所有科任教师中评选 1～3 名最受欢迎教师选项涂 A，不选或多选均为无效票）

A. 非常好　　　B. 较好　　　C. 一般　　　D. 不满意

（二）评价办法：

1. 向学生问卷。每次期中、期末考试结束 3 天后，向所有学生进行网上问卷，学生对每位任课教师按上述四项要求中的每一项分别判定等级，分 A、B、C、D 四等。

任课教师某项得分 =（22.5× 选 A 人数 +18.5× 选 B 人数 +14.5× 选 C 人数 +10.5× 选 D 人数）÷ 参评人数。任课教师评教得分等于四项得分之和。

2. 最受欢迎的教师的评选。由学生从本班所有科任教师中挑选 1～3 名最受欢迎教师，相应第 5 题涂 A，多选或不选为无效卡，教务处根据网上问卷统计，对得票率超过 80% 的教师加 10 分，超过 60% 的教师加 7 分，超过 50% 的教师加 5 分，并加入总考评得分（各年级加分人数不超过 40%，若超过，则按得票率由高到低排序，将人数控制在上述范围）。

3. 教师的评语。每位任课教师要认真阅读自己的评语，虚心接受学生的意见和建议，改进教学工作。

4. 结果的使用。按学年四次评教分数的平均分计入最后的评教得分。每次评教结果要在年级组张贴，对评价较差的，教师年级主任、分管校长要个别谈话。

（2）继续教育

继续教育指标如表 4-1 所示。

表 4-1　继续教育指标

	项目指标内容	得分	等级量化得分
①	参加省级培训	8	A 等 8 分，B 等 6 分，C 等 0 分
②	业务进修、读书活动	8	A 等 8 分，B 等 6 分，C 等 3 分
③	教学反思	8	A 等 8 分，B 等 6 分，C 等 3 分
④	教育理论和业务考试	4	A 等 4 分，B 等 2 分，C 等 0 分

①参加全省网上研修培训被评为优秀学员得 8 分、合格学员得 6 分、不合格学员不得分，被评为优秀指导教师和优秀研修组长另奖 3 分。

②学年内按要求参加学校的读书活动，在年级部范围交流读书心得，得到大家一致认同且完成读书笔记得 8 分，未达到读书笔记书写要求或在级部读书报告会中有应付现象的，酌情得 6 分、3 分，在校级读书报告会上交流读书经验并取得大家的一致好评，学校颁发荣誉证书，并另奖 3 分。

③每学期教师要结合自己的教育教学工作经历，写出 1 500 字以上的教育教学反思，以备课组为单位交到教研室，由教研室组织评审，划分三个等级，分别得 4、3、1.5 分，学年评价时取两学期分数之和。

④每学年参加市教育局或学校组织的教育理论和业务考试，优秀得 4 分、合格得 2 分。此项由教研室、年级组负责考核。

（3）发展成果

发展成果项目指标如表 4-2 所示。

表 4-2　发展成果项目指标

	项目指标内容	得分	等级量化得分		
A	教学科研课题立项	5	省级及以上		市级
			5		2
B	科研成果（课题结题）	8	国家级	省级	市级
			8	5	3
C	论文（不含试题、报纸类，含教育教学反思类文章，发表的论文要能在知网或维普网检索到相关信息）	8	省级以上正式刊物发表	省一奖	省二等奖市一等
			8	5	2
D	各级公开课	9	A 等 9 分，B 等 5 分，C 等 3 分		

说明：教师的科研课题、成果、论文（不含试题、报纸类，含教育教学反思类文章，发表的论文要能在知网或维普网检索到相关信息）直接凭原件计算得分，在校报校刊上发表的文章等同于市一等奖。

课题主持人记满分，成员减 1 分，不累加。正规发表的论文第二作者减 3 分；获奖的论文（由教育主管部门评选出的，不含机构、杂志社等评选的）第二作者减 1 分，校级论文记 1 分，不累加。

各级公开课：学年内获国家级教学奖记 9 分，获省教学能手、省优质课一等奖、省一师一优课一等奖记 5 分，获市教学能手、市优质课一等奖、市一师一优课一等奖、省优质课二等奖记 3 分，被学校外派执教公开课且获得荣誉证书记 2 分，市优质课二等奖、市一师一优课二等奖、市级及以上获奖的微课、校级同课异构记 1 分，均累加。此项由教研室负责组成评估小组认定计分。

（4）导师制

①实行全员导师制，把班级学生分包到任课教师，导师负责分包学生的学习指导、心理疏导、德育教育等。

②谈话指导 40 分。由学生根据需要找指导教师谈话，指导教师根据学生存在的问题给出指导建议。每次谈话需要学生填写谈话记录表（谈话记录表放于班内讲桌下、学生简单填写），每周一以班为单位由班级学习委员将谈话记录表交年级组。

③考试成绩 10 分。教师所分包学生的考试（两类指标）高分人数分别与上学年相比较，年级名次进步 1 人给指导教师教学评估中加 2 分，成绩退步 1 人减 1 分。

其中，实验班年级前 5 名的学生如果再进步，给指导教师教学评估中加 4 分，如果年级名次保持不变给指导教师教学评估中加 2 分，如果考试年级名次成绩退步小于等于前 5 名则不加亦不减分，如果考试年级名次退步在 5 名及以后减 1 分；年级 6～10 名的学生如果进步加 3 分，只要年级名次保持不变，即给指导教师教学评估中加 2 分，考试年级名次在 10 名及以后减 1 分（教两个及以上班级的教师最后求几个班均分，本项加减分最多不超过 20 分）。

④导师制分配、谈话落实、成绩计算由年级主任负责。

7. 关注团队和增值的教学成绩

对于教学成绩考核，班级组捆绑评价，强化互助团结合作。个人教学重点评价增量，进行出入口的计算，并且各学科组再进行协调，做到平衡。

高二考核四次（两次期中、两次期末）考试成绩，每次期中考试占20%，每次期末考试占30%，每学期期末考试内容为一学期内容（上学段占35%，下学段占65%）。若因疫情第二学期期中考试不组织，则其余三次考试成绩占比分别为25%、35%、40%。

（1）班级组考核100分

按每次期中期末考试统计，各学科统一按照3%、7%、16%、24%、24%、16%、7%、3%的比例换算等级分，按等级分统计总分。

①统计总分入口班级均分与本次考试总分班级均分的差 $\Delta\bar{x}_i$（$i=1$，2，3，…），入口总分班级均分记作 $\bar{x}$，本次考试总分班级均分记为 $\bar{x}_i$（$i=1$，2，3，…），则 $\Delta\bar{x}_i$（$i=1$，2，3，…）$=\bar{x}_i-\bar{x}$，若 $\Delta\bar{x}_i\geqslant0$，任课教师按 $100+\Delta\bar{x}_i\cdot(\bar{x}/360)\cdot10\div6$ 计分，班主任另加 $\Delta\bar{x}_i\cdot(\bar{x}/360)\cdot10\cdot5\%\div6$ 分；若 $\Delta\bar{x}_i<0$，任课教师按 $100+\Delta\bar{x}_i\cdot(360/\bar{x})\cdot10\div6$ 计分，班级不同均分入口提高或降低10分团体加减分对比表如表4-3所示。

表4-3

入口	提高10分	下降10分
300	113.9（加了13.9）	80（减了20）
360	116.7（加了16.7）	83.3（减了16.7）
540	125（加了25）	88.9（减了11.1）

理论假设：差得不能再差了，提升相对容易；好的可以更好，提升更可贵。高位提升比低位提升相同分数，加分多。低位下降比高位下降相同分数，减分多。差的下降减分高于提升相同分的加分，好的下降减分低于提升相同分的加分。

②实验班、奥赛班总分前20名均分和普通班总分后20名均分考核，具体办法如下：统计班级总分前20名或后20名入口均分与本次考试均分的差

$\Delta \bar{y}_i (i=1, 2, 3, \cdots)$，班级总分前 20 名或后 20 名入口均分记作 $\bar{y}$，本次考试班级总分前 20 名或后 20 名均分记为 $\bar{y}_i (i=1, 2, 3, \cdots)$，则 $\Delta \bar{y}_i (i=1, 2, 3, \cdots)$ $= \bar{y}_i - \bar{y}$，若 $\Delta \bar{y}_i \geq 0$，任课教师按 $\Delta \bar{y}_i \cdot (\bar{y}/360) \cdot 10/6$ 计分，班主任另加 $\Delta \bar{y}_i \cdot (\bar{y}/360) \cdot 10 \cdot 5\%/6$ 分；若 $\Delta \bar{y}_i < 0$，不计分。

③教师班级组考核得分为①②两项之和，教两个及两个以上班级的，用求平均值的方法求得总分。

（2）个人成绩考核 100 分

按每次期中期末考试统计，新老校区各学科统一按照 3%、7%、16%、24%、24%、16%、7%、3% 的比例换算等级分。

①统计各科入口等级分班级均分与本次考试等级分班级均分的差 $\Delta \bar{x}_i$ $(i=1, 2, 3, \cdots)$，入口等级分班级均分记作 $\bar{x}$，本次考试等级分班级均分记为 $\bar{x}_i (i=1, 2, 3, \cdots)$，则 $\Delta \bar{x}_i (i=1, 2, 3, \cdots) = \bar{x}_i - \bar{x}$，若 $\Delta \bar{x}_i \geq 0$，按 $100 + \Delta \bar{x}_i \cdot (\bar{x}/60) \cdot 5$ 计分；若 $\Delta \bar{x}_i < 0$，按 $100 + \bar{x}_i \cdot (60/\bar{x}) \cdot 5$ 计分，学科不同均分入口提高或降低 10 分个人加减分对比表如表 4-4 所示。

表 4-4

入口	提高 10 分	下降 10 分
50	141.7（加了 41.7）	40（减了 60）
60	150（加了 50）	50（减了 50）
80	166.7（加了 66.7）	62.5（减了 37.5）

理论假设：差得不能再差了，提升容易；好的可以更好，提升更可贵。高位提升比低位提升相同分数，加分多。低位下降比高位下降相同分数，减分多。差的下降减分高于提升相同分的加分，好的下降减分低于提升相同分的加分。

②实验班、奥赛班各科班级前 20 名均分和普通班各科班级后 20 名均分考核，具体办法如下：统计各科班级前 20 名或后 20 名入口等级分均分与本次考试等级分均分的差 $\Delta \bar{y}_i (i=1, 2, 3, \cdots)$，各科班级前 20 名或后 20

名入口等级分均分记作 $\bar{y}$，本次考试各科班级前 20 名或后 20 名等级分均分记为 $\Delta\bar{y}_i\,(i=1,2,3,\cdots)$，则 $\Delta\bar{y}_i\,(i=1,2,3,\cdots)=\bar{y}_i-\bar{y}$，若 $\Delta\bar{y}_i\geqslant 0$，按 $\Delta\bar{y}_i\cdot(\bar{y}/60)\cdot 5$ 计分；若 $\Delta\bar{y}_i<0$，不计分。

③个人成绩原始得分为①②两项得分之和，教两个及两个以上班级的，用求平均值的方法求得个人成绩最终原始得分。

个人成绩考核最终得分 = 个人成绩最终原始得分 +（全体教师个人成绩最终原始得分平均分 - 学科组个人成绩最终原始得分平均分）。

这里主要是担心出现一个学科组的个人成绩都高，或者都低，导致最后失衡，通过修正保证每个组在个人成绩这个维度上的优良中比例相当（班级组得分以及其他评价得分都是原始分相加）。得分有明显差异学科组修正后评价结果变化表如表 4-5 所示。

表 4-5　得分有明显差异学科组修正后评价结果变化表

1	81	<u>87</u>	不及格	正常组分数组均分 85.5				
2	82	87	不及格	下划线组分数组均分 90.5				
3	83	87*	不及格	星号组均分 98.5				
4	84	<u>88</u>	及格	全部均分 91.5				
5	85	88	及格	正常组人人加（91.5-85.5=6）				
6	<u>86</u>	88*	及格	下划线组人人加（91.5-90.5=1）				
7	86	<u>89</u>	中等	星号组人人加（91.5-98.5=-7）				
8	87	89	中等		优秀	良好	中等	及格	不及格
9	87	89*	中等	正常组	0	2	3	2	3
10	<u>88</u>	<u>90</u>	中等	修正后	3	3	2	1	1
11	88	90	中等	下划线组	0	6	3	1	0
12	89	90*	中等	修正后	3	3	2	1	1

续表

13	89	91	良好	星号组	9	1	0	0	0
14	90	91	良好	修正后	3	3	2	1	1
15	90	91*	良好						
16	91	92	良好						
17	92	92	良好						
18	93	92*	良好						
19	94	93	良好						
20	94*	93	良好						
21	95	93*	良好	如果仅仅以个人学科成绩评价,修正后各组优良中及格等比例基本相当。					
22	95*	94	优秀						
23	96*	94	优秀						
24	97*	94*	优秀						
25	98*	95	优秀						
26	99*	95	优秀						
27	100*	95*	优秀						
28	101*	96	优秀						
29	102*	96	优秀						
30	103*	96*	优秀						

8. 提高教师评价素养

能不能有高效的课堂教学,重在教师的能力和素养。一样地,能不能进行科学高效的教师评价,关键是评价人的能力和素养。说到底,无论是国家发展，还是企业管理，到我们的教育教学，都是人才的竞争。教师是教育之本，教师自己要有较高的评价素养，对于骨干教师、学科带头人和学校管理者，更是要加强培训学习，提升科学评价的能力。比如，要能做到以人为本，要深刻理解教师职业是专业，教师工作的特点是劳动方式的个体性，劳动时空的连续性，劳动成果的集体性与迟效性，劳动过程的创造性。评价人员、评价技术、评价过程和评价结果都要符合伦理要求。评价者要善于倾听被评价者的需要与愿望，辨识被评价者需要与愿望背后的价值取向，在一致性分析的基础上，提出专业性的建议。双方尊重，才能建构发展性评价的意义，才能赢得对方的尊重，才能达成更大的超越。规范评价程序，分析处理评价结果，必要时能再评价。要尽可能地得到多方面的信息，以让自己提高、成长，这是评价的增值。

奖惩性教师评价当前还做不到完全放弃，发展性教师评价与之有机结合，最终使得奖惩成为诱导教师发展的手段，而不是目的，不能按照名次位置分等奖励，可以进行发展目标达标性奖励、单项发展奖励。另外，教师功利化的意识还需要逐渐扭转，要加大培训，进行内在激励的唤醒。同事竞争关系还激烈存在，也制约教师积极性和专业发展。两种评价有机结合仍然需要深入研究，以形成科学高效的中国特色教师评价制度。

参考文献

［1］王俭.教育评价发展历史的哲学考察［J］.教师教育研究,2008（2）：1-6.

［2］王凯,张文华.英国基础教育教师评价制度改革评鉴［J］.外国教育研究, 2006（12）：68-72.

［3］孟卫青,吴开俊.中小学教师工作绩效评价系统的发展：英美经验［J］.比较教育研究, 2013（9）：77-82.

［4］杨传昌,蒋金魁.我国中小学教师评价制度研究综述［J］.教育探索, 2009（3）：59-60.

［5］张钧,邵琳.基于我国教师评价制度演进的思考［J］.东北师大学报（哲学社会科学版）, 2017（5）：191-196.

［6］王俭.教师专业化发展与教师自我评价［J］.高等师范教育研究,

2002（2）:26-31.

[7] 李素敏,朱瑞刚.论教师奖惩性评价与发展性评价的融合 [J].天津师范大学学报（基础教育版），2005（4）:31-34.

[8] 杨建云,王卓.论教师发展性评价与奖惩性评价的关系 [J].中国教育学刊，2003（1）:46-49.

[9] 张睿锟.高中教师发展性评价理念研究 [J].教学与管理,2010(2):35-36.

[10] 吴天武.发展性教师评价是促进教师专业化发展的有力手段 [J].四川师范大学学报（社会科学版），2005（7）:103-107.

[11] 王艳菊.中小学实施发展性教师评价的障碍 [J].当代教育科学,2005（1）:50.

[12] 杨继平,文军强.浅析发展性教师评价的激励因素「J].教育理论与实践，2005（4）:26-27.

[13] 王俭.评价究竟为什么 [J].中小学管理，1998（1）:15-16.

[14] 王斌华.发展性教师评价制度 [M].上海：华东师范大学出版社，1998.

第二节　关于"逆向教学设计"的思考

笔者2017年有幸聆听了天津教科院陈雨亭研究员关于"逆向教学设计"的报告，以终为始，评价前置，三个阶段等给我留下了深刻印象。北师大刘美凤教授的"课程开发"课程，对教学目标、使能目标等进行了详细介绍，比如ABCD法。山师大曾继耘教授的"学生评价理论与实践"课程，布置了利用学生评价模式的知识分析"逆向教学设计"的作业。下面简单梳理一下相关知识，谈谈自己的粗浅认识。

一、主要学生评价模式述评

1. 泰勒目标评价模式

20 世纪 30 年代，现代评价理论之父泰勒提出了目标评价模式，追求评价的客观性和科学化，以自然科学范式为理论基础。其学生布鲁姆提出并完成教育目标分类学的工作，使得此模式进一步落地，一直在实践中处于支配地位，至今仍有强大的生命力。主要观点：教育目标应该以具体的行为目标来加以界定，是学生评价的出发点和依据。评价是考量教育目标是否达到以及达到程度的过程，评价方法应以标准化测验为主。

此模式的优点是目标取向，针对性强，实效性好；而且目标行为化，操作性强，简便易行。存在的问题是简单化、物性化。只强调以目标为中心，忽视对目标本身合理性的评判；只关注预期目标的实现，忽略非预期目标的价值；只注重对教学结果的评价，忽略活动过程本身的价值；只关注易于测量的、相对简单的行为目标的评价，较少涉及诸如创造性等相对复杂的内容；就像工厂评价产品一样，把人客体化、物性化，反对评价者与被评价者相互交流，未免影响公平。目标取向的评价把方方面面都考虑周全了，唯独忽略了"人"本身。

2. CIPP 评价模式

20 世纪 60 年代，美国《国防教育法》颁布，斯塔弗尔比姆（L.D.Stuffebeam）提出一种超越目标模式的新的评价模式：CIPP(背景评价 context evaluation、输入评价 input evaluation、过程评价 process evaluation、结果评价 product evaluation) 评价模式。认为评价应从以目标为中心转向以决策为中心，为教育改革服务。"评价意图不是为了证明（prove），而是为了改进（improve）。"评价不仅应该关心目标是什么，还应关心目标的合理性，关心目标是怎样筛选出来的。评价不仅关心目标达成度（行为结果），还关心目标是怎样达成的（过程评价）。包括四种评价：背景评价、输入评价、过程评价、成果评价。该评价模式比较全面，可以弥补其他评价模式的不足，但是实施过程复杂，适用范围受限，一般用于大规模的方案评价，对教育的贡献主要在理念层面。

3. 目标游离评价模式

20 世纪 70 年代，斯克利文（M.Scrivem）认为只关注"预设目标"是不科学的,还要关注实际教学过程中出现的情况,即强调评价的重点应该由"预设"转变为"实践"。评价应以顾客为基础,以消费者需要为导向,一种产品应按照顾客或社会的愿望,而不是按生产者的愿望受到评价。主张评价目标游离,关注非预期目标。由"方案想干什么"转向"方案实际干了什么"。实施"盲评价",避免先入为主,正如听评课,评价人感受到的目标才是落地的。该模式值得反思和借鉴,但缺少完整的操作性评价程序。

4. 自然主义评价模式

20 世纪 80 年代,后现代哲学影响各个领域,教育活动与工厂企业大不相同。古贝(Guba,E.G.)和林肯(Lincoln,Y.S.)发表《第四代评估》。提出了超越纯粹科学范畴的,涵盖人性、政治、社会、文化以及其他相关因素的第四代评估。认为评价的最终目的是让被评价者认同评价,并根据评价结果作出改进,"让被评价者最大程度地接受评价结果,就是评价的最大效益"[1]。"评价者应秉持'价值多元性'的立场,在与评价利害关系人充分交流沟通的基础上,形成共识"[2]。评价方法主要采用质性方法,在自然教育情境中进行观察、对话等。

操作程序如下:评价者任意选择一位或一组评价利害关系人进行访谈,在充分交换意见的基础上形成初步的评价结构;选择下一位或下一组评价利害关系人,在与这一位(组)评价利害关系人交换意见的同时,对前面所形成的结构进行共同分析和评论,形成新的结构;依此类推,与每一位或每一组评价利害关系人进行沟通交流;再次循环,经过多次螺旋式上升的循环,选择幅度由宽到窄,结构由少到多,逐步达成共同建构,形成供不同评价利害关系人使用的多版本评价报告。

体现了学生评价未来的发展方向;注重价值认同和心理建构;尊重差异,价值多元;弱化量的评价方法,主张质的评价方法。但操作策略有待完善。

5. 学生评价模式发展的内在逻辑

在评价的价值取向上,由社会需要取向转到个体需要取向,再转到主体间交往取向。在评价的整体结构上,由直线式结构向循环式结构演变。在评价的功能上,从单纯的总结性评价向注重评价的形成性功能转换。在评价的方法与手段上,从推崇客观的、标准化的测量,转向提倡观察、交谈等自然主义质性评价方法。在评价者与被评价者之间的关系上,从紧张专制转向理解关怀。

二、传统教学设计与逆向教学设计

1. 传统教学设计

设计的简单定义就是"有目的的创作行为"。教学设计是"把学习与教学原理转化为教学材料、活动、信息资源和评价的规划这一系统的、反思性的过程"[1]。传统的教学设计是按照"学习目标—教学组织—教学评价"的顺序设计教案，重在对教材的解读，利于教师完成既定的教学内容，主要是教师的教导思路，在教学过程中缺少有效的教学评价，只是在最后起到检查学习结果的功能。

2. 逆向教学设计

课程标准被定位为"教材编写、教学、评估和考试命题的依据"[2]，而从各国的教学改革实践来看，制定课程标准并实施基于课程标准的教学已是得到普遍共识的国际经验[3]。同时核心素养嵌入普通高中课程标准，要求教学设计指向学科核心素养，遵循学生的学习思路，从"教师之教"转变为"学生之学"。加涅在其《教学设计原理》中就明确表示："教学设计必须以帮助学习过程而不是教学过程为目的。教学设计也是以有目的的学习而不是'偶然'学习为目的。这意味着最终的目标与预期的学习结果指导着学习活动的设计与选择"[4]。如此"以终为始"，以学习目标为起点和归宿，优先设计教学评价，教学活动则是达成学习目标的手段，这就是逆向教学设计。

逆向教学设计是由美国的威金斯和迈克泰格于1999年提出的，他们将教学的逆向设计过程分为三个阶段："确定预期结果—确定合适的评估证据—设计学习体验和教学"[5]。

阶段一：确定预期结果（教学目标）。这里的学习目标是学科素养和课程标准的具体化、微观化，要转变成问题的形式，促进学生的理解。学生应该知道什么？理解什么？能够做什么？什么内容值得理解？什么是期望的持久理解？教师通过研究课程标准，思考教学目标，对课程预期结果调试检查。

阶段二：确定合适的评估证据（教学评价）。优先设计评价，如何确定学生经验与学习目标的距离。哪些证据能够证明学生的理解和掌握程度？教师确定学生是否达到预期学习结果的标准和依据，包括整体性设计和细分规则的制定。设计教学活动,使教学成为发现证据的过程。

阶段三:设计学习体验和教学(教学活动)。确定了目标和评价体系,接下来是选择教学内容,实施教学活动。学生要达成预期的结果,需要哪些知识(事实、概念、原理)和技能(过程、步骤、策略)?哪些活动可使学生获得所需知识和技能?根据表现性目标,教师需要教哪些内容,指导学生做什么,以及用哪种教学方式开展教学?要达成目标,选哪些合适的材料和资源?

逆向教学设计按照上述三个阶段,从"我已经知道什么"到"我还需要知道什么"再到"怎样才能学会",是一个动态、有序、高效、自主发现的教与学的过程[6]。

3.传统教学设计与逆向教学设计

逆向教学设计与传统教学设计的根本差异在于:逆向教学设计"学习评价"在先,"教学组织"在后,而传统的教学设计是"教学组织"在前,"教学评价"在后。把评价设计提到教学活动设计的前面,使评价嵌入教学过程,成为诊断和驱动教学的工具。这样一来,教学成为发现证据的过程,评价不再只是教学结束后的终结性检测,形成"教学—评价—教学"的螺旋式上升环,不断促进目标的达成。

三、关于逆向教学设计的思考

1.逆向教学设计本质仍是泰勒目标评价模式

逆向教学设计阶段一与传统的教学设计一样,都是确定教学目标,也要结合课程标准和教学内容分析。传统的教学设计目标对知识技能比较明确,对理解性目标研究不深入,书写不规范,分解不细致,导致最后评价仅仅对照简单知能标准。逆向教学设计对教学目标的确定,也促进了传统教学设计目标的研究,强化巩固了布鲁姆教育目标分类学的实施,特别是用ABCD法描述学习目标的行为表现,也就是对象(A)、行为(B)、条件(C)、标准(D)。比如:高一年级(对象),在观看各种函数的图像时(条件),能将一次函数、二次函数、幂函数、指数函数、对数函数和三角函数的图像分别标记出来(行为),准确率达90%(标准)。

逆向教学设计阶段二在传统的教学设计实施中也或多或少、或明或暗地存在着,如在教学活动中经常使用的讲练结合法就是在及时评价学生掌握情况，并决定着教学活动的进展。也就是说虽然泰勒模式以自然科学范式为理论基础，强调人的客体化、物性化，尽管传统教学设计是教师的教为主导，但是在实际教学中，教师学生都是活生生的人，过程评价也客观存在，也对教学起着驱动或阻碍的作用，只是没有明确提出来。

2. 逆向教学设计符合 CIPP 评价模式理念

逆向教学设计中评价的设计，一般包括评价任务和评分规则。评价任务的设计依学习目标达成所需要的证据来定，评分规则则需参考相关标准，如课程标准。当评价嵌入教学，教学从某种意义上成为发现证据的过程，学习目标就被证据所替代，发现所需证据，既是检验达标与否，也在寻找证据的过程中改进教学活动，以更好地实现目标。

受到国家教育目标层级流变的影响，虽然是按照"教学目标—行为表现—使能目标"分解追溯到学生的认知原点，但逆向教学设计的教学目标，仍然要加大课程标准的学习和核心素养的研究。根据最新国家政策和高考评价体系，教学设计基于课程标准，指向核心素养。

3. 逆向教学设计评价目标游而不离

对照目标游离评价模式，逆向教学设计本质是评价驱动教学，真正以学生学习为主导，对于生成的非预期目标也得到及时关注，重视教学设计实施效果，评价目标游而不离。从某种意义上说，学生是教师的顾客，教学设计最大限度满足学生学习需要，不以教师是否完成教学内容而受到评价，而是以学论教。

4. 逆向教学设计借鉴自然主义评价模式

逆向教学设计评价先行，诊断性、过程性评价穿插在教学活动中，一般来说，师生评价、生生评价都是互相认可的，并向着目标改进。教学中，教师随时关注学生"意想不到"的表现，让随机进入学习发生，在师生对话中，大家都充分发挥自己的观点意见，对同一个问题从不同的视角拓宽研究，深化理解，沟通交流，达成共识。质性方法和量性方法相结合，在自然教育教学情境中，驱动教学活动，激发学习原动力。

5. 逆向教学设计是基础教育改革的方向

逆向教学设计以学习目标为中心开展教学活动，实现课标、目标、评价、教材与教学的高度统一。评价驱动的逆向教学设计模式符合基础教育改革要求，"我们应该从基于教师自身经验或教科书的课程实施，走向基于课程标准的教学，即教学目标源于课程标准、评估设计先于课程设计、指向学生学习结果的质量"[7]。从传统的教学设计转向基于标准的逆向教学设计启示我们要有明确的学习目标，以课程标准为思考起点。原来只对教材解读，就只知道要教什么，而往往不知道为什么要教，以及教得怎么样，教学容易迷失方向[8]。经过逆向教学设计的引领，教师不但知道要教什么，还知道为什么要教，以及教得怎么样，从根本上保证了学习目标的达成。

6. 逆向教学设计对教师评价素养和能力提出了高要求

由上所述，落实课标，使核心素养落地，逆向教学设计是个不错的选择。教学顺序的改变，使得教师对课标、评价、活动等要素有了更好的驾驭和把握。阶段一目标确定后，阶段二总体性评价标准的设计和细分化评价规则的制定要求教师有较高的理论水平、评价素养和评价能力，本环节决定阶段一的目标达成，也影响阶段三的教学活动的组织。哪怕教师有坚定的创新教学设计的信念，有对教育教学的无限热爱，有对学生的满腔热情，但是评价素养不是一蹴而就的，需要加强培训，长期培养。目前，教师对于课标和学习目标的分解转化成行为表现的能力非常有限，加之长期的教学惯性，还是从教材教学内容中来提炼目标，有逆向教学设计之名，走传统教学设计之实。如果不能从更高层面（起码是整个学校）进行变革，更新观念，提升能力，改变学习策略，那么逆向教学设计只能遗憾地停留在报纸杂志上，活跃在报告大会上。

把握逆向教学设计的理念，对传统教学设计进行重构是马上就能做的事情。真正逆向教学设计，任重道远却也大有可为。

参考文献：

[1] 史密斯, 雷根. 教学设计 [M]. 庞维国, 等, 译. 上海：华东师范大学出版社，2008:4.

[2] 教育部. 基础教育课程改革纲要（试行）[M]. 2001.

[3] 崔允漷, 王少非, 夏雪梅. 基于标准的学生学业成就评价 [M]. 上海：华东师范大学出版社，2008:9.

[4] 加涅, 等. 教学设计原理 [M]. 5版. 王小明, 等, 译. 上海：华东师范

大学出版社，2007：4.

[5] 威金斯，迈克泰格.理解力培养与课程设计：一种教学和评价的新实 [M].么加利，译.北京：中国轻工业出版社，2001：13.

[6] 卢卫忠，林敏.中学地理逆向教学设计策略探讨 [J].中学地理教学参考，2017（23）：26-29.

[7] 崔允漷.课程实施的新取向：基于课程标准的教学 [J].教育研究，2009（1）：74-79.

[8] 叶海龙.逆向教学设计简论 [J].当代教育科学，2011（4）：23-26.

第三节 判天地之美，析万物之理——教学设计和教后反思

课题"三角函数的图像与性质"与"函数 $y=A\sin(\omega x+\varphi)$ 的性质"。

一、通读教材，明确内容

把新教材三角函数部分通读了一遍，确定复习内容。本课题大约三个单元 6 个课时，用一节课复习，内容多，容量大。主要内容如下。

①用正弦函数的定义发现每旋转一周，函数值周而复始的出现，问题归结到画出 $[0, 2\pi]$ 的图像，然后再平移就可以得到实数集上的图像，任取一点 x_0，如何求出 $\sin x_0$，作点 $(x_0, \sin x_0)$，利用细线缠绕的方法找到角 x_0 对应的终边与单位圆的交点，通过 x_0 正弦值的几何意义作图，接下来平分 $[0, 2\pi]$，平分单位圆，如法炮制，描点，连线，也可以用信息技术让任意点动起来得到图像。通过诱导公式平移正弦曲线得到余弦函数图像，然后总结五点法快捷地画出图像，包括画出上下平移、关于 x 轴对称关于 y 轴对称的图像，渗透了图像变换的方法。

②利用图像研究正、余弦函数的性质，主要是周期性、奇偶性、单调性和最值；借助正、余弦函数图像与性质研究函数 $y=A\sin(\omega x+\varphi)$ 的性质。

③用定义得到正切函数的周期性和奇偶性，再利用正切值的几何意义画

出半个周期的图像,结合性质得到定义域上的图像,再来研究性质,以及解决 $y=A\sin(\omega x+\varphi)$ 的性质。

④以筒车为背景建立一般圆周运动的数学模型,弄清 A,ω,φ 的实际意义。

⑤研究正弦曲线与函数 $y=A\sin(\omega x+\varphi)$ 的图像的关系,能由正弦曲线变换得到 $y=A\sin(\omega x+\varphi)$ 的图像,理解 A,ω,φ 分别对函数图像的影响。

⑥能用五点法画出给定区间上函数 $y=A\sin(\omega x+\varphi)$ 的图像,验证性质。

二、研究例题,刷完习题

把教科书例证题、练习题、习题、复习参考题所有涉及的本部分题目做一遍,并归类整理,提炼思想方法,向基本知识内容靠拢。主要是五点法画图,求周期选周期,由函数值 y 的范围求 x 的范围,求单调区间,求最大(小)值(由 x 的范围求函数值 y 范围)和最值点(x 的值),换元法,奇偶性和对称性,知图像求解析式,知性质求解析式,图像变换等。这其中周期性、奇偶性是函数的整体性质,具有统领性,对其他性质的研究有重大影响;奇偶性是特殊的对称性,教科书以拓展探索的形式给出习题,这是学生的难点,也是以后高三高考学生的盲点、疑点。

三、研究课标,参悟教参

1. 研究课标

课标对本部分内容的总体要求:三角函数是一类最典型的周期函数。借助单位圆建立一般三角函数的概念,用几何直观和代数运算的方法研究三角函数的周期性、奇偶性(对称性)、单调性和最大(小)值等,利用三角函数构建数学模型,解决实际问题。

对"三角函数概念和性质"的具体内容要求有三条:①借助单位圆理解三角函数定义,能画出其图像,了解三角函数的周期性、单调性、奇偶性、最大(小)值。②借助图像理解正弦、余弦函数在 $[0,2\pi]$ 上,正切函数在 $\left(-\dfrac{\pi}{2},\dfrac{\pi}{2}\right)$ 上的性质。③结合具体事例,了解 $y=A\sin(\omega x+\varphi)$ 的实际意义;能借助图像理解参数 A,ω,φ 的意义,了解参数变化对函数图像的影响。

由此可见本节复习课题可以整合为复习课"三角函数概念和性质（第二节）"，或者直接叫复习课"三角函数的图像与性质"。

2. 参悟教参

三角函数与前面学习的函数被视为一个整体，注重教科书的整体结构，体现内容之间的有机衔接，凸显内容和数学学科核心素养的融合，要帮助学生从整体上把握三角函数的概念和性质，理解三角函数与前面一般的函数概念与性质以及几种常见的基本初等函数的联系，重点提升数学抽象、逻辑推理、直观想象、数学运算和数学建模等素养。教参对于本部分内容既有整体的教学设计，也有具体到每个知识点的教学设计。

三角函数是刻画现实世界中一类周期变化规律的重要数学模型，提升数学建模素养。由原来积累的函数研究经验，自主构建三角函数研究内容、过程和方法，关注三角函数的特殊性，充分利用周期性简化研究过程，并设计正切函数先研究性质再画图像，体验研究函数方法的多样性。特别强调单位圆的作用，借助单位圆的几何直观，领会数形结合思想；利用圆的对称性，发现和研究三角函数的性质，这也是三角函数被称作"圆函数"的原因，进而提升学生直观想象素养。突出数学思想方法，数形结合、特殊到一般、转化化归、类比、联系等。问题驱动学生主动思维，构建问题链，给出观察事物（发现问题）、提出问题、分析问题、解决问题的线索，帮助学生获得"四基"的过程中，逐步提高"四能"，发展数学实践能力及创新意识，培育科学精神，促进学生学会学习，落实发展学生数学学科核心素养理念。

四、复习定位，教学方法

1. 把脉复习课

复习课与新授课、习题课、讲评课有什么不同？高一复习课与高三一轮、二轮复习课又有什么区别？

复习课一定是课前学生做老师布置的复习导引，然后老师批阅，收集学情，再把学生典型的做法或者错误拍成照片，展示在课件中，这应该是与新授课的最大不同。上课一半是把基本知识、思想方法复习巩固一遍，像砸夯一样，必须有重叠；一半是处理课前布置的例题，要适当变式、知识迁移、形成能力、发展核心素养。复习课切忌上成习题课、练习课，以题组的形式展现，那就徒有其"形"而失其"魂",高一复习课是介于新授课、习题课与讲评课之间的一种课型。它的功能应该是把书从厚变薄的过程,主要功能有如下三个。

一是整体认知结构重构。系统把握数学结构性,进行认知重构,是复习的重要内容。高中生思维发展的年龄特征决定了学生独立发展整体认知结构的能力是困难的,离不开教师在教学过程中的精心设计和针对性帮助指导,这也是复习课教学的价值所在。

二是提升综合思维能力。同一问题在新学习阶段方法相对单一、思维固定,在复习阶段则能够从不同的角度去看待,比如求解 $\sin x > \cos x$,有的学生画图解决,有的学生移项一端化零,化成同名函数解决,有的学生直接利用三角函数的定义 $x > y$ 解决,有的是讨论 $\cos x$ 的符号,转化为 $\tan x$ 来解决。学生思维发散,虽然复习也分不同的阶段,各阶段任务也不同,但每一次复习建构整理都是对综合思维能力的提高。

三是培养自主学习能力。复习内容都已经学习过,学生对要整理的内容已经有所了解,但显然又不能非常清晰熟悉地整理,对于如何建立思维导图,以更好地呈现复习内容还比较陌生。高一、高二年级是复习课教学教会学生复习方法为主的阶段。既要复习整理知识,助推学生认知结构化,还要指导学生整理建构的方法,通过高中数学复习课教学,学生学会科学的复习方法,并自觉应用这些方法到新的单元复习实践中去,不断提升自主学习能力。事实上,在新授课教学阶段课堂引入教师都会进行上下连接过渡,这就是复习时可能涉及的前后内容。所以复习课上,教师要引导学生关注教师提供的信息,并培养学生主动进行个性化记忆与加工的能力。

2. 逆向教学设计

传统的教学设计是按照"学习目标—教学组织—教学评价"的顺序设计教案,重在对教材的解读,利于教师完成既定的教学内容,主要是教师的教导思路,在教学过程中缺少有效的教学评价,只是在最后起到检查学习结果的功能。

核心素养嵌入普通高中课程标准,要求教学设计指向学科核心素养,遵循学生的学习思路,从"教师之教"转变为"学生之学"。"以终为始,评价前置",以学习目标为起点和归宿,优先设计教学评价,教学活动则是达成学习目标的手段,这就是逆向教学设计。确定预期结果(教学目标),确定合适的评估证据，优先设计评价，设计学习体验和教学（教学活动）。从"我已经知道什么"到"我还需要知道什么"再到"怎样才能学会"，是一个动态、有序、高效、自主发现的教与学的过程。

　　基于以上理论、关于复习课的思考以及高一的现实，笔者决定把教材上的核心内容以思维导图的形式整合一遍，并设计成问题串的形式，提前发给学生，然后收上来，根据学情制定本节课的教学目标，目标 = 期望 - 现状。在国家课程校本化的基础上进行班本化、课时化，教学目标以评价量表的形式给出，如表 4-6 所示。

表 4-6　教学目标简单量规

教学目标	很清楚（能讲解）	清楚（能理解）	不太清楚（不明白）
1. 能由定义画正弦函数图像，并掌握性质			
2. 能由图像变换画余弦函数图像，并掌握性质			
3. 能由定义、性质画正切函数图像，并掌握性质			
4. 总结定义、图像、性质的内在逻辑关系			
5. 借助三角函数研究函数 $y = A\sin(\omega x + \varphi)$ 的性质			
6. 理解 $y = A\sin(\omega x + \varphi)$ 的实际背景，回顾数学建模的过程与方法			
7. 理解 φ、ω、A 的物理意义，说出它们对函数图像的影响			
8. 掌握函数 $y = \sin x$ 图像到 $y = A\sin(\omega x + \varphi)$ 图像的变换过程，会用"五点法"画图			

　　前四个是第一部分，后四个是第二部分。每一部分完成后，都要评价检测达标情况，这样把原来一节课最后的终结性评价改成过程性评价，有效防止了学生掉队，时刻都能看到自己的学习程度。另外就是最后的小结、板书设计

和评价设计一样要先行，要前置，这就是逆向的意思。板书和小结，是教师检验学生学习效果的一个平台，能给学生留下深刻印象，给中途走神学生的一次补救。同时是教师把握本节内容的有效抓手，高度凝练，重点突出，是体现教师教学水平的窗口。逆向教学设计认为课堂是寻找目标实现证据的过程，目标、板书、小结要看得见、摸得着、可落地、能操作。

五、问题引领，教学过程

1. 复习导引

讲课前的晚自习发下复习导引，以让学生提前做到心中有数，引发自主思考，掌握学情。第二天早上收上来，老师批阅，发现典型问题，好的做法拍照加入课件，上课展示评价。

2. 正装上课

教师要正装上课，这本身就是身教。开口第一句话要响亮暖场，对话如下：上课，老师好，同学们好，很好非常好未来会更好，一定会更好的，请坐。

3. 教学过程

（1）复习引入

观察现场的环境，越自然越好。"窗外阳光普照，室内暖意融融。历史的车轮滚滚前行，我们已经进入中国特色社会主义新时代，习总书记说要讲好中国故事，给出中国方案，发出中国声音。作为数学人，我们要讲好数学故事，建立数学模型，发出数学声音（语调慢，引导学生说）。下面就让我们发出数学的声音，今天是17日周日，那么24日周几？还是周日，这就是周期现象。刚才我们提到车轮滚滚，你骑自行车回家，假设车轮周长大约是1米，你家离学校2 000米，请问车轮转了多少圈？ 2 000圈，我们把圆周拉直了，平铺在回家的大路上。坐摩天轮时，你在某时刻距离地面多高？昼夜变化，四季交替，天体运动，周而复始，世界中充满了周期现象。圆周运动是刻画一类周期现象的理想载体。三角函数是刻画周期现象的数学模型，为了不失一般性，我们用单位圆来定义三角函数，那么回想我们是怎样画出三角函数图像的？又是如何研究其性质的？一般圆周运动的数学模型的图像和性质又是怎样研究的？这就是我们今天要复习的内容。"板书课题。

（2）预习展示

展示批阅的学生做的复习导引学案，进行适当评价。基础知识很多都不填，回答得很简略，思维导图不会画，更关注的是题目。函数图像画得不光滑，没有体现凸凹性，没有从整体上把握，缺乏直观想象。函数性质倾向于死记硬背，看图观察能力迁移不够，对周期性理解不深刻，比如给定函数值范围求自变量的取值范围，普遍有困难，答案不完整，不会选择合适的周期。图像的变换大部分是先平移再伸缩，只有少部分伸缩再平移，对做对的同学提出大力表扬，"为××点赞，此同学未来可期"。给定范围的五点法作图，高度重视定义域，能够认识到端点的重要性，然后再取中间的特殊点。

（3）展示目标

目标如表 4-6 所示。

（4）复习定义

① 把点 P 的纵坐标 y 叫作_____的正弦函数，记作_____，即_____；

② 把点 P 的横坐标 x 叫作_____的正弦函数，记作_____，即_____；

③把点 P 的纵坐标与横坐标的比值 a 叫作_____的正切，记作 $\tan a$，即

$\dfrac{y}{x}=\tan a$，（$x\neq0$）；

定义：正弦函数为 $y=\sin x$，定义域为 R；

　　　余弦函数为 $y=\cos x$，定义域为 R；

　　　正切函数为 $y=\tan x$，$x\neq\dfrac{\pi}{2}+k\pi$（$k\in$ Z）。

（5）画出图像

问题 1：如何从定义出发画出正弦函数图像呢？

先看到单位圆上任意一点在圆周上旋转一周就回到原来的位置，用公式 $\sin(x\pm2\pi)=\sin x$，$\cos(x\pm2\pi)=\cos x$ 表示，也就是周期性，简化正弦函数、余弦函数的图像与性质的研究过程，先画函数 $y=\sin x$，$x\in[0,2\pi]$ 的图像。在 $[0,2\pi]$ 上任取一个值 x_0，如何利用正弦函数的定义，确定正弦函数值 $\sin x_0$，并画出点 $T(x_0,\sin x_0)$。用无弹性的长为 x_0 细绳一端定在 A 处，缠绕在单位圆上，绳的另一端就是角 x_0 对应的终边与单位圆的交点 B，作出 BM，其大小就是 $\sin x_0$ 的几何意义，平移 BM 到 x_0T，就描出了点 T，如图 4-1 所示。

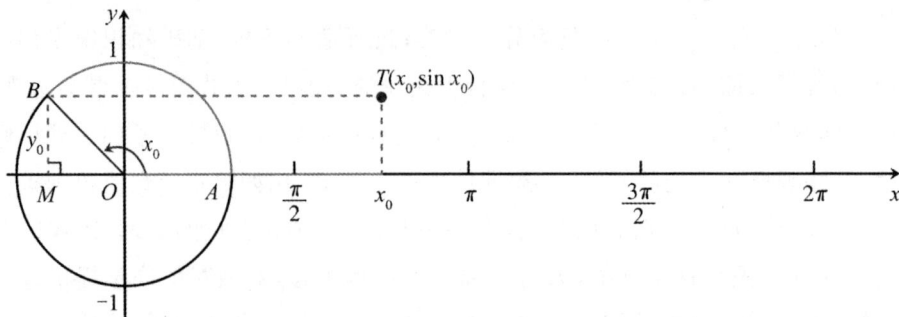

图 4-1

接下来平分 $[0, 2\pi]$，平分单位圆，如法炮制，描点，连线，也可以用信息技术让任意点动起来得到图像，左右平移得到整个定义域上的图像，如图 4-2 所示。

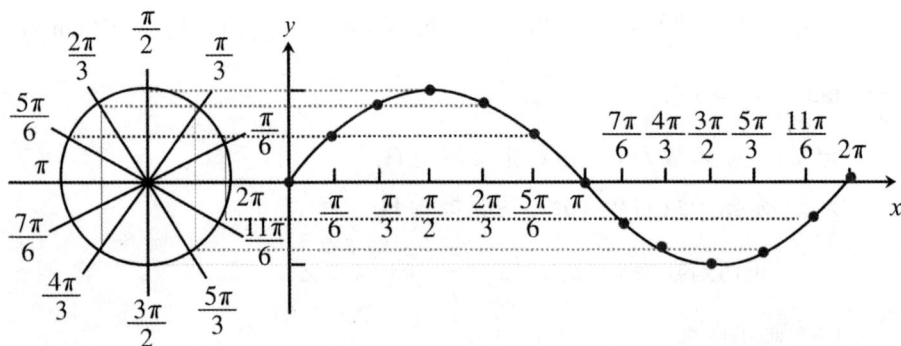

图 4-2

问题 2：如何画余弦函数图像？

通过诱导公式，将正弦曲线向左平移 $\dfrac{\pi}{2}$ 个单个位得到余弦函数图像，如何证明？

预设的答案：设 (x_0, y_0) 是函数 $y = \cos x$ 图像上任意一点，则有 $y_0 = \cos x_0 = \sin\left(x_0 + \dfrac{\pi}{2}\right)$。

令 $x_0+\dfrac{\pi}{2}=t_0$，则 $y_0=\sin t_0$，即在函数 $y=\sin x$ 图像上有对应点 (t_0, y_0)。

比较两个点：(t_0, y_0) 与 (x_0, y_0)．因为 $x_0+\dfrac{\pi}{2}=t_0$，即 $x_0=t_0-\dfrac{\pi}{2}$。

所以点 (x_0, y_0) 可以看作点 (t_0, y_0) 向左平移 $\dfrac{\pi}{2}$ 个单位得到的，只要将函数 $y=\sin x$ 图像上的点向左平移 $\dfrac{\pi}{2}$ 个单位，即可得到函数 $y=\cos x$ 的图像，如图 4-3 所示：

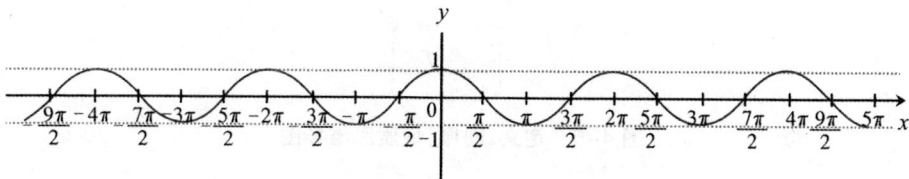

图 4-3

然后总结"五点法"快捷地画出正、余弦函数图像。

问题 3：我们是如何得到正切函数的图像的？

由诱导公式和定义研究正切函数周期性和奇偶性，分析出只需要画出 $[0, \dfrac{\pi}{2}]$ 上，也即半个周期上的图像。创新性地找到正切的几何意义，利用正切线画 $[0, \dfrac{\pi}{2}]$ 的图像，即可得到整个定义域上的图像，如图 4-4 所示。

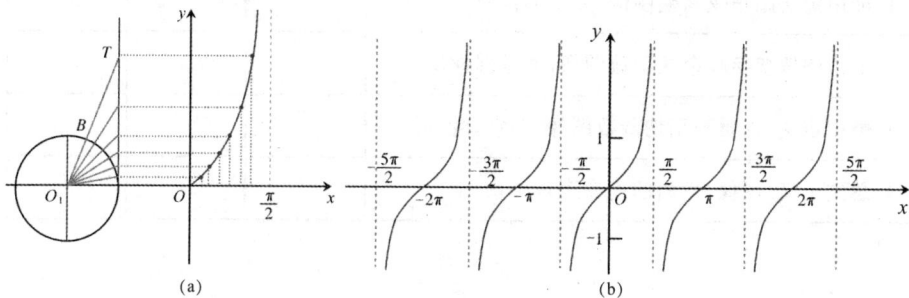

图 4-4

（6）建构网络

问题 4：至此，大家对研究函数有哪些新认识？总结定义、图像、性质之间的内在逻辑关系，如图 4-5 所示。

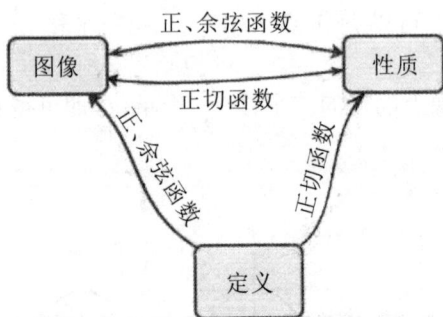

图 4-5 定义、图像、性质思维导图

（7）研究性质

问题 5：第一次回扣目标（表 4-7），前四个目标，我们完成了吗？还有性质没有研究吗？下面重点梳理正弦函数性质（图 4-6、表 4-8），大家类比完成余弦、正切的性质复习。

表 4-7 回扣教学目标量规

教学目标	很清楚 （能讲解）	清楚 （能理解）	不太清楚 （不明白）
1. 能由定义画正弦函数图像，并掌握性质			
2. 能由图像变换画余弦函数图像，并掌握性质			
3. 能由定义、性质画正切函数图像，并掌握性质			
4. 总结定义、图像、性质的内在逻辑关系			

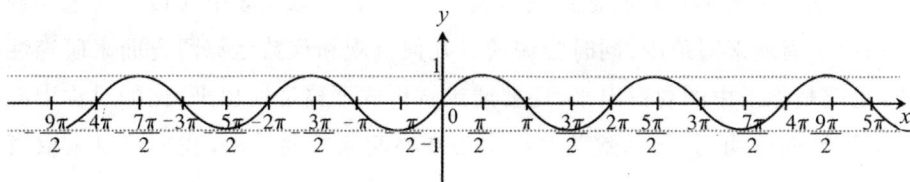

图 4-6　正弦函数图像

表 4-8　三角函数图像、性质知识表

性质	正弦函数	余弦函数	正切函数
图像			
（1）定义域			
（2）值域			
（3）周期			
（4）奇偶性			
（5）对称轴			
（6）对称中心			
（7）单调增区间			
（8）单调减区间			
（9）最大值点（指的是 x）			
（10）最小值点（指的是 x）			
（11）$y > 0$ 的 x 范围			
（12）$y < \dfrac{1}{2}$ 的 x 范围			

特别强调周期性对其他性质研究的作用,比如表 4-8 中(12)要选择合适的一个周期来写范围。同时强调通过几何直观和代数运算两方面来研究性质,也就是除了由图观察出来,还要通过解析式严格证明出来。比如对称中心和对称轴的证明,正切函数的对称中心观察起来容易遗漏,我们可以采取直接证明($\dfrac{k\pi}{2}$,0)是它的对称中心,再直观感知。

问题 6:你能从定义出发,利用单位圆的性质研究正弦、余弦函数的性质吗?

定义的背景图如图 4-7 所示。

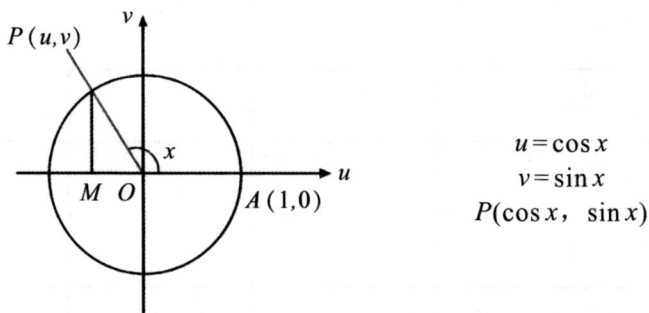

$$u = \cos x$$
$$v = \sin x$$
$$P(\cos x,\ \sin x)$$

图 4-7 三角函数定义背景图

六、互相学习,教后反思

①听东龙老师的课,感受到常态自然。他抓住的主线是图像,作图,用图,变图,识图。对三角函数性质和常见题型进行了复习,如单调区间的端点是最值点。对内容分析,对学情把握,都有自己的个性展示,向他学习。要是多一点激情就更好了,共勉。

②听建明老师的课,感受到目中有生。他结合图像复习性质很快就过,解三角不等式强调选择合适的周期,研究函数 $y = A\sin(\omega x + \varphi)$ 的值域、单调性学生板演,讲解,活动较多。时间关系奇偶性没研究彻底,对称性没有研究。关键词总结就是做题的规范性,抓细节,转化化归,模型化研究。对于学生做题训练来说,是一节成功的课,向他学习。需要注意的是题目功能挖掘还能更深入,数形结合思想渗透还能更彻底,个性化的展示还能更进一步,共勉。

③我的课很有激情，有感染力，也有个性，教态自然，身教胜于言传。特别注意课标、教科书、教参理念的渗透，尽最大努力把每个知识、方法背后的道理学通研透，如庄子所言："判天地之美，析万物之理。"从整体上把握复习内容，深化过程方法，挖掘复习功能，提升数学核心素养。特别是高一学生对基本内容还不熟悉，我们不怕重复，需再重复、再巩固。所以有思想，也是剑走偏锋，我大胆选择了把内容过一遍，不追求各种题型的完备性，认为万变不离其宗，想用一两个题目把内容串起来，形成"珍珠链"。

这其中特别注意周期性的理解，把每一个性质都与周期性结合起来，并在数和形两方面探索求证，同时学会迁移，设置陌生函数的性质研究。拓展由定义直接研究性质。对于筒车模型 $y=A\sin(\omega x+\varphi)$，要看到物理意义、点的坐标，代入验证解析式，对每一个参数都充满了感情。同时借助信息技术突破图像先伸缩再平移的难点，认识到平移量与角速度有关。利用换元法把 $y=A\sin(\omega x+\varphi)$ 性质研究转化为三角函数的图像和性质，并且让学生出变式，让题目漂流，到谁手谁就解答。注意给定范围的五点作图，值域和单调性，渗透数形结合，不提复合函数，说明 x 变大，一次函数 z 怎么变，最后结合三角函数的单调性看 y 怎么变化，从而解决问题。一种理念一个圆，一道题目一片天。

遗憾的是对于学生活动设计不足，只是领着学生过一遍，师生、生生活动形式单一。而活动少也就导致进度慢，所以没有做到深入浅出，由厚到薄，内容没有处理完。五点法作图只在讲评作业的时候提了一句，后面没有细说过程。图像变换也是草草收场，能力迁移的题目也是直接让学生感受了单调性与周期的关系。思想方法总结、画出思维导图都没有真正发生。总之，就是缺少时间观念，学生活动设计，对于逆向教学设计还是在目标评价展示上，核心的要寻找学生达标证据方面还需要下功夫。归根结底还是准备不够充分，比如没有自己讲一遍，最后时间还在课件上用劲。要早定稿，不可面面俱到，要突出重点，有自己的特色。另外，需多讲几遍，还要写下来讲稿，下大力气设计教学活动。最好磨磨课，讲给同行老师听，讲给不同层次学生听，做出必要的调整，以便做到游刃有余。总之，备内容、备教法、备学生、备神态是四项硬功夫，要一一过关，实力决定魅力，熟了才能生巧，才能出彩，别无他法，努力！

最后3小时评课研讨，我们真正做到了知无不言、言无不尽、一颗真心、共同提高。互相批评和自我批评，让学习真正发生，乐哉，课堂！爽哉，数学！

第四节 "直线与圆的位置关系"教学设计

教学目标：

三维目标是有机统一的整体，不可分割，所以制定教学目标，统筹兼顾，不硬分三维。

①能根据给定直线、圆的方程，判断直线与圆的位置关系。

②体会坐标法的思想，用代数方法解决几何问题。

③反过来，能根据直线与圆的位置关系解决简单问题。

a. 相交时，会求弦长，求弦所在直线方程。

b. 相离时，最值问题留作思考。

④经历利用图形性质简化计算的过程，渗透数形结合、分类讨论、转化化归等思想，培养学生的观察、分析、发现、归纳等逻辑思维能力。

⑤体会数学来源于生活，服务于生活，激发学生学习数学的积极性。

教学重点：能根据给定直线、圆的方程，判断直线与圆的位置关系。

教学难点：已知弦长条件，求弦所在直线方程，注意斜率不存在的情况。

教学方法：自主、探究、合作交流。

教学理念：

以轮船是否触礁为背景，引入判断直线与圆的位置关系，表明了学习这部分内容的必要性，使学生进一步理解数学，热爱数学。

问题是数学的心脏。直线与圆的位置关系的判断方法，抛弃过去的"老师讲，学生练"的模式，以问题为载体，通过问题的解决，引导学生参与教学过程，独立思考与合作交流，建构新知。在这个过程中，尊重学生的思考过程，充分发挥学生在学习中的主动性。

笔者认为，课堂是景，学生要身临其境，教师要触景生情，打造生成型课堂，摒弃给予型课堂，让课堂焕发出生命的活力。

不断激励学生，坚定学生学好数学的信心，进行人生观、价值观的引导，挖掘学生的潜能。

前置补偿：

（1）经过两点 $P(x_1, y_1)$，$Q(x_2, y_2)$（$x_1 \neq x_2$）的直线的斜率公式是 $k=$ _____。

（2）过点 $P(x_0, y_0)$ 的直线 l，当斜率不存在时，l 的直线方程是 _____ _____。

（3）过点 $P(x_0, y_0)$ 的直线 l，当斜率存在时，设斜率为 k，则 l 的点斜式直线方程为 _____ _____。

（4）过点 $(a, 0)$，$(2, b)$ 的截距式直线方程为 _____ _____。

（5）点 $P(x_0, y_0)$ 到直线 $l : Ax + By + C = 0$ 的距离是 _____ _____。

（6）圆的一般方程：$x^2 + y^2 + Dx + Ey + F = 0$（$D^2 + E^2 - 4F > 0$），圆心：_____ _____。半径：_____ _____。

（1）$k = \dfrac{y_1 - y_2}{x_1 - x_2}$；（2）$x = x_0$；（3）$y - y_0 = k(x - x_0)$；（4）$\dfrac{x}{a} + \dfrac{y}{b} = 1$；

（5）$d = \dfrac{|Ax_0 + By_0 + C|}{\sqrt{A^2 + B^2}}$；（6）$\left(-\dfrac{D}{2}, -\dfrac{E}{2} \right)$，$r = \dfrac{\sqrt{D^2 + E^2 - 4F}}{2}$

设计意图：在教学案开始部分给出上述基本知识，努力使得前面没学好的同学不影响本节课。

教学过程：

一、情景导入、引出课题

（1）展示一艘大轮船图片

四问：这艘大轮船漂亮不漂亮？雄伟不雄伟？壮观不壮观？想不想当它的船长？

设计意图：由于是新学生，笔者不认识，几问几答，快速拉近师生之间的距离，从而激发了学生的学习热情。

（2）给出问题

如图4-8，轮船在沿直线返回港口的过程中要经过一个小岛，而小岛的周围有环岛暗礁，暗礁分布在以小岛的中心为圆心，半径为2单位的圆形区域。已知小岛中心位于轮船正西4单位处，港口位于小岛中心正北3单位处，

为了不触礁,我们是否需要改变航线? （1单位是10 km）

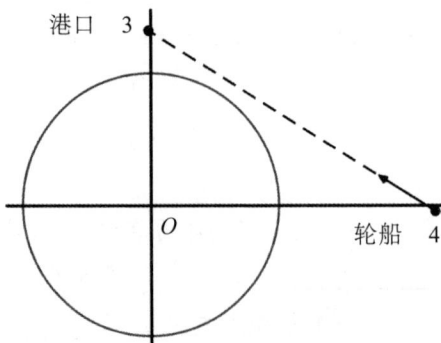

图4-8 轮船与暗礁位置抽象图

设计意图:说明研究直线与圆的位置关系有一定的实际意义,说明了研究的必要性。

（3）引出课题

要不要改变航线,依据什么作出判断呢?

这就是我们今天要学习的内容——直线与圆的位置关系。

二、复习旧知,充满自信

问题1:初中平面几何中,直线与圆的位置关系有哪几种?

问题2:在初中,我们怎样判断直线与圆的位置关系?

设计意图:学生非常熟悉这些结论与方法,通过回答问题充满了自信;而且这种方法是利用高中方程的知识焕发出新的生命,完美实现了数形结合。

三、合作探究、归纳方法

问题1:通过前面的学习,我们已经知道直线和圆都可以用方程来表示,现在,如何用直线的方程与圆的方程判断直线与圆的位置关系? 下面先看一个初中的问题,解方程组。为节约时间,组长做好分工,看哪个小组最先解完三个问题,合作能力强的小组,完成后请组长举手示意。

完成以后小组展示（表4-9）,提炼出判断直线与圆的位置关系的解方程组的方法,找到解决问题的关键是比较判别式Δ与0的大小关系。

表4-9 通过方程探讨直线与圆的位置关系表

方程组	① $\begin{cases} x+y-4=0, \\ x^2+(y+1)^2=5. \end{cases}$	② $\begin{cases} x+2y-3=0, \\ x^2+(y+1)^2=5. \end{cases}$	③ $\begin{cases} x+y-3=0, \\ x^2+(y+1)^2=5. \end{cases}$
解方程组	$\begin{cases} x=1, \\ y=1 \end{cases}$ 或 $\begin{cases} x=2, \\ y=-2 \end{cases}$	$\begin{cases} x=1, \\ y=1 \end{cases}$	无解
我的发现	相交 交点（1，1），（2，-2）	相切 切点（1，1）	相离
几何图形			
判断方法	解方程组法		
	点到直线的距离公式法		

设计意图：在每个人的内心深处都有一种根深蒂固的需要，那就是渴望自己是一个探索者，发现者！这里笔者提供了一个微探究的平台，使学生得到了满足，产生了巨大的成就感。

另外，代数方法解决几何问题是坐标法的核心思想，通过探究不但使学生进一步体会了坐标法，而且使学生发现方程组的解的个数和直线与圆的公共点的个数相同，发现方程组的解就是公共点的坐标，发现判别式的符号决定了位置关系，这些都是依靠教师讲授不能很好接受的。让学生发现并归纳代数法，充分尊重了学生学习的主体地位，大大提升了课堂效率。

合作是21世纪公民的一项基本技能。由于解方程组较为烦琐，计算较慢，但为了体现三种位置关系，笔者又设计了3组问题，这样就需要充分发挥小组的合作功能，培养学生的团队精神和交流能力。

问题2：表扬学生的探究能力后，追问学生初中的判断方法还能不能用？

设计意图：引导学生利用初中的结论和现在学习的点到直线的距离公式，得到判断直线与圆的位置关系的几何法，体会其本质仍是坐标法，最后通过计算解决几何问题。

练习：请大家再用几何法验证前面你的判断。

设计意图：进一步熟悉几何法，快速判断位置关系，比较两种方法的优劣。

四、学以致用，解决问题

首先解决一、中给出的问题，然后请用不同方法的学生到讲台，用投影仪展示自己的做法并说明理由。

设计意图：回顾开始提出的生活问题，完成作为船长的职责，体会学习的快乐，也进一步练习两种方法判断直线与圆的位置关系。

五、研究相交，例题教学

通过前面的研究，我们已经知道方程组①中的直线 $3x+y-4=0$ 与圆 C：$x^2+（y+1）^2=5$ 相交于两点，那么如何求所得弦 AB 的长呢？

设计意图：反过来，位置关系已知，研究相应的相交、相切、相离的常见问题。通过相交弦长问题，学生思考得到代数法和几何法两个弦长公式，特别突出几何法中半径、半弦长、弦心距构成的直角三角形，为接下来的解题作了铺垫。

若已知弦长、半径，你能求出弦心距吗？

例1　过点 $M（-3，-3）$ 的直线 l 被圆 C：$x^2+（y+2）^2=25$ 所截得的弦长为8，求直线 l 的方程。

设计意图：求曲线方程是解析几何的一大任务，弦长问题是解析几何中的常见问题，通过本题使学生体会到了弦长条件使用方式是解题的关键，不同的使用方式产生不同的解法。可以先设出直线方程，联立解出交点，再用两点之间的距离公式求待定系数。发现垂径定理、勾股定理，适当地利用图形的几何性质，可以简化计算，从而可以快速得到直线方程。

求得一条直线后，引导学生探究有多少条。特别注意的是引导学生设斜率时，要讨论斜率不存在的情况，也可以通过画图先得到两条，从而提醒自己遗漏了的情况。这样可以强化学生对数形结合、分类讨论的思想意识。

六、练习相切，巩固提升

已知圆 C：$x^2 +$（$y+2$）$^2=25$。

（1）求过点 M（-4，1）的圆 C 的切线方程；

（2）求过点 N（5，2）的圆 C 的切线方程；

（3）求斜率为 $-\sqrt{3}$ 的圆 C 的切线方程。

若时间紧张，本练习留作课下作业。若时间来得及，就让学生小组内研究解决。

设计意图：由于课堂时间有限，不能做过多的弦长练习问题。由于思想方法相近，让学生独立思考研究相切的问题，能更好地巩固例题所传递出的知识方法。

七、回顾课堂，感悟收获

让学生畅谈本节课的收获，不限制知识技能、思想方法、情感态度，发散思维，表达心声，互相启发，从而把数学课堂引向生活大课堂。

设计意图：只有学生说好才是真的好，只要学生有收获，哪怕是一点点感悟，教学就是有效的，教师的价值就能体现出来。我们不求每个人每节课得到很大的提升，但求互相启迪思维，体验数学快乐，快乐数学。

八、课下思考，布置作业

（1）课下思考

为以防万一，船长还必须知道，当轮船航行到什么位置时距离环岛暗礁区域最近，最近距离是多少？

设计意图：进一步回顾开始提出的问题，首尾呼应，引导学生思考研究相离时的最值问题，激发兴趣，培养学生善于提出问题、思考问题的习惯，也为下一节课作好预设；同时也是情感态度价值观的渗透，我们要担负责任，必须有远见，有思想，有知识，即使成不了巨轮的船长，但可以成为自己人生这艘大船的好船长，把握航向，天天向上。

（2）作业布置

必做：P_{132} A组1，2，3，5。

选做：P_{133} B组3，4。

设计意图：必做第1题巩固位置关系判断，并求交点；第2题和第3题是巩固相切关系，求圆的方程；第5题巩固求弦长。选做第3题和第4题探究有一定难度,可以充分利用数形结合思想,用几何法解决,为学有余力的学生提供提升的平台。

本教学设计发表在《中学数学教学参考》2015年第18期

第五节 "圆的一般方程"教学设计

教学目标:

①探索并掌握圆的一般方程;

② 会判断给定的方程是否表示圆,能熟练得到圆心、半径;

③把握标准方程和一般方程的特点,熟练互化,学会选择;

④归纳出求圆的方程的几何法和待定系数法,并总结一般步骤;

⑤体会求轨迹方程的基本思想,能求简单轨迹方程,总结步骤;

⑥渗透数形结合思想,培养学生的观察、分析、发现,归纳等逻辑思维能力。

教学重点:探索并掌握圆的一般方程。

教学难点:方程 $x^2 + y^2 + Dx + Ey + F = 0$ 在什么条件下表示圆,求轨迹方程的方法。

教学方法:自主、探究、合作交流。

教学理念:

以具体的两个圆的标准方程展开得到的方程形式入手引出课题,从特殊到一般,符合学生的认知规律,也体现这部分内容是前面学习的自然衍生,使学生感受数学的生成。

问题是数学的心脏。以问题为载体,通过问题的解决,引导学生参与教学过程,积极探求,独立思考,合作交流,归纳总结,建构新知。在这个过程中,尊重学生的思考过程,充分发挥学生在学习中的主动性以及他们之间的合作交流。

　　笔者认为，课堂是景，学生要身临其境，教师要触景生情，打造生成型课堂，摒弃给予型课堂，让课堂焕发出生命的活力。

　　充分利用信息技术，学生在动态的观察中，抓住问题的本质，激发学习热情，挖掘潜能。

　　教学过程

　　一、类比直线，引出课题

　　在第三章我们知道，直线的方程有点斜式、斜截式、两点式、截距式，它们都可以化成一般式方程 $Ax+By+C=0$，上一节课我们学习了圆的标准方程，那么圆有一般方程吗？这节课我们探究"圆的一般方程"。

　　设计意图：类比学习过的直线的方程的过程，自然想到几何特征明显的圆的方程也可以化成一般方程。尽快引出课题。

　　二、展开发现，特殊一般

　　请将下面两个圆的方程展开，合并同类项，并将右端化为零，你有什么发现？

　　（1）圆 C：$(x-1)^2+(y-2)^2=20$；

　　（2）圆 E：$(x-2)^2+(y+3)^2=25$。

　　把圆的标准方程 $(x-a)^2+(y-b)^2=r^2$ 展开得到的是什么形式呢？

　　设计意图：使新知识建立在已有的知识上，是旧知识的应用与延伸。学生展开的过程，就是得到一般方程的过程，引导学生发现这两个圆的一般方程都是二元二次方程，形式相同，先入为主，给学生一个首要的印象。

　　三、合作探究，学习新知

　　1. 判断

　　是否任意一个这样的方程都表示圆呢？看如下方程表示什么图形？

　　（1）$x^2+y^2-2x-4y+1=0$；

　　（2）$x^2+y^2-2x-4y+5=0$；

　　（3）$x^2+y^2-2x-4y+6=0$。

　　设计意图：采用从特殊到一般，由具体到抽象的认知方式；也能更好地突破教学难点：形如 $x^2+y^2+Dx+Ey+F=0$ 的方程在什么条件下表示圆？认识到方程 $x^2+y^2+Dx+Ey+F=0$ 可能表示圆，但不一定。促使学生进一步探究在什么条件下，一定表示圆。

2. 探究

形如 $x^2 + y^2 + Dx + Ey + F = 0$ 的方程在什么条件下表示圆?

找一个学生板演,然后让另一个学生上台讲评,总结方法,得到概念。

也可以小组合作交流的形式进行探究,然后让一个小组的代表上台展示,达成共识。

若学生程度一般,则可以以填空的形式展现,参考如下:

方程 $x^2 + y^2 + Dx + Ey + F = 0$ 配方得＿＿＿＿＿＿＿＿＿＿。

(1)当＿＿＿＿＿时,方程不表示任何图形。

(2)当＿＿＿＿＿时,方程表示一个点,该点的坐标为＿＿＿＿＿。

(3)当＿＿＿＿＿时,方程表示的曲线为圆,它的圆心坐标为＿＿＿＿,半径为＿＿＿＿＿。

设计意图:在每个人的内心深处都有一种根深蒂固的需要,那就是渴望自己是一个探索者,发现者! 这里笔者提供了一个微探究的平台,使学生得到了满足,产生了巨大的成就感。

另外,配方法得到方程右端的" r^2 ",再判断它的符号是问题的关键,通过探究使学生进一步体会,自己发现,这比讲授印象深刻得多,充分尊重了学生学习的主体地位,大大提升了课堂效率。

合作是 21 世纪公民的一项基本技能。由于方程比较抽象,参数比较多,这样就需要充分发挥小组的合作功能,培养学生的团队精神和交流能力。

3. 概念

我们把方程＿＿＿＿＿＿＿＿＿＿＿＿称为圆的一般方程。

设计意图:以概念的形式再次强化圆的一般方程的完整表述,不但有方程,而且有一个备注条件($D^2 + E^2 - 4F > 0$),学习中,学生易忽视这一前提条件。

4. 练习一

判断下列方程是不是圆的方程;若是圆,则求出圆心、半径。

(1) $x^2 + y^2 - 2x + 6y + 1 = 0$;

(2) $x^2 + y^2 - 2x + 6y + 10 = 0$;

(3) $2x^2 + 2y^2 + 4x - 12y - 1 = 0$。

设计意图:进一步巩固一般方程的概念,引导学生注意若代"公式",一定要确保方程的形式与概念一致，否则先化简，保证二次项系数均为1，定准 D，E，F；还可以直接应用配方法，得到圆心和半径。再次强化一般方程与标准方程的互化。

5. 观察

圆的标准方程与圆的一般方程各有什么特点？

$(x-a)^2+(y-b)^2=r^2$

$x^2+y^2+Dx+Ey+F=0$ $(D^2+E^2-4F>0)$

设计意图：通过刚才的探究与练习，学生已经对一般方程有了一定的认识，这里进一步引导学生归纳提升：标准方程指出了圆心、半径，几何特征明显，圆的一般方程是一种特殊的二元二次方程，代数特征明显，二次项系数相等且不为0，没有 xy 项，还必须满足配方后的方程右端大于0；他们可以利用配方法和展开相互转化；它们都含有三个待定系数，必须具备三个独立的条件才能确定一个圆。

四、学以致用，归纳方法

1. 例题

例1. 已知三角形 ABC 的三顶点分别是 $A(-2，2)$，$B(1，4)$，$C(5，-2)$ 求它的外接圆的方程，并求这个圆的半径长和圆心。

让学生代表板演，然后其他方法展示，一题多解。

设计意图：已知不共线的三点，求圆的方程也是上一节课的重要例题，可以要求学生先画出图形，也可以在学生求解完成后再要求画出图形，使得"数形结合"思想落到实处，同时培养学生画图技能，增强教学效果。

学生上一节课已经用待定系数法和几何法解决过此题，应该比较熟悉，本例题的教学是上一节课的延续，鼓励学生用多种方法解决问题，利用一般方程、标准方程、几何法等解决。更为特殊的是本题中的三角形是直角三角形，圆心半径都容易获得。这种做法一方面加强数与形的结合，另一方面借助图形的辅助可以发现简洁做法，使学生体会到数形结合的重要性与优越性。

2. 归纳

求圆的方程的方法及其步骤。

设计意图：学生经过一定量的问题的研究、解决，有了一定的经验积累后，在老师的启发下经过学生合作、交流、讨论，由他们自己归纳出求圆的方程的几何法和待定系数法及其步骤,是学生自己经验的总结。否则学生就会机械地套用步骤,不利于学生思维能力的培养。

五、信息技术,轨迹方程

1. 例题

例 2. 已知线段 AB 的端点 B 的坐标是（4，3），端点 A 在圆 $(x+1)^2+y^2=4$ 上运动,求线段 AB 的中点 M 的轨迹方程。

借助于几何画板,师生一起分析,首先明确轨迹:M 点在运动时产生的痕迹;轨迹方程:动点 M 的坐标 x 与 y 满足的关系式。

我们并不知道 M 的轨迹是什么? 没办法应用待定系数法。如何利用 A 的坐标满足的方程成为问题的关键,师生共同努力,得到求轨迹方程的新的方法。

设计意图:利用几何画板动态演示,当 A 在圆上运动时,追踪点 M,M 的轨迹是一个圆,学生清楚地看出,点 A 的运动引起点 M 的运动,A 是主动点,M 是被动点,A 是 M 的相关点。而点 A 在已知圆上运动,点 A 的坐标满足方程 $(x+1)^2+y^2=4$。建立点 M 与点 A 坐标之间的关系,就可以建立点 M 的坐标 (x,y) 之间的关系,求出点 M 的轨迹方程。

几何画板的动态演示使学生看清了 A,M 的关系,容易抓住问题的本质;也能激发兴趣,给学生留下较深的印象,对于以后此类问题的解决具有深远的影响。

2. 总结

你能给这种求轨迹方程的方法取个名字吗? 并简单总结一下步骤。

大致有三步,设点,找关系,代入。

设计意图:通过取名字,总结步骤,使学生再次体会刚才的过程,抓住问题的本质,更能加深印象。也能“顾名思义”,为以后类似问题的解决提供思路。

3. 练习

（1）如图 4-9,已知点 P 在圆 $C:x^2+y^2-8x-6y+21=0$ 上运动,求线段 OP 的中点 M 的轨迹方程。（其中 O 为坐标原点）

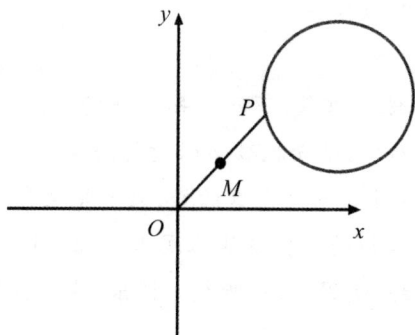

图 4-9

学生检测自己的掌握程度，现场对答案，自己讨论解决。

（2）如图 4-10 所示，等腰梯形 $ABCD$ 的底边长分别为 6 和 4，高为 3，求这个等腰梯形的外接圆的方程，并求这个圆的圆心和半径。

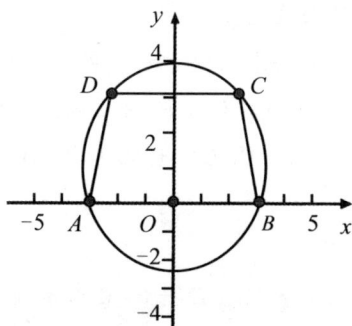

图 4-10

若时间紧张，本练习留作课下作业。

若时间来得及，就让学生小组内对答案，巩固求圆的方程的方法。

设计意图：求曲线方程是解析几何的一大任务，通过练习（1）使学生巩固相关点代入法求轨迹方程。通过练习（2）体会条件使用方式是解题的关键，不同的使用方式产生不同的解法，适当地利用图形的几何性质，可以简化计算，快速得到曲线方程，并由此得到定义法。待定系数法则选择一般方程更好解，若用几何法则求出中垂线的方程，确定圆心半径。本题若没处理完，可以留作课下思考。

六、回顾课堂,感悟收获

1. 收获

让学生畅谈本节课的收获,不限制知识技能、思想方法、情感态度,发散思维,表达心声,互相启发,从而把数学课堂引向生活大课堂。

设计意图:只有学生说好才是真的好,只要学生有收获,哪怕是一点点感悟,教学就是有效的,教师的价值就能体现出来。我们不求每个人每节课得到很大的提升,但求互相启迪思维,体验数学快乐,快乐数学。

2. 作业

必做:P$_{124}$ A 组 1,5,6。

选做:P$_{124}$ B 组 1,3。

设计意图:必做第 1 题巩固圆的一般方程,求圆心、半径;第 5 题是知道直径端点坐标求圆的方程,可以用待定系数法,易得圆心、半径,也可以发现圆周角是直角,用直接法,求轨迹方程;第 6 题判四点共圆,巩固已知三点求圆的方程,再判断第四点是否在圆上。

选做 B 组第 1 题是定义法求轨迹方程,但三点共线时不构成三角形,要挖去两点,有一定难度;第 3 题直接法求圆的方程,可以认为是圆的又一定义,本题可以开放为比值是 m,探究轨迹(也就是 P$_{144}$B 组的第 2 题),为学有余力的同学提供提升平台。

3. 课外思考

思考方程 $Ax^2 + By^2 + Cxy + Dx + Ey + F = 0$ 表示圆的条件。

设计意图:使学生认识到,圆的一般方程是特殊的二元二次方程,也再次体会到一定要弄准圆的一般方程中的 D,E,F 的含义。根据学生情况,学有余力的同学思考提升。

板书设计:

§4.1.2 圆的一般方程

例 1.

1. 圆的一般方程
$x^2 + y^2 + Dx + Ey + F = 0$（$D^2 + E^2 - 4F > 0$）
2. 求圆的方程
待定系数法
3. 求轨迹方程

例 2.

第六节 "圆与圆的位置关系"教学设计

教学目标：

①复习初中所学的两圆的五种位置关系及其几何判断方法。

②用坐标法判断两圆的位置关系，一方面是把几何关系代数化，另一方面是通过方程组的研究判断两圆的位置关系；进一步体会坐标法的思想，用代数方法解决几何问题。

③会求公共弦的直线方程以及弦长。

④两圆相交时，能把圆与圆的位置关系转化为直线与圆的位置关系。

⑤经历利用图形性质简化计算的过程，渗透数形结合、分类讨论、转化化归等思想，培养学生的观察、分析、发现、归纳等逻辑思维能力。

教学重点：用坐标法判断圆与圆的位置关系。

教学难点：求公共弦所在直线方程，求弦长。

教学方法：自主、探究、合作交流。

教学理念：

学生已经知道两圆有五种位置关系，以及判断的依据，而且经过前面的学习，直线、圆可以用方程表示，可以通过它们的方程组成的方程组有没有实数解来判断位置关系，直接提出如何用方程研究圆与圆的位置关系，开门见山。

问题是数学的心脏。以问题为载体，引导学生分析、研究问题，制定解决问题的策略，选择解决问题的方法。通过问题的解决，让学生参与教学过程，在这个过程中，尊重学生的思考过程，充分发挥学生在学习中的主动性以及他们之间的合作交流。

笔者认为，课堂是景，学生要身临其境，教师要触景生情，打造生成型课堂，摒弃给予型课堂，让课堂焕发出生命的活力。

教学过程

一、开门见山、引出课题

前面我们运用直线与圆的方程,研究了直线与圆的位置关系。今天我们运用圆的方程,研究圆与圆的位置关系。

设计意图:开门见山,直奔主题,突出方程这个角度,用代数方法研究几何问题。

二、复习旧知,充满自信

问(1)两圆的位置关系有哪几种?

问(2)在初中,我们怎样判断圆与圆的位置关系?

问(3)上一节课是怎样研究直线与圆的位置关系的?

设计意图:由(1)(2)学生非常熟悉这些结论与方法,通过回答问题充满了自信;而且这种方法是利用高中方程的知识焕发出新的生命,完美实现了数形结合。

问题(3)则引导学生利用已有的解决问题的经验类比研究今天的圆与圆的位置关系。

三、问题驱动,合作探究

1. 问题 1

我们如何根据圆的方程来判断它们之间的位置关系呢?

已知圆 $C_1 : x^2 + y^2 + 2x + 8y - 8 = 0$ 和圆 $C_2 : x^2 + y^2 - 4x - 4y - 2 = 0$,试判断圆 C_1 与圆 C_2 的位置关系。

让学生互相讨论、解答。可以请几个学生板演,给学生解决问题的时间。

过一段时间后,交流解法,或者评论板演的同学的不同的解法各自的特点,并请板演同学说明理由。

如果在板演的同学中只出现一种解法,则询问其他同学有没有其他不同的解法。

在上述过程中,关注一下有多少同学画出了图形,并表扬画图的同学,强调解析几何是一门数与形结合的学科,加强数形结合的意识。

设计意图:在每个人的内心深处都有一种根深蒂固的需要,那就是渴望自己是一个探索者,发现者!这里笔者提供了一个微探究的平台,使学生得到了满足,产生了成就感。

另外，发现方程组的解的个数和圆与圆的公共点的个数相同，发现判别式的符号决定了位置关系，这些都是依靠教师讲授不能很好接受的。让学生发现，充分尊重了学生学习的主体地位，大大提升了课堂效率。

合作是 21 世纪公民的一项基本技能。互相欣赏，互相指出存在的问题，一起成长，培养学生的团队精神和交流能力。

2. 问题 1 的两种解法

解法一：把圆 C_1 和圆 C_1 的方程化为标准方程：

C_1：$(x+1)^2 + (y+4)^2 = 5^2$

C_2：$(x-2)^2 + (y-2)^2 = (\sqrt{10})^2$

∴ C_1 的圆心为 $(-1, 4)$，半径为 $r_1 = 5$。

　　C_2 的圆心为 $(2, 2)$，半径为 $r_2 = \sqrt{10}$。

∴ 连心线长为 $\sqrt{(-1-2)^2 + (-4-2)^2} = 3\sqrt{10}$

　　$|r_1 + r_2| = 3 + \sqrt{10}$　　　$|r_1 - r_2| = 5 - \sqrt{10}$

　　而 $5 - \sqrt{10} < 3\sqrt{5} < 5 + \sqrt{10}$

　　即 $|r_1 - r_2| < 3\sqrt{5} < |r_1 + r_2|$

所以圆 C_1 与圆 C_2 相交，它们有两个公共点 A，B（图 4-11）。

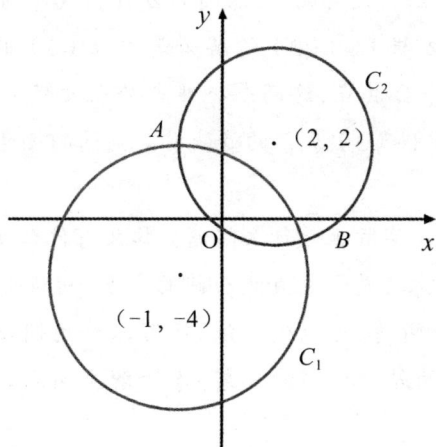

图 4-11

这种解法方便快捷，不但确定有几个公共点，还明确是外切还是内切，是外离还是内含，是做题中最常用的方法。注意的是相交时，连心线的长既要小于半径和，还要大于半径差的绝对值。

解法二:圆 C_1 与圆 C_2 的方程联立,得

$$\begin{cases} x^2 + y^2 + 2x + 8y - 8 = 0 & (1) \\ x^2 + y^2 - 4x - 4y - 2 = 0 & (2) \end{cases}$$

(1)-(2),得 $x - 2y + 1 = 0$　(3)

由(3)得 $y = \dfrac{1-x}{2}$,代入(1),整理得

$$x^2 - 2x - 3 = 0 \qquad (4)$$

则 $\Delta = (-2)^2 - 4 \times 1 \times (-3) = 16 > 0$

所以,方程(4)有两个不相等的实数根 x_1, x_2,把 x_1, x_2 分别代入方程(3): $x - 2y + 1 = 0$,得到 y_1, y_2。

因此,圆 C_1 与圆 C_2 有两个不同的公共点 $A(x_1, y_1)$, $B(x_2, y_2)$。

由于本题只要判断两圆的位置关系,并不要求求出公共点的坐标,因此不必解方程(4),求出两个实数根。

3. 问题2

画出两个圆及方程(3)表示的直线,你有什么发现? 你能说明为什么吗?

设计意图:发现在相交情况下,两圆的方程相减得到的恰好是公共弦所在的直线方程。因为方程(1)(2)的解必是方程(3)的解,如果方程组有两组解,即两圆有两个公共点,这两个公共点必在方程(3)确定的直线上,两点确定一条直线,方程(3)表示的直线就是两圆的公共弦所在的直线。

4. 问题3

由(3)代入(1)实际上是什么问题? 你又有什么发现?

设计意图:实际上就是联立直线与圆的方程,判断转化为上节课研究的直线与圆的位置关系问题。可以代数法,还可以利用圆心到直线的距离,几何法解决。这是典型的转化化归的思想。学生解决问题后很高兴,将课堂引向高潮。

5. 问题4

两圆如果没有公共点或者相切时,两圆的方程相减又得到的是什么直线呢? 这时能不能把两圆的位置关系转化为直线与圆的位置关系来研究呢? 作为一个研究性学习课题,大家课下试一试。

设计意图：事实上，通过解方程组的过程可以发现，只要两圆的方程相减得到直线的方程，就可以把两圆的位置关系转化为直线与圆的位置关系来研究。只是直线表示的含义不很明确，需要进一步研究。特殊地，两圆相切时表示切线，两等圆外离时表示对称轴直线。另外，除相交情况，并不能直接确定是外离还是内含，是外切还是内切。

6. 问题 5

如何求出公共弦的弦长呢？

设计意图：一种方法是代数法，是刚才的基础上求出两个公共点的坐标，利用距离公式；另一种方法是利用几何法，问题已经转化为直线与圆的位置关系，在一个圆内，利用半弦长、半径、弦心距构成的直角三角形可以求解。

7. 总结

归纳两种方法及其步骤：一种是几何法，一种是代数法。

四、练习达标，巩固提升

练习 1. 已知圆 C_1 : $x^2+y^2-6x-8y+21=0$ 与圆 C_2 : $x^2+y^2+2x-2y-7=0$，试判断两圆的位置关系。

练习 2. 已知圆 C_1 : $x^2+y^2=1$ 与圆 C_2 : $x^2+y^2-4x+8y+m=0$ 外离，求 m 的取值范围。

设计意图：一是巩固判断方法，熟练判断圆与圆的位置关系；二是反过来，已知位置关系，解决简单问题；三是研究了相交，练习相切与相离，而且代数法判断相切时必须结合图形确定外切还是内切，研究无公共点时也要借助图形确定外离和内含。

五、回顾课堂，感悟收获

让学生畅谈本节课的收获，不限制知识技能、思想方法、情感态度，发散思维，表达心声，互相启发，从而把数学课堂引向生活大课堂。

设计意图：只有学生说好才是真的好，只要学生有收获，哪怕是一点点感悟，教学就是有效的，教师的价值就能体现出来。我们不求每个人每节课得到很大的提升，但求互相启迪思维，体验数学快乐，快乐数学。

六、课下思考，布置作业

1. 课下思考

与点 A（2，2）的距离为 $\sqrt{10}$，且与点 B（-1，-4）的距离为 5 的直线有几条？

设计意图：本题把圆的定义、直线与圆的位置关系、圆与圆的位置关系综合在一起，本质考查圆的公切线的条数，培养学生数形结合的能力，转化化归的能力，分析问题解决问题的能力，利于学生思维发散。可以进一步引导学生利用几何图形求出切线长。

2. 作业布置

必做：P_{130} 练习，P_{133} A 组 9。

选做：P_{133} A 组 10，11。

设计意图：必做练习题巩固位置关系判断，第 9 题巩固求弦长。选做第 10 题、第 11 题利用圆与圆的位置关系，求圆的方程代数法较为烦琐，几何法相对简洁，要充分利用图形性质解题，为学有余力的同学提供提升的平台。

板书设计：

§4.2.2 圆与圆的位置关系

	例题
1. 位置关系 外离，外切，相交，内切，内含 2. 判断方法 代数法　几何法 3. 弦长问题	

后 记

完成本书,意味着教育管理硕士论文完成后,自己对高中教育教学的又一次总结,万分感慨涌上心头。

我要深深地感谢我的导师程元善教授。最早听说程教授是在张延明教授"管理教育变革"课堂上讲《易经》第一卦乾卦卦辞"元亨利贞"时提到元就是善,说给我们上《教育科学研究基本方法》程元善教授的名字就是元善,应该源自这里。这就是程教授给我留下的第一印象,最善良的人。课堂上,他知识渊博、风趣幽默、教法新颖、治学严谨、关心学生,每天一起坐车去上课,路上大家温馨讨论的情形历历在目。程教授对本书从选题、定题目、框架设计到研究思路、具体写作、修改完善等每一个环节都给予精心的指导,字里行间凝聚着老师对我的爱。从中我不仅获得了重要的知识,更让我学会了做人的道理。恩师反思批判的科研视角和深邃的教育思想给我留下了深刻的印象!恩师开阔的学术眼界和科学的研究方法使我受益匪浅!恩师宽广的胸怀和严慈相济的真切爱生之情,让我感念终身!

感谢张延明教授,为我打开典籍之门,做到德艺双馨。感谢周孙铭教授,教我两条线看教育、看经济、看世界。感谢陈惠萍教授,带我经历道德两难的拷问。感谢符传丰教授,感化我激情四射、创意无限、积累本钱去领导、服务和关怀。感谢黄博智教授,吸引我"炯炯有神"地做系统思维、美丽教育。感谢方燕萍教授,剖析我职业生涯个人叙事研究要刀刃向内,还要剑锋有所指。感谢沈玉顺教授,帮助我戴上全面教育质量保障思想方法的"眼镜"。感谢刘美凤教授，刺激我走近目标四大领域，开发人生第一门课程。感谢耿新教授，考验我文件筐处理，并感受人力资源管理的那些事。感谢王俭教授，启发我教师发展性评价和教师作为"人"的专业成长路径。感谢陈大兴教授，唤醒我法的意识，明晰教育政策与法规的关系和价值。感谢曾继耘教授，评价我爱的教育令人钦佩的同时，要深入学习包括价值主体、价值客体的学生评价理论与实践。老师们的精彩教学直接或间接地为本书提供了丰富的理论和实践支持。

感谢新加坡南洋理工大学国立教育学院国际部的邓院长为我们举行开学典礼，组织迎新春午宴。感谢班级辅导员刘兴老师，体检、签证、办卡、防疫、交费、催作业等烦琐的工作，他都一点点帮我们理顺。感谢谭庆龄老师，主持加翻译，还有娱乐问答，台风真的很好。感谢王老师，带我们熟悉生活学习环境，去文礼买东西就像昨天。感谢夏老师，接机后到公寓的车上，一路讲述她及老公和新加坡的故事。感谢中国驻新加坡大使馆教育处康凯参赞、乔丹老师，在异国他乡挤出时间去国立教育学院看望我们。感谢南大图书馆、餐厅、医院、体育馆的工作人员，为我们打开新加坡的一扇扇窗。这些是我完成本书的必要保障。

感谢舍友以及学习二组的王红星校长、张文刚主任、吴宾老师、翟涛校长、李道强主任，每天的积极讨论、思想争鸣极大地促进了我对教学育人价值的思考。感谢一起生活学习的郑廷伟班长和山东班全体同学，在本书写作过程中，得到了大家的大力支持和热情帮助，同学们分享的观点，提供的案例，总结的经验对我都是有益的参考和借鉴。

感谢山东省教育厅戴龙成厅长、刘全利处长，师训中心毕诗文主任、刘文华副主任、王凯科长，新加坡南洋理工大学孔立娟主任，是你们不断努力协调才促成此次教育管理硕士项目，感谢给我提供了宝贵的出国留学机会和对我的资助。

感谢聊城市教育体育局田凤奎局长、郭忠岭科长、孙峰科长、王秀平老师对我出国留学的信任、支持和帮助。

特别感谢山东省聊城第一中学李荣军校长、范红卫书记、孔德利副校长、刘德军主任、李晓敏老师对我求学的大力支持和帮助。感谢年级组陈延涛主任、李中良副主任、蔡青山副主任、石朝昆副主任在我求学期间为我分担了年级教研工作。感谢范凯迪老师为我分担了班级管理工作。感谢代晓燕、王成震、张育昌、王丽、高尚凯、郭景兰、王伟、韩倩倩老师为我分担了数学教学工作。感谢数学组全体老师对我和我的家庭无微不至的帮助。感谢我所在的学校聊城一中和同事们以及学生为本书提供了大量的案例。

最后，我要感谢我的爱人和女儿，克服各种困难，消除了我的后顾之忧，给我极大的关心和理解，也给我带来了无尽的欢乐，使我专心学习。感谢我的岳父母对我小家庭的大力支持和帮助，给予了我坚实的后盾和力量。感谢我的父母对我的养育之恩和在外工作学习的支持！感谢我的弟弟和弟媳在我在外期间对父母的照顾和给予我的理解与支持！感谢我的大姨、哥哥、姐姐对我学习、工作和生活的关心与帮助！

忘不了：母校的培养、恩师的教导、学友的帮助、亲人的支持、朋友的理解！

我铭记：数学教育研究之路漫漫其修远兮，吾将上下而求索！

谨祝愿：父母亲人老师领导同事朋友幸福安康！

孙丙虎

2021 年 8 月